[意]安东尼奥·拉布里奥拉 著
Antonio Labriola

关于唯物史观的文集

周凡 主编
王政 译

中央编译出版社

图书在版编目（CIP）数据

关于唯物史观的文集／（意）安东尼奥·拉布里奥拉著；周凡主编；王政译．—北京：中央编译出版社，2024.7
ISBN 978-7-5117-4637-5

Ⅰ.①关… Ⅱ.①安… ②周… ③王… Ⅲ.①马克思主义哲学–历史唯物主义–文集 Ⅳ.①B03-53

中国国家版本馆 CIP 数据核字（2024）第 048621 号

关于唯物史观的文集

选题策划	张远航
责任编辑	郑菲菲
责任印制	李 颖
出版发行	中央编译出版社
网　　址	www.cctpcm.com
地　　址	北京市海淀区北四环西路 69 号（100080）
电　　话	（010）55627391（总编室）　（010）55627392（编辑室）
	（010）55627320（发行部）　（010）55627377（新技术部）
经　　销	全国新华书店
印　　刷	北京文昌阁彩色印刷有限责任公司
开　　本	889 毫米×1194 毫米　1/32
字　　数	175 千字
印　　张	9.125
版　　次	2024 年 7 月第 1 版
印　　次	2024 年 7 月第 1 次印刷
定　　价	90.00 元

新浪微博：@中央编译出版社　微　信：中央编译出版社(ID: cctphome)
淘宝店铺：中央编译出版社直销店(http://shop108367160.taobao.com)
　　　　　(010)55627331

本社常年法律顾问：北京市吴栾赵阎律师事务所律师　　闫军　梁勤
凡有印装质量问题，本社负责调换，电话：(010) 55627320

序　言

在欧洲，早在 15 世纪就开始使用"新时代"这个术语，欧洲史学家用它来指称从公元 1500 年前后到当代这整个历史时期，以别于中世纪和古典时期。而在新时代内，欧洲史学家又区分出"早期的新时代"和"较近期的新时代"。前者从公元 1450 年到 1650 年，后者从公元 1650 年至当代。在"较近期的新时代"内，西方史学界又有人提出以 1789 年的法国大革命为起点的"最新的时代"。

在马克思主义发展史上，第二国际领导人之一卡尔·考茨基（1854—1938）在 1883 年 1 月创办了著名的马克思主义理论刊物《新时代》，并尝试把马克思主义最大限度地"撒播"到各个学术领域之中。比如，他用马克思主义来研究农业问题，用马克思主义来研究基督教问题，用马克思主义来研究民族问题（如印第安人问题、犹太人问题等），用马克思主义来研究人口学，用马克思主义来研究历史编纂学，尤其是社会主义发展史，等等。到 1917 年 9 月，考茨基任《新时代》主编已达 35 年之久。考茨基离开后，杂志又办了 6 年，到 1923 年秋，《新时代》停刊。考茨基任

《新时代》主编的35年，是在马克思之后马克思主义承前启后接续发展的一个重要时期。在这个时期，马克思生前没有出版的一些著作和手稿得以面世；在这个时期，第二国际成立并运行20多年；在这个时期，国际共产主义运动蓬勃兴起，世界范围内一个又一个马克思主义政党纷纷登上历史舞台；在这个时期，马克思主义内部的理论争鸣空前活跃、空前激烈、空前自由，从而造就了马克思主义左派、中派和右派的差异性理论空间的形成。

在《新时代》的"风华正茂"时期，德国著名社会学家和哲学家斐迪南·滕尼斯（1855—1936）开始酝酿构思一部题为"新时代的精神"的书稿。由于战争的原因，写作时断时续，直到1935年，《新时代的精神》（第一卷）终于出版。《新时代的精神》从社会学的宽广视角系统考察了新时代的欧洲在经济生活、政治生活及精神—道德生活领域发生的一系列进化和革命，对欧洲社会转型过程中的社会生活、社会关系的变迁和发展进行了深入剖析和精辟的论述。新时代的欧洲在经济方面的显著特征是资本主义的产生、发展与壮大，资本主义决定着欧洲新时代最根本的发展方向。在政治方面，现代意义上的国家出现，欧洲世俗的国家政治统治逐渐取代罗马天主教的神权统治，主权、民族国家、人民主权、三权分立、议会制度等，都是新时代政治的新生事物。与之相对应的是在社会方面，随着市民阶层的觉醒与崛起，市民社会的形成以及以个人权利（尤其是财产权）为核心的个人主义的生成与确立，个人主义要求个人从封建领主的专制主义和僧侣教会的束缚中解放出来，从而获得社会自由。在滕尼斯看来，"个人主义的发展是新时代的一个非常突出的特征和新时代的优越性的永久的保障"①。因为，"个体的发展和在他身上的个性的发展，首先必须视为一种普遍自然的和必然的发展"②。在精神—道德方面，新时代充满理性思维和科学精神，它取代了中世纪的愚昧、迷信、幻想的位置，"新时代以各种科学的异军突起见称，在新时代，坚强思维的天资聪慧更经常出现"③，而各种艺术也在新时代取得了更伟大的成就从而成为现代文化的骄傲。

按滕尼斯的观点，发生在上述几个领域中的结构性变化，可以归之于社会学意义上的革命概念。在"作为革命的新时代"一章的开头，作者这样写道："在这里，作为真正的革命和更普遍意义上的革命，不应该理解为个别的事件，也不应该理解为实现了的事件是相近相随依次发生的，而是一个逐渐的和漫长的过程，这种过程继续几个世纪，而且作为新时代的过程今天尚未完成，因为毋宁说，我们正处在新时代的进程中。"④ 滕尼斯认为，在欧洲新时代的进程中，资本主义获得空前发展构成了20世纪社会生活的基本特征，与资本主义的高度发展紧密相联的是，工人阶

---

① 斐迪南·滕尼斯：《新时代的精神》，林荣远译，北京：北京大学出版社2006年版，第59页。
② 同上，第55页。
③ 同上，第75页。
④ 同上，第81页。

级已经崛起，并"成为一支自主的、政治上的潜在力量"①，而且，作为工人阶级运动的理论表述的马克思主义，也已成为"最朴实的真理"②。他宣称，恩格斯当年在马克思墓前的讲话对马克思的学说做出了最精准的解释，"我们完全可以接受这种解释"③。这是欧洲第一位系统研究新时代的社会学家把马克思主义置于宏大的新时代概念框架之内作出肯定性的评价。

更难能可贵的是，在宣告新时代是一项未竟的过程之后，滕尼斯极富远见地探讨了新时代的"历史方向"和"地理方向"。在"远东"这一小节，他声称，最新的时代的重大事件就是那些遥远国家、那些自己有过几千年的发展道路的国家的觉醒，而在提及中国时，不难发现，他的笔端洋溢着一种敬意和期待："追随在这条道路上的是偌大的中国，它也是18世纪和19世纪日本文化的原籍，成为欧洲理性主义惊叹的对象。"④ 作为一位把新时代作为自己研究主题的社会学家，滕尼斯早在20世纪30年代，就天才般地预见中国必然要走进新时代，中国必然迎来一个令西方世界惊叹的现代化进程。

诞生于欧洲的新时代的马克思主义不可阻挡地与中国的新时代相遇，这是历史发展的大势。马克思主义从历史

---

① 斐迪南·滕尼斯：《新时代的精神》，林荣远译，北京：北京大学出版社2006年版，第174页。
② 同上，第195页。
③ 同上。
④ 同上，第143页。

中走出，又向现实走来。历史给了它遗传密码，而现实则赋予它鲜活的生命。在距考茨基和滕尼斯80多年后的今天，我们把这套由中国学者编纂、翻译的马克思主义研究著作命名为"新时代马克思主义译丛"，它是把中国新时代的光芒照进欧洲历史长河中的新译丛，是着眼于马克思主义在中国新时代的最新发展，并回望180多年来马克思主义发展史的最长时段、最大包容量的新译丛。新时代孕育新希望，新时代产生新抱负，新时代召唤新创造，新时代成就新事业。

周 凡

写于北京昌平沙河高教园

二〇二四年五月十五日

前　言

拉布里奥拉围绕"唯物史观"编撰成书的主题著作集，历来被视为他毕生的哲学反思活动中最具价值的作品。既然历史上的诸多评论家已经从作品的广度和深度上进行了广泛而充分的讨论，那么在以下的介绍中，我们仅从文本的历史形成本身入手，为读者提供关于该文集的写作动机以及编辑出版的相关背景介绍。

《关于唯物史观的文集》(Saggi intorno alla concezione materialistica della storia)（以下简称《文集》）是自1895年以来，拉布里奥拉所发表的全部单行本著作共同的总标题。而在他动笔写作之前，关于该主题的大量文本研究和理论阐述工作已经基本成型，这些内容集中体现在他所讲授的"历史哲学"大学课程的讲义笔记中。尽管在某些场合，作者仅仅把写作于1895—1897年间的作品称作历史唯物主义文集，但事实证明，拉布里奥拉围绕这部著作的修改和增订工作一直没有停止。无论是在当时的意大利还是欧洲的其他国家，历史唯物主义和修正主义（特指对马克思主义的"修正")都是社会讨论的热门话题。在关于上述主题的论战中，拉布里奥拉留下了大量的私人通信和公开信，并在1902年再版的《文集》中，以附录或后记的形式增补了不少新内容，其中就包括题为《论马克思主义的危机》（Crisi del Marxismo）的论战性文章。

为了满足近年来的众多读者和批评家的殷切期望，现决定忠实地将1902年Loescher版本的《文集》（作者去世前亲自修订过的最终版）进行再版，其中包括作者本人所有的文中标记、注释和附录（如是作者的译文，则随附相应的原文）。这样做的目的，并不是要将这一版本奉为绝对的权威，而是用以弥补现今流行的修订版中所存在的不足和缺陷：重新修订排版后的文章，与其原文对照的附录割裂开了，同时，不同文章之间夹杂了一些与作者本人当时写作意愿相违背的文本（如第二卷第四篇文章中流传甚广的段落）或是其他一些生前未发表的手稿。

《纪念〈共产党宣言〉》初稿的完成时间可以追溯到1895年的春天。文章最后一页底部标注的具体日期是4月7日（法国的《社会发展》（Le Devenir social）杂志刊载的时间有误，比实际日期晚了两天）。第一版正文之前的卷首语（详见译文的脚注）提供了一些关于写作背景和契机的重要细节：事实上，一方面，它提到了"应来自巴黎的一本新杂志的请求"，即《社会发展》杂志，该杂志由乔治·索雷尔（Goerges Sorel）于1895年创刊，拉布里奥拉的这篇文章以法语译文的形式分载于六月（第一卷，第225—252页）

和七月（第一卷，第321—344页）的月刊上；另一方面，拉布里奥拉特别强调了好朋友贝奈戴托·克罗齐（Benedetto Croce）在文章写作中给予的帮助，正是克罗齐的不断敦促和建议，才让这篇长文得以早日完成，但在作品的结尾，他仍然惴惴不安地认为关于这一问题的思考和阐述"还不够成熟"。1938年，克罗齐在《在1895至1900年间，马克思主义的理论是如何在意大利诞生和消亡的》中写道，拉布里奥拉的文章，深刻影响了他关于这一问题的反思，《纪念〈共产党宣言〉》应被视作对马克思主义在意大利的全部传播过程中所遗留的最具价值的历史财富。

在创作过程中，拉布里奥拉一直保有着这样的习惯：尽管文章的初拟工作往往在相当短的时间内被集中完成，并赶在正式出版日期之前才勉强定稿，但这些作品的构思和准备工作，往往可以追溯至多年以前。1891年11月，在首轮"关于如何处理历史唯物主义的理论"的历史哲学学年课程结课以后，拉布里奥拉已经在书信中向恩格斯介绍了关于撰写一本相关作品的计划，以便提炼出"该课程所流露的思想精华"（《通信集》，第三卷，第183页）。但直到1892年9月2日，在拉布里奥拉撰写过那封长信的附言之后，上述写作计划的明确架构才轮廓初现。

拉布里奥拉在给恩格斯的信中写道："用几句话来介绍这项正在筹备中的工作，关于《共产党宣言》（以下简称《宣言》）的起源；一个接近完成的得体的翻译，就像所有的经典文本都需要一个与其相匹配的伟大注释和评注那样；

我的工作在于寻觅《宣言》文本所诞生的一切观念的、现实的环境"(《通信集》，第三卷，第245页)。这段话极为关键，它不仅阐明了作者所承担的研究工作的具体特征，还表明了在他的研究计划中，关于《宣言》的重新翻译工作绝不是居于可有可无的次要位置。在拉布里奥拉的《宣言》完整译本出版之前，唯一可参考的意大利语译本的《宣言》是1891年由米兰的Fantuzzi出版社发行的节选版；直至1892年，《宣言》的首个完整意大利语版本才由贝蒂尼（Pompeo Bettini）译出，并以连载的形式发表在1892年9月至12月的《阶级斗争》（Lotta di classe）期刊上。然而，在过往所有版本的《文集》的整理和编排过程中，这个拉布里奥拉为之倾注了大量心血的《宣言》新版本，却被当作次要的附属品排除在全部文稿之外。

意大利语版《文集》的部分原文，首次是以内容摘录的形式出现在法文杂志《社会发展》所载的正文（法语译本）之前；同一周，意大利的《社会评论》（Critica sociale）杂志转载了这几页意大利语的原文摘录内容（1895年7月1日，第204—206页）；几个月后，意大利国内著名的雷舍尔出版社出版了完整版的意大利语版《文集》，在这里，著作第一次以《关于唯物史观的文集》作为标题，紧随其后的是副标题和序言。同年10月，《社会评论》杂志社的办公室出版了《文集》的第二版；与第一版稍有不同的是，作者在简短的序言中补充道，做了"一些仅在词句和纯粹形式上的修订"工作；另一处明显的修改，是把"序言"

从标题页上移除了。

第三版,也即最终版、或被称为"第二版的重印版",在1902年夏天再次由出版商Loescher印刷发行,作者在序言中重申道:"仅仅对一些字词和语句做出了更正。"几周过后,阿尔弗雷德·邦内(Alfred Bonnet)便在1897年首版法语《文集》的基础上,完成了对新版本的翻译和修订,并以《关于唯物史观的文集》的书名再版。在这一版本的附录中,拉布里奥拉终于以附录的形式发表了《宣言》的译文,正如他所言,这是为了满足某些评论者的要求而做出的选择,因为如果没有《宣言》译文的"帮助",《文集》的论述对于某些读者来说将是"无法完全理解"的。

值得注意的是,拉布里奥拉于1892年夏天所表露的关于《共产党宣言》注释本的计划并没有因为《关于唯物史观的文集》的出版而搁浅,也没有因为新的意大利语完整译本的出现而放弃①。1896年初,拉布里奥拉特意提到了关于《宣言》翻译和评注的工作计划,他在与卡尔·考茨基(Karl Kautsky)的通信中描述道:"首先是完成对《共产党宣言》文本的释义工作,其中包括撰写一个带有历史评论性的序言"②,然后以独立论文的形式发表关于"《共产党宣言》的评论"③。此外,拉布里奥拉还在1902年3月第二版

---

① 为了协助贝蒂尼《共产党宣言》的翻译工作,菲利波·屠拉蒂(Filippo Turati)甚至曾经请求恩格斯本人为这一意大利语的新译本作序。
② 参见《通信集》(Carteggio),第4卷,第7页。
③ 同上,第24页。

《文集》的序言中特别指明，有必要将第二部分的第一篇作品与关于《宣言》的纪念性评论文章明确地区分开来，就像1901年法国出版商查尔斯·安德勒（Charles Andler）在法文版《文集》再版时编排的那样。

拉布里奥拉在《通信集》中曾这样写道，《纪念〈共产党宣言〉》在写作过程中"既没有参阅多年来整理收集的相关书籍，也没有去援引关于社会主义发展史的文献摘录"①。这篇长文纯粹是基于纪念性的目的而被创作出来的。因此，它不是"对《宣言》的改编和重写"，也不是对《宣言》在学术意义上的"分析"或"评论"，甚至也不能说是"关于近代社会主义的起源"这门大学课程的简单复刻；这篇文章在理论论述开始之前，便断言了1848年马克思和恩格斯的《宣言》所具有的跨时代意义，认为这标志着"新时代"的开启，"就像法文第二版《文集》的序言中所指出的那样，与之形成对比的是如今社会主义的发展现状"②。

关于拉布里奥拉在写作过程中的"修辞学"特色，我们可以在文章的语言组织形式中找到具体的表达特点。比如说，在篇章布局上，它以类似于会议纪要或介绍性的文本形式呈现给读者，全文并没有细分为逻辑严密的章节，作者的论述是以三十个未标记编号的自然段组成的。

《纪念〈共产党宣言〉》的文章内容与其论述的形式是相一致的，这种统一性体现在文中交替出现和反复重现的

---

① 参见《通信集》（*Carteggio*），第4卷，第547页。
② 同上。

主题内容上：首先，纪念《共产党宣言》的行为是以"批判的共产主义"（comunismo critico）为前提和基础的，也就是说，它需要人们能够自觉地意识到先前的社会主义（资产阶级空想主义或国家社会主义）的局限性，同时也要认识到决定了历史进程的、前后相继的阶级斗争，必将引导我们走向无产阶级专政的道路；这种观点与实证主义者所宣称的"普世性的进化观"是不相容的；通过对历史原因和社会政治运动（文中主要提到了法国的大革命和布朗基主义、英国宪章运动、德国的工人同盟等）的分析，他得出了《宣言》"诞生"的历史必然性；对马克思和恩格斯的个人生平的概述（作者引用了《政治经济学批判》序言中的大量自传性文字）；对马克思所作的"形态学"分析，是以其经济理论为基础的（主要参考了"剩余价值理论"和《资本论》）；论"征服农村"的问题（在这里，作者插入了一段关于意大利相关状况的论述："一个近乎完全是农业社会的现代化国家"①）。

这本书的第二部分"关于历史唯物主义的初步阐释"在最后一页所署的日期是1896年3月10日，也就是在雷舍尔出版社将这部分手稿出版之前不久的时候。除了作者在再版序言中所说的"些许词句"上的修正之外，1896年的第一版与1902年的最终版（1902年5月）相比，在文本内容上并没有做出任何具体的改动。在意大利文版问世的短

---

① 参见《通信集》（Carteggio），第4卷，第7页。

短数月之后，作者就收到了由邦内修订的法文版新译本，法方出版社打算将其作为拉布里奥拉法文版《文集》（*Essais*，1897年版）的其中一卷进行出版，因此，法国杂志《社会发展》（*Le Devenir social*）（第二卷，第818—827页）在1896年10月节选了法语译文的第六章内容。

我们通过1895年5月20日他与克罗齐交换意见的信件（《通信集》，第三卷，第563页）可以得知，拉布里奥拉原本打算撰写一篇题为《从维科到摩尔根》的论文，作为新出版物的开篇之章。在几天之后的另一封通信中（同上，第565页），作者意图将首篇文章的标题补全为"从维科到摩尔根，寻找历史的场域"。可以看出，无论是哪个标题，都与作者在罗马大学所讲授的历史哲学课程（至少从1890—1891学年开始）的主题密切相关。但在开始写作第二篇文章的时候，作者的想法又有了改变，他更倾向于把这一系列的文章定性为关于"该学说的初步阐释"，我们可以在拉布里奥拉1896年1月致克罗齐的书信中窥探关于这一态度转变的具体原因（参见《通信集》，第四卷，第3页）。拉布里奥拉在通信中进一步指出，他的历史学说探究的是人类历史和史前史之间的非连续性关系（参照作者在第四篇中关于摩尔根"革命化"理论的引述），同时，关于人类历史的研究，应被限定在人为的或属人的语境之下（参见同篇文章，"历史科学的首要任务是断定和研究人为的环境、它的起源和结构、它的变化和改造"）。

拉布里奥拉在1896年1月与考茨基的私人通信中，也曾透露出关于这一转变的其他原因（参照《通信集》，第四卷，第15页）：尽管《文集》的开篇文章介绍了这一历史新学说即将诞生的种种迹象或前兆，但作者始终感到底气不足，认为我们对该理论的实际效用仍是一无所知，因而，马克思的历史学说只能继续停留在"想象之中自说自话"。

未能完成这一历史学说的充分阐释工作，也是拉布里奥拉自我责任感的一种体现。重读《文集》的第一版序言，我们便能捕捉到作者在这方面所流露的遗憾之情：尽管在作者看来，第一篇文章已经提供了"充分的基本指导"，但他仍坚持认为，"直接进入事物本身"，并以"一种与理论阐述相一致的方式论述"才能最终完成这项工作。因此，拉布里奥拉对他所做工作的肯定性评价，仅仅停留在对这一历史学说的"初步"认识和解读的层次。或许在拉布里奥拉看来，唯有转变思想传播的策略，才能保证这一学说的科学性和确定性不受影响，这似乎也可以解释为什么从《纪念〈共产党宣言〉》的第二版（1895年10月）开始，作者便把"序言"一词从标题页上删除了。彼时的拉布里奥拉，很可能已经在筹备撰写一篇更为详实的介绍性的新作品了，为社会大众理解历史唯物主义提供更为适宜的主题和内容。

无论是从文本框架的组织形式还是从正文的内容细节看，我们都可以明显地感受到第一章和后面诸篇章节之间非连贯性的特点。

后来，拉布里奥拉决定用罗马数字为标记，将全文划分为十二个章节,以便让各章节之间的组织形式显得更紧密。在第一章和第二章中,作者从批判沉迷于"咬文嚼字"和"措辞学"的历史学家入手,批驳了试图将历史唯物主义的复杂性问题庸俗化或"客观化"的错误倾向。进而,作者在第三章中指出,这些"大而化之的史观"是将唯物史观还原为错误的唯物主义的不恰当的消化过程,沿着这种错误的理解,势必会坠入把每一个历史事实都简单粗暴地归结为"经济基础"无意义阐释的困境,而与此相伴的副产物,是把所谓的真正的"社会心理学"(也即"意识"的表现形式)动因还原为"形态化的历史决定论"的一部分。第四章,作者认为,如果想彻底克服这种将历史"自然化"的错误倾向,还必须提防实证主义那企图将人类历史消解为自然史的观点,并自觉地意识到历史学家应把"人为"的场域作为历史研究的主要阵地。拉布里奥拉在第五章中,列举了世界范围内现实存在的关于经济—历史发展多样性的案例,用以反驳把历史唯物主义贬低为决定论的谬误;在本章中,作者还谈及了关于历史进程的范畴和层级的问题,在最后一章,这一话题又被再次展开讨论。

第六、七、八章是拉布里奥拉介绍他关于"历史要素学说"的三个核心章节:在第六和第七章中,关于史学史的理论重建与对史实的透析相互交融、交替出现(特别是第七章,在谈论法国大革命及其之后法国历史发展的时候);第八章,主要涉及"国家"和"法律"概念的讨论。在第九章中,作者尝试归纳出一些"总结性的公式"。而第十章的重点,则是将道德、艺术、宗教和科学解读为经济条件下的产物。第十一章主要讨论历史唯物主义何以为"人们充分地、透彻地和全面地讲述历史进程"的可能性创造了条件。第十二章,也即文章的末尾,作者重新回到了关于历史前进和历史意义的相关问题,实际上,作者所给出的是一个充满矛盾的解决方案:一方面,作者强调了"每种社会的内在复杂性",这使得历史运动的趋势被割裂为一条条"非连续性的线段,同时,它们还会时不时地改变着自身运动的方向";另一方面,拉布里奥拉通过直接引用马克思和恩格斯的文本(纵观全文,似乎在直接或间接地引用马克思和恩格斯的文本或理论时,拉布里奥拉对自己的说理和推论显得更有把握),重申了他关于历史的发展必然地源于其"内在必然性"的坚定信念。

拉布里奥拉在1902年5月20日的序言中言明,他并不打算改变前几版关于"初步阐释"的写作初衷和行文基调,因此,这也决定了他不会把这几年间他针对"批评"和"反对"历史唯物主义所撰写的文章和评论收录到《文集》之中。基于上述原因的考量,作者决定在最终版本中以附录的形式增补于最初发表于《意大利社会学杂志》的《关于马克思主义危机》(*A proposito della crisi del marxismo*)一文(1899年第3卷,第317—331页)。

新收录文章的完成日期为1899年6月18日,根据拉布里奥拉本人所给出的定义,这是对捷克籍的哲学家、社会学家托马斯·加里格·马萨里克(Tomáš Garrigue Masaryk)

所著新书《马克思主义的哲学和社会学基础：关于社会问题的研究》（*I fondamenti filosofici e sociologici del Marxismo：studi sulla questione sociale*，1899年）的一份内容"过于充分"的书评，这篇"超规格"的书评简直可以称作是一篇标准的论文了。马萨里克以1898年在维也纳期刊《时代》（*Die Zeit*）上发表的一系列关于"马克思主义危机"的主题文章为基底，将其扩充为一本长达600页的学术长篇。一方面，通过对马萨里克的批判，拉布里奥拉猛烈地抨击了那些完全与社会的具体问题脱节的"世界观"，这种极端的实证主义"学说"企图在纯粹的理论层面对马克思主义展开攻击，但科学社会主义自诞生之初便摒弃了传统哲学在探求真理过程中纯粹思辨的路径；另一方面，作者也借此契机，谴责了当时意大利的知识分子缺乏批判性和关切现实的反思精神，正是这种缺陷，才导致了意大利国内对于马萨里克所描述"危机"的误读和轻信。拉布里奥拉还警告说，让社会主义运动"适应"和"顺从"于资本主义世界的运行机制，将导致理论的斗争脱离于政治的现实性，并最终在喋喋不休的"文字性论战"中耗尽它在历史意义上的应有作用。

洛伦佐·斯特阿尔多

卢卡·巴西莱

目 录
CONTENTS

一 纪念《共产党宣言》 ………………………………… 1
　　第三版　附录中增补了《宣言》的德语原文和意大利语
　　译文（1902 年）……………………………………… 3

二 关于历史唯物主义的初步阐释 ……………………… 83
　　第二版（带附录）（1902 年）………………………… 85

三 《关于历史唯物主义》的附录 ……………………… 217
　　论马克思主义的危机（1899 年）…………………… 219

拉布里奥拉的生平及其著作年表 ……………………… 250

译后记 …………………………………………………… 265

一

纪念《共产党宣言》

第三版
附录中增补了《宣言》的德语原文和意大利语译文

(1902年)

我手中的这本小册子,正如读者在书的末尾所看到的那样,它的完成日期是1895年4月7日,在我刚刚完成不久后,在《社会发展》杂志上首次以法语译文的形式公开发表。同年,在初稿以法语付梓出版后不久,我先后在6月10日和10月15日出版了这部作品的两个意大利语版本。后来,我又与出版商贾尔和布里埃有过两次合作,两次重印了本书的法语修订本。①

---

① 实际上,这篇纪念文章的法文版译文被分为两部分,分别于1895年6月3日和7月4日刊登在《社会发展》的杂志上。差不多在同一周内,它的意大利语的原版也以"初熟果实"的形式,在1895年7月1日

关于唯物史观的文集

现在，意大利的出版商需要这本书的样册以及其他历史唯物主义相关的文章。由于尚未完成对全部作品的校对、修订工作，我只能暂且让它们以逐步分期的方式进行再版

（接上页注①）

见刊于意大利《社会批评》（Critica sociale）杂志上，标题是"社会主义的五十周年庆：纪念《共产党宣言》"。而法国出版商贾尔和布里埃出版的两个法语版本的时间分别是1897年和1902年。正式出版的意大利语版本也有两个，第一个版本由罗马的雷舍尔出版社印制，第二版由《社会评论》杂志社在米兰发行，在这两个版本的主标题之前，均冠有"关于唯物史观的文集"的说明。值得注意的是，第一个版本的正文前曾有一篇作者所做的简短导言，该导言也印证了拉布里奥拉于1895年6月10日有意将这本纪念性小册子首次以意大利语在罗马发行，作为其整个唯物史观概念体系的开篇序言的意图。这篇导言，为我们了解拉布里奥拉唯物史观系列文本所诞生的历史背景提供了珍贵信息，也为我们深入了解意大利早期的社会主义思想发展史提供了有益参考。

经意大利学者卢卡·巴西莱和洛伦佐·斯特阿尔多修订和注释，由邦皮亚尼出版社于2014年拉布里奥拉逝世110周年之际发行了《拉布里奥拉：哲学与教育理论全集》，现将完整版的序言译出：

"接下来的几页，是我临时起意为这一系统的小册子所做的导言。

早在4月7日我就曾向贵社致信（这个日期值得被铭记，因为在这次的出版中，既没有任何内容的增补，也没有做出删减），在巴黎新近创办的杂志《社会发展》的要求下，该杂志将在未来的几期上分期刊载。

我的那不勒斯好朋友贝奈戴托·克罗齐（Benedetto Croce）希望阅读这些文章的意大利语原版，并请求我允许他将其交付出版，作为所有关于唯物史观论文中的第一篇，他在很久之前就熟知了与文章相关的知识。而正是基于这种了解，他才一直建议我应该将这些研究以及我对该主题的观点早日发表。

我怀着诚挚的感恩之情接受了这个提议，我目前仍在继续履行着我的承诺，不敢有所懈怠，并打算在很短的时间内出版这些文章。既然已经收到了自朋友的善意请求，我便可以提前一年知道未来的工作内容了，我会以本能的方式进行创作，这样就没有必要再担心对该主题不够成熟的把握所招致的某些困难了。"——译者注

印刷；同时，我也无法从书的内容本质上对其进行真正意义上的修订，其中原因虽然很多，但在我看来，最为关键的是作品初次被构思所呈现的样貌应该被妥善地保留下来。

因此，除了对少许用词的修正和几行句子的调整，这本纪念性小册子的第三次印刷与之前重印版本的内容差别并不大。读者需要了解的是这本书的本意：通过回看本书第一次出版的年代，读者将很容易分辨出某些具有时代感的历史隐语，从而避免那些偏执地将如今20世纪的历史条件当作书中19世纪的语境的错误。

在这个重印本中，我还增补了关于《共产党宣言》的译文，之前两个版本的多位审稿负责人都曾请求过我这么做，但这项翻译工作却是没有稿酬津贴的，我对此不甚理解。

安东尼奥·拉布里奥拉
1902年5月9日于罗马

从现在算起，再过三年，就到了我们社会主义者的五十周年（giubileo）大庆①了。《共产党宣言》② 出版面世（1848年2月）的难忘时刻提醒着我们，这是属于我们的首个和确定无疑地进入历史的大门。这个时刻，关系到我们对无产阶级在过去五十年间所取得的成就的一切评判和一切赞誉。这一时刻，是衡量新时代进程的标志，新时代正在产生、正在涌现，或者更确切地说，新时代正从当下时代的羁绊中破茧而出，并循着后者内在的和固有的结构而发展着，因此，它将以必然的、不可抗拒的方式来临，即便在未来的阶段，还可能会不断地出现目前尚无法预见的种种变化。我们当中，所有那些把自己事业铭记在心或渴望完全理解自己事业的人，都要想想那些曾对《宣言》的诞生起过决定性作用的原因和动力，想想在从巴黎到维也纳、从帕勒莫到柏林爆发革命的前夜——《宣言》发表时的环境。只有这样，我们才会在现代社会的形态中找到处于日新月异发展之中的社会主义的走向，从而为这种趋势的存在理由辩护，同时为那可预见的最终胜利的必然性提供论据。

《宣言》的神经中枢、本质及其决定性的特征，实际上

---

① Giubileo，中文一般译为禧年或禧年纪念日。这种节庆传统源自古代希伯来，最早被称为"五十年节"；在基督教中，指每二十五年一次的大赦年。这里，拉布里奥拉或许是暗指社会主义发展史和犹太—基督教史在某些历史现象上的相似性或关联性。——译者注

② 后文中，作者简称作《宣言》（*Manifesto*）。——译者注

不就在这里吗？①

如果有人想把第二章末尾所建议和提议的无产阶级革命胜利后应采取的实践措施，抑或把第四章中其他革命党派在当时所遵循的政治指导方针当作《宣言》的核心要义，那可能是徒劳的。虽然这些指导和建议在它们被制定和提出的时间和条件下是值得重视的，虽然它们对准确评价德国共产党人在1848—1850年这一革命时期的政治活动是非常重要的，然而它们不再是我们在未来的任何事件中都必须予以支持或反对的全部实践的态度。自国际②创建以来，不同国家中以无产阶级的名义出现的，并把无产阶级作为直接基础的那些政党，在过去和现在都认为，随着它们的产生和发展，务必使它们的纲领和策略随时随地适应于复杂多变的条件。但是，在这些政党中没有一个把无产阶级专政看得那么紧迫，正因为这样，它们也并不感到需要、渴望或仅仅试图去重新审视《宣言》所提出的各项措施，以便针对这些问题做出取舍的决定。实际上，历史经验只能由历史本身来创造，人们既不能通过预见，也不能靠决断或命令来创造。公社（Comune）③

---

① 我的文章并非要根据当下的历史环境修改或重写《共产党宣言》，也不打算对其文本做任何的分析或注释。就像我在标题中所说的那样，仅仅是为了纪念而已。

② 国际工人协会，史称"第一国际"，是1864年创建的国际工人联合组织，马克思曾是重要的创始人和实际上的领袖。由于会名太长，人们取该组织的第一个单词"Internazionale"，即"国际"。本文中出现的"国际"一词，均指"第一国际"。——译者注

③ 原文中Comune（公社），特指"巴黎公社"。在本文中，拉布里奥拉作为一名坚定的马克思主义的社会主义者，认为它是社会主义的早期实验和伟大探索。后文中的"公社"，均指"巴黎公社"。——译者注

时期就出现过这种经验。尽管这种骤然爆发又戛然而止的经验是混乱的，但公社在过去曾是，在今天仍然也是无产阶级在掌握政权时从自身行动中得来的唯一直接经验。此外，这一经验既不是构想出来的，也不是找出来的，而是形势所强加的，它曾经被英勇地付诸实践了，而且今天已成为有益于我们的经验教训。在社会主义运动尚处于幼年的阶段，都可能出现这样的情况，也就是像在意大利常见的那样，由于缺乏自身的和直接的经验，社会主义运动将《宣言》的文本视为权威的指令，然而这是毫无实际意义的。

　　依我来看，也不应当打着"文献研究"旗号，去到社会主义其他形式的取向中寻找《宣言》的神经中枢、本质和决定性特点。在整个第三章里，无疑是以反题的形式，通过简短、丰满和独特的恰当方法非凡地界定了存在于不同形式的共产主义之间的实际差别：前者在今天通常被称为科学的共产主义（但现在，这却成了一个经常被滥用的表达方式），就是说，它的主体是无产阶级，它的主题是无产阶级革命；而后者则是反动的、资产阶级的、半资产阶级的、小资产阶级的和空想的，等等。除了一种社会主义的形式①，其他这些形式都曾反复地出现，曾不止一次地复

---

　　① 我是指在《宣言》里被讽刺地称为"真正的"或"德国的"社会主义。这一段论述，对所有那些不了解当时德国哲学、特别是它的某种已经严重退化的变体的人来说，是不能理解的，因而在西班牙文译本中删去这一段论述是很合适的。

活，它们今天又在现代无产阶级运动方兴未艾的国家里重新出现和复活。《宣言》在这些国家里和在这样的情况下履行了而且现在仍在履行它的批判和作为文本之鞭的职能。然而，在理论和实践的意义上，《宣言》都已经超越了这些形式上的国家，如德国和奥地利，或者在这些形式只作为个人意见在个别情况下还幸存下来的国家，如法国和英国（且不提其他国家），从这个角度看，《宣言》已经完成了它的职能。在这种情况下，无产阶级的政治行动已然以常规的和渐进的方式正在开展着，《宣言》似乎只是为了纪念才记录下人们不再需要进行思考的那些东西。

这正是《宣言》作者在精神和心灵的志趣中所具有的预见性，他们凭借着思想力量，根据少量但清晰的经验材料，预见到种种事件的发生，他们只要确定清除和批判那些已被他们超越的东西。批判的共产主义——这是它的真实名称，没有其他名称更适合这一学说——不再同封建主义一起扮演着留恋着旧社会的角色，而是通过对它颠覆来批判如今的社会，因为它只着眼于未来。它不再同小资产阶级联合在一起，并意图去拯救无法拯救的东西。例如被现代国家（当下社会的必然和天然的机体），以令人眩晕的行动所打碎和破坏的那种小人物的小私有制或他们平静的生活，因为现今的国家由于自己的不断革命，必然在自己内部引起其他新的、更深刻的革命。同样，它也不把生活中出现的物质利益的真实对立，解释为形而上学的冥想、病态的感情或宗教的深思，正相反，生活早就揭示了这些对立中所包含的所有平淡的现实。它并不按照每一部分都草拟得十分和谐的计划来建立未来的社会。它对哲学的神话中的两位女神，也就是正义女神和平等女神，没有一句赞扬或叹赏、崇拜或抱怨的言辞；当人们看到多少世纪以来历史使自己成了不适当的消遣，几乎总是同自己无可非议的严峻要求相矛盾时，这两位女神在日常实践中表现得如此可怜。此外，尽管这些共产党人根据确凿的事实认为，无产者的使命就是成为资产阶级的掘墓人，但他们仍然尊重这个创造了这样一种社会形态的资产阶级，这一社会形态真真切切的是一个重要的发展阶段，并且只有它才能提供新的斗争舞台，而这些斗争一定会给无产阶级带来幸福的果实。人们从未书写过如此宏伟壮丽的悼词。这首赞扬资产阶级的颂歌，隐含着某种悲剧色彩的幽默；有人则认为，这其中饱含着古希腊酒神之赞歌的曲调。

既然对当时流行的而且从那时起直到现在还一再出现的其他形式的社会主义所做的否定界说和反题，在内容、形式及其目标指向等方面都是无可争辩的，那就不要求它们提供社会主义的真正历史，而且它们也没有提供这种历史。对于那些想写这部历史的人，它们既不提供方案，也不提供准绳。实际上，历史并不是建立在真实和虚假、正义和非正义的辨析之上，更不是建立在潜能和现实这个更为抽象的二分对立之上，似乎一方面是物，另一方面则是它的影子和它在思想中的反映。历史完全是一个整体，它是以社会的形成过程和改造过程为基础的；也就是说，它的实现遵循着一种客观的方式,而不是基于我们的意愿。用实证主义者(Positivisti)的话来说,历史是一种特殊的动力学,他们非常喜爱这一类术语,并常常抱着他们所创造的新词不放。若干世纪以来,出现后又消失的形形色色的社会主义思想和行动,其根源、表现和影响是如此的不同,应当通过孕育它们的社会生活的种种特殊而纷繁的关系对它们加以研究和阐明。当人们深入地对它们进行研究时就会发现,它们并不是在构建唯一的不断发展的进程;它们的序列,多次被社会复合体的交替、传统的消失和破坏所打断。唯有在大革命(Grande Rivoluzione)时期以后,社会主义的发展才表现出了某种程度的统一性。1830年以后,这种统一性表现得更为明显,从那时起,法国和英国的资产阶级最终掌握了政权,而从"国际"成立以来,这种统一终于变得清晰可见,甚至说是近乎一目了然了。在这条道路上,《宣言》仿佛是一座具有双重指导意义的伟大里程碑:一方面,从那以后,它成了传遍整个世界的新学说的摇篮;另一方面,它指出了那些被它所摒弃的、未能在历史中得以呈现的形式①。

---

① 在最近的八年里,我开设了"现代社会主义的起源""社会主义简史"和"解读历史唯物主义"的大学课程,这便于我有时间来掌握所有这些文献,并明确地找出其中的观点和体系。这件事本身就很困难,而在意大利更甚,因为意大利没有社会主义学派的传统,而且党还是新生的事物,不能成为社会主义产生和发展的指导性范例。但本文并不打算复述我的课程内容。课程内容和写书的要求不同,课程讲义无法达到书本出版物所具有的明白而充分的用词方式。

这一著作的神经中枢、本质和决定性的特点全然地体现于新的历史观。作为《宣言》的底色，这一新的历史观在文本中部分地得到了阐明和发展，而不像其他类似的著作一样，对其压根没有提及，没有提出或仅仅停留在假设的阶段。由于有了这一历史观，共产主义不再是一种希望、一种渴望、一种回忆、一种设想或一种权宜之计，它第一次恰当地表现为意识到它的必然性，也就是意识到它是结束或解决当前阶级斗争的办法。这些斗争随着时间和地点而发生变化，历史则在这些斗争的基础上发展。但在我们的时代，这些斗争统统归结为一种斗争，即资本主义化的有产阶级同注定要无产阶级化的工人之间的斗争。《宣言》发现了这一斗争的根源，确定了它发展演变的节奏，预言了它的最终结果。

科学共产主义的全部学说都归结为这种历史观。从这时起，社会主义理论的敌人，不再讨论生产资料民主社会化的抽象可能性了①，因为对这个问题，似乎可以根据从所谓人类本性的普遍而共同的素质中得到的结论来做出判断。今后的问题在于是否承认人类活动进程中那种超越我们同情心和主观赞同的必然性。在最文明的国家，社会是否已经组织成这样：一旦它具备了现代经济结构，出现了必然

---

① 必须坚持使用"生产资料的民主社会化"这个词，因为"公共财产"一词含有某种理论上的错误：首先，它以法律术语替代了真实的经济事实；其次，它在某些人的思想里，同垄断的增强、公共服务的日益国家化或者其他虚幻形式的国家社会主义相混淆，而国家社会主义的秘密在于压迫者通过增加阶级手中掌握的经济资料来进行压迫。

在它内部产生,最终将把它打碎并使之解体的那些冲突,它就会出于决定着它自身未来的规律而过渡到共产主义?这是从这一理论出现以来全部争论的主题。因此,也就出现了社会主义政党在其行动中务必遵循的策略,不管这些政党是否只是由无产者所组成,还是在它们的队伍中也有其他阶级出身的人以及自愿加入工人阶级大军的人。

就这一点来说,我们乐于接受"科学的"这个别名,只要人们并不因此而想把我们同实证主义者,有时还同那些为了自身利益而垄断"科学"一词的令人讨厌的人混为一谈就好了。我们并不像古代的讼师(causidico)[①]或诡辩家,试图坚持一种抽象意义的原理,而且我们也不力求证明我们目的的合理性。我们所寻求的不外乎是从理论上表述和从实践上阐明在检验我们中间和四周的发展时向我们所提供的资料,而这种发展完全包含在以我们为主体和客体、原因和目的的社会生活的真实关系中。我们的目的之所以合理,并不是因为它以理性的推理为依据,而是因为它产生于对事物的客观研究。也就是说,它是从阐明事物的发展中产生的,而这种发展并不是或不可能是我们选择的结果,正相反,它会战胜我们的个人意志并使之服从于它。

[①] 讼师,源于拉丁语,字面的意思是以诉讼的方式讲话的人,也就是从事与法庭诉讼事务相关的人员(如法官、律师、检察官等)。拉布里奥拉重拾了这种中世纪的古老称谓,意图以发生学的方式,讽刺那些只会在纯粹的抽象层面进行空谈的当代"讼师"。——译者注

《宣言》作者本人早先和后来发表的一些著作，虽然从科学的意义来说要重要得多，但没有哪本书能代替《宣言》，也没有一本能够起到《宣言》的那种特殊作用。《宣言》以极为朴素的笔触，向我们真实地描述了这样的情况，现代无产阶级在当代的历史中是作为具体的主体，作为积极的力量——这种力量所必然采取的革命行动必定把共产主义当作它的必然目标——存在、生存、成长和发展的。这本著作为它的预言，提供了一种理论根据，且以言简意赅和生动形象的形式表述出来，因而它就成了读者可以加以丰富和发展的思想萌芽的总汇，甚至是这种思想萌芽的取之不尽的矿藏。《宣言》保持着那种刚刚诞生而且还未脱离其诞生土壤的事物所具有的全部真实而又原始的力量。这一评语首先是针对这样一些人的，如果他们不是吹嘘浮夸之人、江湖巫医或快乐的消遣者，就是不学无术的伪君子，他们硬是把形形色色的先驱者、守护者、同盟者和大宗师的名号强加给批判的共产主义学说，而毫不尊重人类常识和最通俗的年代顺序。他们或者把我们的唯物史观还原为普遍发展的理论（这种理论在许多人看来是一种新的形而上学的新的比喻）；或者在这个学说中寻找达尔文主义（Darwinismo），尽管它只有在特定的方式上并且在极广泛的情况下，才是一种可以被类推的理论；或者盛情地要我们同实证主义的哲学，即从天才圣西门（Henri Claude Saint-Simon）的堕落和反动的追随者孔德（Auguste Comte），到无政府布尔乔亚主义的精英斯宾塞（Herbert Spencer）结合在一起或对它加以庇护；换句话说，他们想让我们与我们最明显的对手结成同盟。

如此强大的生命力，如此经典的影响力以及在如此简短的篇幅中便概括出众多流派和群体的思想，都要源于其形成的方式①。

这是两位德国人的著作。但不论从形式或内容来说，它都不是个人意见的表述。这里看不到所有政治流亡者和所有为了能在异国呼吸比较自由的空气而自愿离乡背井的人们所熟知的种种咒骂、忧虑和怨恨。这里也没有直接反映他们祖国的情况。当时他们的祖国在政治上是微不足道的，而在经济上和社会上只有个别的区域才能与英法两国相比。相反，他们在《宣言》里写进了哲学思想，只有这种哲学思想才把他们的祖国提到了当代历史的高峰，并保持在这个高峰上。这种哲学思想正是通过他们而经历了重大的变革，这一变革使费尔巴哈（Feuerbach）所更新的唯物主义同辩证法结合起来，从而使它能掌握和理解历史运动的最内在的原因，而这种原因曾经由于隐蔽很深和难于观察，直到那时还没有人研究过！他们两人都是共产主义者和革命者，但他们成为这样的人，既不是出于本能也不

---

① 感谢恩格斯无与伦比的慷慨，我拿到了共 23 页、8 开本的原版书（1848 年 2 月伦敦版）。在这里，我要顺便指出，我打消了为这篇文章列出参考文献注释或引文的想法，因为那样做我就是在写一篇学术文章，甚至是一本书，而不是写一本小册子。但如果读者愿意相信我的话，我在整篇短文中所写的每一个隐语、暗示或言外之意，都是有根据的，都是和文本的主题或总体性有关。

是出于热情的驱使。在他们接受委托,通过《宣言》为共产主义者同盟制定准则和纲领之前,他们已经对经济科学进行了崭新的批判,同时他们也已经认识到海峡两岸,即英法两国之间的无产阶级运动的历史意义和联系。共产主义者同盟曾在伦敦设有总部,并在欧洲大陆上还有许多支部,同盟有它自己的经历和发展过程。恩格斯已经发表过一篇批判文章,他在那里放弃了片面和主观的改良,第一次客观地从经济学本身的概念和原理的内在矛盾出发,对政治经济学进行了批判。他还因发表了一本论述英国工人状况的书而享有盛名。这本书是把工人阶级的运动说成是生产力和生产资料本身发生作用的结果的一种最初尝试①。在德国、巴黎和布鲁塞尔期间,马克思以激进的政论家的身份而著称,而他关于唯物史观的基本构想也在此时初现端倪。他成功地进行了理论批判,批驳了蒲鲁东(Proudhon)学说的前提和结论,并第一次准确地阐述了剩余价值的来源,说明剩余价值是购买和使用劳动力的结果,这也就是他后来在《资本论》中连贯地和详细地加以揭示和分析的那些思想的最初萌芽。他们两人同欧洲各个国家,特别是法国、比利时和英国的革命者团结在一起。他们的《宣言》并不是他们个人意见的申述,而是一个政党的学说,这个政党的精神、目的和活动已经组成了首个国际工

---

① 《政治经济学大纲》第一次刊载于《德法年鉴》(1844年巴黎版,第86—114页),而《英国工人阶级状况》第一版则于1845年在莱比锡问世。

人协会①。

紧接着,现代社会主义便由此开始了。我们在这里看到了区分现代社会主义同其余的所有社会主义的界线。

共产主义者同盟是由正义者同盟转变而来的。正义者同盟本身又是由于明确地意识到它的无产阶级目的而逐步由各种流亡者,即被驱逐者组成的。它作为一个典型组织,在其初期曾采取其他所有的社会主义运动和无产阶级运动的形式,经历了密谋和平等社会主义的各个阶段。它曾奉行格律恩(Karl Grün)的形而上学和魏特林(Wilhelm Weitling)的空想主义②。它的总部设在伦敦,曾关注并在一定程度上影响过宪章运动直到宪章运动组织松散,因为它既不是早先成熟的经验的成果,也不是一种密谋的或宗派的活动。可见要组成无产阶级的政党是多么艰苦和困难。宪章主义只是在接近尾声而实际上已结束的时候,才显示出

---

① 1847年6月,在伦敦举行的同盟者代表大会正式批准马克思加入,当时,马克思是布鲁塞尔民主协会的副主席,而卡尔·沙佩尔(Karl Schapper)则是德国民主协会的主席。1847年11月举办的第二次代表大会,委托马克思和恩格斯为同盟起草一份正式的政治使命和政治纲领文件,第二年的2月,《共产党宣言》问世了。经历了1848年革命风暴以后,同盟内部的核心矛盾始终无法得到调和。1852年11月17日同盟正式宣告解体,12年后,"国际工人协会"在伦敦成立了,这就是后来著名的"第一国际"。——译者注

② 卡尔·格律恩(Karl Grün,1817—1887),著名的作家、新闻撰稿人。马克思对格律恩的批判始于《神圣家族》(1845),并在1847年单独发表的《德意志意识形态》第二卷第四章中,着重批驳了格律恩《法兰西和比利时的社会运动》(1845)一书中的错误历史观念。此外,《共产党宣言》的第三章也指出了这种"真正的社会主义"的虚幻性和必将迅速消亡的特点。——译者注

社会主义的倾向（琼斯和哈尼是令人难忘的）①。共产主义者同盟到处都预感到革命，这既由于当时革命形势已经出现，也是由于它的本能和研究方法的驱使。当革命实际爆发时，共产主义者同盟通过《宣言》的新学说掌握了认识的工具——它同时也是斗争的武器。实际上，由于同盟成员的不同成分和不同国籍，尤其是由于所有盟员的本能和倾向，同盟已成为国际性的组织，因而它已在政治生活的总运动中取得了自己的地位，它已成了今天能够称作现代（如果不把"现代"这个词理解为表面的年代顺序上的简单日期，而把它理解为通过社会内部变革而在社会中完成的一种发展的标志）社会主义运动的确凿无疑的先驱。

从1852年到1864年长达12年的长期间歇，是一个政治反动的时期，同时也是各种旧的社会主义派别消失、瓦解或被消灭的时期。这个长期间歇把"伦敦工人教育协会"这个国际，同从1864年至1873年一直致力于把欧美无产阶级的斗争统一起来的真正意义上的国际划分开了。从不朽的国际的解散，再到新国际的建立，无产阶级的行动又有

---

① 恩内斯特·查尔斯·琼斯（Ernest Charles Jones, 1819—1869）和乔治·朱利安·哈尼（Georges Julian Harney, 1817—1897）是"宪章主义"运动中的两位主要代表人物，他们支持人民宪章运动（People's Charter），要求工人阶级也享有充分的政治权利（普选权）。琼斯和哈尼在1848年与马克思和恩格斯建立了密切的关系，他们决意在1848年开展提高英国平民阶级地位的新一轮抗争，但他们在这次抗议中的失败，也标志着宪章运动的彻底衰落。——译者注

第三版 附录中增补了《宣言》的德语原文和意大利语译文（1902年）

几次间歇，这主要是在法国，德国则例外。今天这个"新"国际通过不同的手段进行活动，并以不同的形式发展着，而这种手段和形式是同我们的生活环境相适应的，并且是以更成熟的经验为依据的[①]。然而，正像在1847年12月进行讨论并接受新学说的人们之中的幸存者，重新出现在伟大国际的公开舞台上那样，并在此后又一次现身于新国际一样，《宣言》也不断地再版，并终于以不同的语言、在不同的文明之间广为流传。这本来是《宣言》初版之际便应当达成的，但那时未能如愿。

这就是我们真正的起点，这就是我们真正的先驱。他们曾先于所有其他人早就以迅速而坚定的步伐行进在一条我们同样应当走而实际上正在走的道路上。把下面这两种人称作先驱是不合适的：一种是曾在这条道路上走过但后来又离开了这条道路的人，另一种是（直截了当地说）创立过学说或开创了运动的人，而这些学说和运动无疑可用它们所有产生的时间和环境来说明，但是从那以后它们已被批判的共产主义学说、无产阶级革命的理论超过了。这并不是说那些学说和尝试是偶然的、无益的和多余的现象！在事物的历史发展进程中绝没有非理性的东西，因为任何东西的产生都不是无理由的，因而任何东西都不是多余的。

---

① 上述"共产主义者同盟"的解散，可以追溯到1852年11月。第一国际成立于1864年，于1876年在美国费城正式宣告解散。拉布里奥拉所指的"新国际"显然是第二国际，1889年于巴黎创立，在德国社会民主党的支持下，主要由欧洲各国的社会党和工党的党员组成。——译者注

即使在今天，我们如果不回顾那些学说，如若不去追溯它们是如何产生并消失的，我们自己也就不能对批判的共产主义有充分的理解。实际上，由于社会生存条件的变化，同时由于更准确地认识了社会形成和发展的规律，这些学说不仅过时了，而且本质上也被超过了。

当这些学说过时的时候，即它们本质上被超过的时候，也正是《宣言》诞生的时候。这部著作，作为现代社会主义的第一份出生证书，只对学说作了非常一般和非常通俗的阐述，它带有自身出生的历史环境即法国、英国和德国的痕迹。它的传播和普及的范围从那以后愈来愈广泛，而且后来扩展到整个文明世界。在所有那些由于资产阶级同无产阶级之间的各种表现的对抗日益明显而使共产主义倾向得到发展的国家里，最初的发展形式已然整体地或部分地出现过多次。逐步形成的无产阶级政党，也已经走过了先驱们所开辟的那条既有的道路，不过，这种发展每年在一个个国家实现得愈来愈快，因为对抗更加明显，它的必然性也十分紧迫了。同时还因为接受一个学说和一种指南要比最初创立它们来得容易。从这一点来说，我们五十年前的志同道合者也是真正国际性的，因为他们通过自己的例子，向各国无产阶级指出了应当完成事业的总过程。

但是，今天也像过去一样，将来也永远会是这样，若要在理论上充分认识社会主义，其关键是理解它的历史必然性，也就是认识它的产生方式。它的产生过程，好像在一个有限的观察场所和以一个简洁的实例反映出来那样,恰好从《宣言》的形成过程中反映出来。《宣言》应当是一种战斗武器,因此它本身在表面上没有它起源的痕迹;它并不进行论证,而只作实质性的阐述。论证完全包含在必然性的命令中。不过人们能够重复这种形成过程,而重复这一过程,也就等于真正理解《宣言》的学说了。

有一种研究,它抽象地把一个有机体的各个要素分解开来,并把它们分裂为构成统一整体的许多因素;但还有另一种研究,而且这是唯一能够认识历史的研究,它分析并分解各种因素,则只是为了从中再找到它们为达到最终结果而共同发生作用的那种客观必然性。现在有一种流行的看法:现代社会主义是正常的,因而也是不可避免的历史产物。它的政治行动开始于国际,这种行动将来可能被推迟和延缓下来,但绝不会再被完全窒息。《宣言》则比这种政治行动更早。它的学说首先是照亮无产阶级运动的光芒(其实无产阶级运动的诞生和发展并不依赖于任何学说),它还不仅仅是这种光芒而已。批判的共产主义正是在这样的时刻产生的,那时无产阶级运动不仅是社会关系的一种结果,而且它业已具备足够的力量认识到这种关系是可以改变的,并预感到要用什么手段和能够在什么意义上来实行这种改变。光说社会主义是历史的产物是不够的,人们还必须认识这一事实的内在原因和它的整个活动将往哪儿发展。关于工人阶级这一现代社会的必然产物所担负的使命是继资产阶级之后,成为阶级对立必将消失的新社会制度的生产力的断言，使《宣言》成为整体的历史长河中异常突出的时刻。它是一种揭示，但不是启示录或千年王国意义上的揭示。它是对我们的文明社会（在亲切的傅立叶的荫蔽之下）所经历的道路所做的科学的和经过深思熟虑的揭示；这种揭示以确定的话语，如同闪电一般昭示了行动和行动本身的必要性①。

通过这种方式，《宣言》为我们归还了关于它的本源的内部历史，从而捍卫了它的学说，同时阐明了这一学说独特的影响和惊人的作用。在这里，我们暂且撇开细节不谈，只提出这样一系列的因素，它们这样有机地、缜密地结合在一起，包含着科学社会主义后来整个发展的核心要义。

法国和英国在1830年以后出现了工人运动，它们提供了崭新的、生动而直接的材料。这种工人运动同其他革命运动有时相似，有时则有所不同，它从本能的暴动走向政党的实际目标（譬如走向宪章运动和社会民主运动②），从工人运动中产生出形形色色、瞬息即逝的共产主义或者半

---

① 查理·傅立叶（Charles Fourier, 1772—1837），法国空想社会主义的重要代表，他致力于把卢梭式的理想社会变为现实，即被称为"法朗吉"的社会组织。与拉布里奥拉所倡导的"行动的必要性"不同，傅立叶并不主张废除私有制，而是幻想通过宣传和教育，建立一个先验的、形而上的"和谐社会"。拉布里奥拉在下文中，把傅立叶的这一幼稚举动称为"历史的讽刺诗"，并批判其未能认识到社会历史发展的现实性因素。——译者注

② 这里，拉布里奥拉指的是英国宪章运动和由路易·勃朗（Louis Blanc, 1811—1882）和亚历山大·莱德鲁-罗林（Alexandre Ledru-Rollin, 1807—1874）等人在法国实施的社会民主纲领。——译者注

共产主义,当时都被称为社会主义。

为了从这类运动中了解新的社会实际情况,而不是一时的骚乱现象,就需要一种阐释实际情况的理论,这种理论既不是民主传统的简单补充,也不是对业已被认识的、产生于竞争经济的弊病的主观纠正(这些问题当时有许多人在专心地进行研究)。这种新的理论,无疑是属于马克思和恩格斯本人的作品:他们通过对立的发展使历史进程的概念摆脱了黑格尔式辩证法最为抽象的阐述形式,并将其转化为对阶级斗争的具体阐释。过去人们认为这一历史运动,是从一种思维形式向另一种思维形式的过渡,而他们则第一次认为,这是从一种处于基底的社会解剖学形式向另一种社会解剖学形式的过渡,也就是从一种经济生产方式向另一种经济生产方式的过渡。

作为一种新的社会革命,它在一定程度上表现在无产阶级的本能意识和它激昂的自发运动中,这种历史观通过将其需求提升至理论层次,并且承认革命自身的内在和固有的必然性,从而改变了革命的概念。那种曾被密谋团体视为个人选择、任意虚构的东西,已经成为一种人们能加以促进、维护并支持的简单发展过程。革命成了一种政治的对象,社会的复杂状况为这种政治现象提供了条件。因此,革命成了一种目的,工人阶级应当通过旧的暴动策略还不曾想象到的随时变换的斗争手段和组织手段来达到这个目的。但情况之所以如此,并不是因为无产阶级是附属物,是辅助手段,是赘余,是人们应从当下社会中清除的祸害，而是因为无产阶级是现今社会的基础、重要的条件和必然的结果，而且它也是维护并支持社会本身的原因。因此，无产阶级只有解放全世界，也就是彻底改革生产方式，才能解放它自己。

正义者同盟在巴尔贝斯（Armand Barbès）和布朗基（Louis Blanqui）领导的革命暴动①以后，摆脱了密谋的象征形式，并逐步采取了政治行动和政治鼓动的手段，从而转变为共产主义者同盟，同样，同盟接受和掌握的新学说也最终抛弃了密谋者的计划，并把它看作是某种发展的客观结果，而密谋者曾认为这种发展是事先经过深思熟虑的计划的成果或他们的英雄主义的反应。

于是，在事态进程中就开始了一条新的向上发展的路线，开始了概念和学说的另一种结合。

密谋者共产主义，即先前的布朗基主义，使我们经过博纳罗蒂（Buonarroti），还经过巴扎尔（Bazard）和烧炭党人（Carboneria），一直追溯到一位古代悲剧的真正英雄——巴贝夫（Babeuf）的密谋。由于他的目标没有同当时的经济状况联系起来，这导致了巴贝夫的命运陷入了冲突之中，因此他还不能把一个具有广泛阶级觉悟的无产阶级推上政

---

① 这里指的是1839年5月12日爆发的巴黎起义，由四季社发起，这是一个地下的民主共和运动组织，是七月帝制的坚定反对者。阿曼德·巴尔贝斯（Armand Barbès，1809—1870）、路易·布朗基（Louis Blanqui，1805—1881）和马丁·贝纳德（Martin Bernard，1808—1883）被认定为这次骚乱的主谋。——译者注

治舞台①。人们从巴贝夫和雅各宾时期的一些不太出名的人物以及此后的布瓦塞尔（Boissel）和弗谢（Fauchet），进而追溯到直观的摩莱里（Morelly）和天才多面手的马布利（Mably），如果愿意的话，甚至可以追溯到神父梅斯利尔（Meslier）内容混乱的《遗书》（testamento），这是对不幸农民所惨遭的野蛮压榨所表示出来的一种在常识意义上本

---

① 这里提到所有人物都有着共同的政治标签，即有着悠久传统的"政治—社会激进主义"。尽管这些人物所面对的时代背景不同，政治纲领也不同，但共同的行事方法让他们成为同类人，他们的政治实践活动大多依托于秘密的组织团体、诉诸狂热的宣传活动。

菲利珀·博纳罗蒂（Filippo Buonarroti，1761—1837）是文艺复兴时期的艺术家米开朗基罗·博纳罗蒂的后代，深受法国启蒙运动的影响，主张通过教化个体的道德和良知来完成启蒙、变革社会，实现自由、平等、博爱。他在参加了科西嘉岛起义并在政治立场上倒向雅各宾派以后移居到了法国。法国旧历的月份，1794年热月九日的政变爆发后，他作为雅各宾俱乐部的同党被捕入狱，监禁于巴黎。

在巴黎监禁期间，他遇到了弗朗索瓦·诺埃尔·巴贝夫（François Noël Babeuf，1760—1797），为了向古罗马著名的社会改革家格拉古兄弟（fratelli Gracchi）致敬，他们二人都更名为格拉古，他们在政治实践中支持社会平等、提升妇女地位，推动实施格拉古式的土地集体化改革。然而，在1795至1796年期间，二人都因为煽动革命而遭到法国当局的逮捕，巴贝夫被判处死刑，博纳罗蒂也再次入狱，被处以长期监禁。

路易·布朗基（Louis Blanqui，1805—1881）与秘密社团（包括前面提到的"正义者联盟"）的建立和传播有关。他也是共和主义和社会主义思想、人民普选权的推动者。他参与过多次反对君主集权专制的阴谋，也参与了巴黎公社的事件。

圣阿曼德·巴扎尔（Saint-Amand Bazard，1791—1832）为法国烧炭党的创始者之一，该组织以19世纪早期意大利具有社会主义早期色彩的秘密社团"烧炭党"为原型，并通过创办期刊"生产者"向圣西门主义靠近。——译者注

能的、激烈的反抗①。

　　这些激烈反叛的密谋者社会主义的先驱，全都是平等主义者，大多数密谋者也都是这样。他们从一种特有的但不可避免的谬误出发，把这种平等的信条当作斗争武器，从相反的角度解释它并宣传它，这种信条作为自然的权利与经济理论同时发展起来，已经成为资产阶级手中的一种工具。资产阶级利用这种工具逐渐占据了它现有的地位，把特权社会变成自由主义的社会，变成了由自由主义和民

---

　　① 拉布里奥拉将这些所谓的"平等"社会的历史实践经验与雅各宾主义归为一类。这些历史经验的代表人物，通常被社会主义发展史称作社会主义和共产主义理论的先驱。首先，吉伦特派的主教克劳德·弗谢（Claude Fauchet，1744—1793）主要是通过修辞学的感召，参与到恐怖时期之前革命时期所发生的一系列关键历史事件之中的。在理论上，和巴贝夫秉承的"平等"信念更接近的人是雅各宾党的领袖弗朗索瓦·布瓦塞尔（François Boissel，1728—1807），他在《关于人的类型的教理书》中的主要观点是将财产权认定为市民社会中存在的"绝对的恶"；而艾蒂安-加布里埃尔·摩莱里（Étienne-Gabriel Morelly，1717—1778）的《自然法典》也勾勒出类似的一种基于合作、集体劳动组织和克服私有财产的新社会秩序；但随着时间的推移，现在人们将以上人物的构想和理论全部归功于德尼·狄德罗（Denis Diderot，1713—1784）和弗朗索瓦-文森特·图森（François-Vincent Toussaint，1715—1772）。

　　最后，值得关注的还有哲学家孔狄亚克（Condillac，1715—1780）的兄弟，作为修道院长的加布里埃尔·邦诺特·德·马布利（Abbot Gabriel Bonnot de Mably，1709—1785）也因他对革命爆发的预言而闻名，他在著作中批评了社会的不平等，以及假借法律和私有财产的名义实行专制统治和滥用职权的现象，马布利认为这是不同于古典斯巴达式的政治美德和平等主义的现代国家特征。让·梅斯利尔（Jean Meslier，1664—1729）是一位出身于天主教教会的知识分子，在他去世后，人们发现他的长篇哲学著作《精神遗书》，他在书中将具有无神论背景的唯物主义、基于反君主专制和反教权为基础的社会改革的进步性纲领理论化了。——译者注

法典①所统治的社会。根据直接的基本上是一种纯粹幻想的推论——既然所有的人按其本性来说是平等的,那么在享受上也应当是平等的——人们认为,诉诸理性含有全部令人信服的宣传的因素,人们应当一举用暴力迅速夺取政权的外部工具,以便占有能把反抗者导向理性的唯一手段。

可是,所有这些不平等从一种既简单又单纯的正义的概念看来,显得如此非理性,它们是怎么产生和如何维持下去的呢?《宣言》令人信服地否定了那种以天真而粗鲁的方式理解的平等原则。《宣言》宣布,在将来集体生产方式的形式中阶级消灭是不可避免的,同时给我们分析了这些阶级本身的存在基础以及它们的产生和发展,指出这些阶级并不是某种抽象原则的例外和削弱,而是历史发展本身。

正如现代无产阶级是以资产阶级为前提一样,资产阶级没有现代无产阶级也不能生存。它们两者都是完全以生活必需品的新的生产方式即以经济的生产方式为基础的那种发展过程的结果。资产阶级社会是从封建的和行会制度的社会中脱胎而来的。它是通过斗争和革命从之前的社会

---

① 近年来,涌现出了一大批热衷于《民法典》研究的法学家,他们认为,民法典的修订可以成为一种改善无产阶级状况的实际而有效的手段。但是,为什么他们不让教皇来担任自由思想者同盟的领导呢?——此外,还有一位风趣的意大利作家,他潜心研究阶级斗争,他要求除了建立保障资本权利的法典以外,竟还要求建立另一种法典,即保证劳动权利的法典!

中产生出来的，为的是占有生产资料和生产工具，把它们全都应用于资本的形成、发展和增殖。如果阐述资产阶级的起源及其在各个不同阶段的进步，探讨它在大力发展技术和征服世界市场中取得的成就，指出随着这种征服而来的种种政治改造（它们是这种征服的表现、它的防御手段以及它的结果），那么，也就同时描述了无产阶级的历史。无产阶级就其现状来说属于资产阶级社会的时期，它过去、现在和将来所经历的许多阶段也是这个社会本身在其枯竭前所经历的许多阶段。富人和穷人、享乐者和不幸者、压迫者和被压迫者之间的对立，绝不是像正义的狂热者所想象的那样容易被人忽视的偶然现象。不仅如此，在那种使雇佣劳动成为必然性的现代生产方式的指导原则下，这种对立就是一种必然的相互关系。这种必然性是双重的。资本在它使别人无产阶级化时才能占有生产，而且资本只有在雇佣那种被它无产阶级化的人时才能继续生存、赢利、积累、增值和改变形式。对无产者来说则只有在他们当作劳动力出卖时才能生存和延续后代，而劳动力的使用则取决于资本占有者的爱好和仁慈。资本和劳动之间的和谐完全在于劳动是一种活的力量，无产者通过它使积聚于资本中的劳动发生运动并不断再生产。这种关系是一种包含了现代历史全部内在本质的发展的结果。它为理解新的阶级斗争（共产主义思想是它的表现）的真正基础提供了钥匙，同时它本身是不能用任何伤感的抗议和任何正义的论据来解决和解释的。

第三版 附录中增补了《宣言》的德语原文和意大利语译文（1902年）

正是由于我在这里尽可能简要地加以分析的理由，平等的共产主义被战胜了。它在实践中的无能为力同它在理论上的虚弱是分不开的，它在理论上弄不清非正义和不平等的原因，却想大胆地或轻率地一举清除或消灭这种非正义和不平等。

从那以后，了解历史就成了共产主义理论家们的主要任务。为什么人们还要以一种美化的理想同历史的严酷现实相对抗呢？共产主义并非在任何时候和任何地方都是人类生活的自然的和必然的状态，也不能把历史形成的整个过程看作是一系列的失常和谬误，通过斯巴达克式的禁欲和基督教的服从并不能达到共产主义，也不能返回到共产主义。共产主义不仅能够，它还必须而且一定会从我们资本主义社会的解体中生长出来。但是，这种解体，既不能人为地硬塞给资本主义社会，也不能从外部施加于它。马基雅维利（Machiavelli）肯定会说，资本主义社会将由于自身的重负而解体。它将作为一种生产方式而消失，这种生产方式从自身内部产生出生产力对生产关系（法的和政治的）的经常性的和不断加强的反抗，而且资本主义社会的存在，只是为了通过产生危机的竞争，以及通过迅疾地扩大其活动范围来强化它那必然死亡的内在条件。在这里，死亡也存在于社会形式之中，就像另一种科学分支中的自然死亡一样，变成一个生理学的病例。

《宣言》并没有描绘未来社会的蓝图，这也不是它的目的。它只是指出，现代社会将如何通过它的各种力量的前进运动而解体。为了使人理解这一点，首先必须阐明资产阶级的发展，而这一点在《宣言》中是作为历史哲学的典范加以扼要说明的，对这种说明我们可以修正、发挥和补充，但不能改动①。

尽管人们既不接受圣西门和傅立叶的思想，也不接受他们的发展的一般过程，但他们却是有充分理由的。他们两人都是思想家，由于别具慧眼而超越了自由主义时代。在他们看来，这个自由主义时代在大革命（Grande Rivoluzione）中达到了顶点。圣西门在历史研究中用经济代替了法律、用社会物理学代替了政治，尽管他有很多唯心主义的和实证主义的模棱两可的东西，但他还是差不多揭示了第三等级产生的历史。傅立叶不熟悉那些还不为人所知的或被他自己忽视了的一些细节，却以他丰富的不受约束的思想描绘出一长串历史时期，而这些历史时期是通过生产方式和分配方式的指导原则中的某些特征不清楚地加以区分的。接着，他着手创建一个现存的对立理应消失的社会。他从所有这些对立中敏锐地发现了，并首先研究了"生产的恶性循环"；在这里他无意地同西斯蒙第不谋而合了，后者在同一个时期，怀着不同的意图、通过不同的途径研究了危机，控诉了大工业和无节制的竞争的弊病，从而宣告

---

① 这种发展体现于马克思的《资本论》，我毫不犹豫地把该书看作是一种"历史哲学"。

了刚刚建立起来的经济科学的失败①。通过另一种对于未来世界之和谐的平静沉思，傅立叶从容地考察了文明时代的贫困，并心平气和地写就了关于"历史的讽刺"。圣西门和傅立叶作为思想家，并不认同无产阶级必须进行严酷斗争才能消灭剥削和阶级对立，而且从个人的需要出发得出结论，他们俩一个成了设计家，而另一个成了空想主义者②。但是，关于没有阶级对立的社会，他们预先认清了指导思

---

① 傅立叶在他的很多作品中都反复提到过关于私人贸易所扮演的反派角色和"工业文明的恶性循环"这一论断，他将其谴责为以欺诈为基础，进而导致社会不和谐的行为。瑞士经济学家和历史学家让·德·西斯蒙第（Jean de Sismondi，1773—1842）在他从事政治经济学的相关研究过程中，谴责过资本主义削弱英国无产阶级的行为，这些举动限制了资本主义工业模式的内在发展条件（例如新技术的引入造成了大量失业问题），并驳斥了那些认为经济体系可以自发地调节自身平衡并始终能保障充分就业的观点。——译者注

② 我同卡尔·安东·门格尔（Anton Menger，1841—1906 年）的看法差不多是一致的，即圣西门实际上并不是一个空想主义者，而傅立叶和欧文却是优秀的和典型的空想主义者。——原注

意大利著名的哲学家和马克思主义专家，瓦伦蒂诺·杰拉塔纳（Valentino Gerratana，1919—2000）在《反对法学的社会主义的安东尼奥·拉布里奥拉》（*Antonio Labriola di fronte al socialismgiuridico*）一文中指出，这里作者所暗指的几乎可以确定是门格尔的著作《十足劳动收入权的历史探讨》（*Das Recht auf den vollen Arbeitsertrag in Geschichtlicher Darstellung*）。安东·门格尔是奥地利著名的法学家和社会学家，论文中多次提到他是所谓的"法学的社会主义"的鼓吹者，企图通过一系列改革使现有的法律和国家制度适应工人阶级的社会需求，他认为，这一历史趋势可以在未来实现。门格尔还不遗余力地批评马克思的《资本论》，特别是核心概念"剩余价值理论"，他质疑其原创性。此外，恩格斯也曾在 1886 年 10 月发表了题为《法学家的社会主义》的小册子，以反驳批判门格尔的社会主义的法学改造的实质，同时也进一步澄清并阐述了作为马克思主义法学的基本观点。——译者注

想中的某些东西。圣西门清楚地了解在人对人的统治理应消失的社会里的技术管理，而傅立叶除了让他那丰富的想象力任意驰骋之外，还推测、估计并预感了这个未来社会的心理学和教育学方面的大量重要设想。按照《宣言》的说法："在这个未来社会中，每个人的自由发展是一切人自由发展的条件"①。

圣西门主义在《宣言》问世时已经销声匿迹。相反，傅立叶主义在法国还很盛行，不过就其性质来说，它不是一个政党的称谓，而更接近于一个学派。当这个学派在1848年试图通过合法的途径实现它的空想时，巴黎的无产者已经在六月的日子里被资产阶级击败了。资产阶级由于这次胜利而造就了一个主宰者，这是一个占据统治地位长达二十年之久的头号冒险家②。

批判的共产主义的新学说，并不是作为一个学派的名称，而是作为一个政党的诺言、恫吓和意志出现的。它的创始人和拥护者并不总是在空想中设计未来，他们的思想充满了当代的经验和需要。他们同无产者结合在一起。巴黎和英国的这些无产者由自己未被经验充实的本能所驱使，缺乏深思熟虑的策略做指导，就想一举推翻资产阶级的统

---

① 意大利语版《共产党宣言》，第158页。
② 这里和下一节一样，所指的都是1848年6月23日至26日在巴黎发生的惨剧。这次由于"国家工厂"被关闭而引发的工人起义运动，在国民议会的授意下，遭到了国家警卫队和卡韦尼亚克上尉所指挥军队的联合血腥镇压。主导这一惨剧的幕后黑手很显然是被誉为"至高无上的杰出冒险家"的拿破仑三世。——译者注

第三版　附录中增补了《宣言》的德语原文和意大利语译文（1902年）

治。共产党人在德国传播革命思想，他们捍卫六月的牺牲者，并把《新莱茵报》①作为政治机关报，该报的文章在许多年以后还经常再版，就是今天也仍被看作是经典之作②。1848年把无产阶级推到前台的那种历史偶然性一旦中止，《宣言》的学说就失去了基础和传播的场域。经过了许多年的等待，它才能重新得到传播，而且也需要经过许多年，无产阶级才能通过别的途径和别的形式再一次作为政治势力登上舞台，才能使这一学说成为它的思想器官，并在其中找到自己的方向。

然而，这一学说从它诞生之日起，就预先批判了从政变直到国际建立时盛行于欧洲，特别是盛行于法国的那种庸俗社会主义，而国际在其短暂的一生中没有时间去战胜并消除这种社会主义。这种社会主义不是靠毫无联系和不成系统的材料，就是靠形形色色的理论，特别是蒲鲁东（Proudhon）登峰造极的吊诡理论发展而来的。蒲鲁东的奇谈怪论在理论上早已被马克思超越了③。而在实践上，则在

---

① 《新莱茵报：民主的组织》（*Neue Rheinische Zeitung：Organ der Demokratie*）于1848年6月至次年5月在科隆发行。根据当时政府当局的禁令，报纸主编马克思被迫离开德国。除恩格斯外，共产主义者同盟的一些成员也是该报编委会的成员。该杂志的名称让人联想到1842年至1843年间出版的一本杂志的名称，而前一本具有名称相似的杂志主要宣传的是"黑格尔左派"（即青年黑格尔）和部分德国资产阶级的激进主义。——译者注

② 我必须抽出几个月的时间，在柏林的"党的档案馆"内，找到一份完整的《新莱茵报》，我希望找到这份难得的报纸。

③ 参见《哲学的贫困》，1847年巴黎和布鲁塞尔版。

公社时期才被战胜，当时它的信徒由于从事实本身中得到了教益而不得不同他们自己及其导师的教义分道扬镳。

这一新的共产主义学说从它诞生之日起，就委婉地批判了从路易·勃朗到拉萨尔①的形形色色的国家社会主义。虽然国家社会主义混杂了革命的倾向，但当时它的中心点却是对劳动权利所怀有的戏剧魔法式的童话②。如果这个公式包含对政府的要求，哪怕这个政府本身是由革命的资产者组成的，那么这是一个狡诈的公式。如果人们想以此来消除对工资波动和竞争条件产生影响的变量——失业，这在经济上将是荒谬的。如果要求一种出路去安抚没有组织

---

① 路易·勃朗（Louis Blanc，1811—1882）是那些"社会工厂"理念的首倡者之一，意图将这些工厂以"国家工厂"的形式，来系统地构建和扩大临时政府在1848年2月巴黎革命后所实施的"工作权"。

在德国方面，1848年欧洲剧变的主角是年轻的费迪南德·拉萨尔（Ferdinand Lassalle，1825—1864），他是一位民主活动家，后来成了一名好战的社会主义者，是恩格斯和马克思的长期通信者。然而拉萨尔主张国家社会主义模式，即通过普鲁士国家帮助建立合作社，通过普遍的、直接的选举，是实现工人阶级解放的唯一道路。马克思严厉批驳了这种机会主义观点，强调工人运动必须坚持《共产党宣言》中已经提出的原则。马克思指出，认为普鲁士国家会实行直接的社会主义干涉，那是荒谬的。1863年，他成立了"全德工人联合会"并担任主席，旨在取得与俾斯麦政府的合作，争取一些有利于工人的政策措施，首先是从全体男性公民的普选权开始；另外，他支持由内阁总理领导的、促进国家统一进程的政府举动。

② 此处是拉布里奥拉的讽刺手法。戏剧魔法源于天主教圣餐仪式中的缩写用语，原文是 Hoc est corpus meus（这是我的身体）。这种始于12世纪的基督教圣餐礼仪，更像是一种魔法学的仪式，和天主教的基本教义相冲突。拉布里奥拉以此暗讽那些在历史实践中，妄想通过非暴力革命的方式来超越既有社会体制的社会主义改造方案的虚幻性。——译者注

第三版　附录中增补了《宣言》的德语原文和意大利语译文（1902年）

起来的无产者，即这些无秩序的群众，这可能是一种政客的手段。对于每一个清楚地知道无产阶级取得革命胜利必须经历什么过程的人来说，这是十分明显的，因为无产阶级革命只能以占有生产资料并使之社会化而告终，也就是说，这种革命只能在这样的社会经济形态中结束：在这种形态中既无商品也无雇佣劳动，劳动权利和劳动义务结合成一个东西，也就是结合成一种共同的需求，即为大家劳动。

劳动权利的童话在六月的悲剧中破灭了。后来，议会对它的讨论只不过是一场滑稽剧。拉马丁这位爱流眼泪的演说家，这位由时机造就的大人物，宣布了他的最后一句或者是倒数第二句名言："这些民族的经验都是灾难"。这句话是对历史的绝大讽刺①。

《宣言》写得简明扼要，而且它的风格与宗教信仰那一套娓娓道来的说教迥然不同。它的内容极其丰富，第一次把那么多的思想加以系统化，把那些能够茁壮成长的萌芽

---

① 这句话的法语原文是 Il n'oubliait qu'une chose：c'est que les expériences des peuples sont des catastrophes（他忘了一件事：这些民族的经历都是灾难），出自《吉伦特派的历史》（Histoire des Girondins），是拉马丁对于路易十六的评价。

阿尔方斯·德·拉马丁（Alphonse de Lamartine，1790—1869）是著名诗人、小说家和剧作家，也是法兰西第二共和国时期的政坛上最为活跃的声音。他的《吉伦特派的历史》于1847年问世。恩格斯为1895年3月首次再版的《1848年至1850年的法兰西阶级斗争》（1850初版）所做的导言中提到了"对历史的讽刺"。马克思也曾在作品中多次提到过拉马丁，认为他是1848年革命期间的资产阶级的拟人化面孔。——译者注

汇集在一起。但它并不是也不想成为社会主义的法典或批判的共产主义的教理书，或无产阶级革命的袖珍指南。我们可以把精华留给赫赫有名的舍夫勒（Albert Schäffle）先生，我们也愿意把"社会问题是一个关于腹部的问题"这句名言留给他。舍夫勒先生的腹部多年来在世界上起着相当漂亮的作用，给社会主义爱好者带来莫大的好处，使警察感到幸运①。批判的共产主义正是从《宣言》开始，它迫切需要发展，它实际上已得到了发展。

人们习惯用马克思主义这一名称来称呼的整个学说，是在1860年至1870年间才成熟的。从《雇佣劳动与资本》这本小册子②到《资本论》（Capitale）已经前进了一大步。前者第一次用精确的语言指出，如何从购买和使用劳动商品中获得了一种超出生产费用的产品，而这就是剩余价值问题的症结所在。后者的阐述是丰富、复杂、包罗万象的，它从资产阶级历史时期的整个内部经济结构入手，详尽地研究了这个时期的发生过程，并在思想上超越了这个时期，

---

① 阿尔伯特·舍夫勒（Albert E. Friedrich Schäffle, 1831—1903）是德国经济学家和政治家。他的《关于社会主义的精髓》（Die Quintessenz des Sozialismus）于1875年在哥达出版，并在1891年被意大利热那亚的多纳特出版社翻译成意大利语。他在著作中，经常把平民阶级的物质需求形象化地称作腹部或肚子的问题，而他这一表述的真实目的是反对社会主义，将无产阶级的阶级斗争恶意诋毁为意图满足庸俗生理性需求的低级行为。——译者注

② 我说的"小册子"，是指1884年这本著作为了宣传而采用的简化形式。它的内容源于马克思1847年在布鲁塞尔德意志工人协会上的演讲稿，最初于1849年4月以文章的形式发表在《新莱茵报》（Neue Rheinische Zeitung）上。

第三版 附录中增补了《宣言》的德语原文和意大利语译文（1902年）

因为这一著作阐明了这个时期的过程、它的特殊规律以及使它有机地产生的和使它有机地解体的那些对立。

从1848年惨遭失败的无产阶级运动到当前的无产阶级运动也前进了一大步，今天的无产阶级运动经历了千辛万苦，重新出现在政治舞台上，持续不断但慎重缓慢地发展着。直到几年以前，无产阶级的这种进展只在德国才引人注目和备受赞扬，在那里，社会民主主义从1868年的纽伦堡工人代表大会到现在，都如同在自己的土地上一样正常地成长①。而从那以后，这类现象就以各种形式在其他国家出现了。

如今，在马克思主义取得如此广泛发展的情况下，在无产阶级运动以正常的政治活动形式达到如此发展水平的情况下，是否像一些人所断言的那样，批判的共产主义的最初形式所具有的那种战斗性已经改变了呢？是否出现了从革命向所谓的进化转变呢？革命精神是否已服从于改良主义的要求呢？

这些异议和思虑，过去和现在一直出现于最激烈和最热情的社会主义者中间，也出现于社会主义的敌人中间，这些敌人津津乐道于个别的失误、困难和挫折，对它们进行渲染夸张，以此断定共产主义是没有前途的。

---

① 1868年9月，德国工人协会第五次代表大会在纽伦堡召开，该代表大会于1863年成立，以回应拉萨尔全德工人联合会的成立。次年8月，代表大会所通过的政治纲领引发了热烈的讨论，德国社会民主党的首个核心纲领，即"社会民主党纲领"的基本原则就此诞生了。——译者注

谁要是把当前的无产阶级运动及其纷繁复杂的过程同《宣言》留给人们的印象加以比较（如果不掌握其他方面的知识就来读它的话），那他就会轻易地认为，在这些五十年前的共产党人满怀信心的大无畏精神中，曾有过一种过于年青和早熟的因素。他们的声音如同战斗的呼唤，也仿佛某些宪章派演说家雄辩的回响。他们在宣告几乎是一个崭新的但实际上又不会为另一个热月政变的重演提供场域的1793年的到来。

而热月政变是重演了，并且从那时起，以或多或少公开的或者隐蔽的不同形式多次重演了。尽管自1848年以来，其发起者都是法国的前激进派，或意大利的前爱国者，或德国的官僚（国家，这个上帝的崇拜者和实际上是金钱这个上帝的忠实奴仆），或精通统治诀窍的英国议员，甚至还有无政府主义面具伪装下的警棍。许多人认为，热月政变之后再不会从历史的天空消失，或者说得平淡一点，自由主义，也就是说，一个人们只在法律面前享有平等的社会，是人类发展的极限，超出这个极限只能是一种退步。所有那些把资产阶级社会形态向全世界的不断扩展当作每个进步的基础和目标的人，都有这样的看法。不论他们是乐观主义者或悲观主义者，他们都认为，这里已给人类树立了赫拉克勒斯之柱。这种感觉经常不知不觉地以悲观的形式，对那些同其他蜕化分子一道帮助壮大无政府主义队伍的某些人产生影响。

还有另一些人，他们走得更远，他们推论说，批判的共产主义所论述的东西在客观上是不合实际的。《宣言》关于把阶级斗争归结为唯一的斗争,就包含着无产阶级革命必然性这一论断,似乎实质上并不正确。这一学说似乎站不住脚,因为它想从对某种事实的预见中,得出一种理论结论和实践策略,而这种预见在这些对手看来,会成为一种可以漂移和无限推迟的纯粹理论观点。生产力和生产方式之间的所谓不可避免的冲突决不会出现,因为这种冲突在这些人看来,仅仅是随着经济竞争的局部冲突而增多的无数特殊的摩擦,因为它受到政府的诡计和暴力的阻碍和干扰。换句话说,现存社会不会被摧毁和瓦解,它将不断消除它所产生的弊病。任何一次无产阶级运动,如果不被1848年6月和1871年5月那样被暴力所镇压,就会最终成了工联主义的宪章运动那样在缓慢的衰竭中死亡,而工联则是这种论据的重要支点,是庸俗的经济学家和社会学家的无价值的荣光和吹嘘。现代的任何一次无产阶级运动都是一种流星般的东西而不是一种有机的东西,是一种混乱而不是一种发展,按这些批评家的看法,我们会完全违背我们的意愿,仍然是乌托邦主义者。

人们在《宣言》的学说中所看到的批判的共产主义从此以后通过深入广泛的研究当前世界而加以发挥的历史预见,鉴于它由此而产生的环境,无疑具有一副战斗的面貌和生机勃勃的形式。但它过去和现在,都不像古老的预言和全新的启示录那样,包含有一个既定的线性时间表,或者事先描绘出一种社会组织。

在修道士菲奥雷的约阿希姆的预言感召下，英勇的多尔奇诺修士没有再次站起来，发出战斗的咆哮①。人们没有在明斯特（Münster）重新庆祝耶路撒冷王国的复活②。既不再有塔博尔派，也不再有千禧年的信徒③。这里不再有傅立叶长年抽出一定时刻，在他的家中等待人类代表们光临。企图通过首倡者所开启的新生活，并以空想、片面和人为的方式创造一个新的社会联合体，这种情况已经不复存在了。这种乌托邦主义的萌芽始于贝勒斯，经过欧文和卡贝

---

① 诺瓦拉的多尔奇诺修士（Fra Dolcino da Novara，约1250—1307）的名字在拉布里奥拉的著作中，作为只信仰基督而反抗教权等级的纯净福音派的例子多次出现。多尔奇诺积极响应方济各的小兄弟会提倡的清贫使徒生活，并参与到"千禧年运动"之中，在1286年，多尔奇诺的秘密宗教团体被罗马教会定为异端。

多尔奇诺的思想来源很可能是卡拉布里亚的修士菲奥雷的约阿希姆（Gioacchino da Fiore，约1130—1202），对后世历史哲学理论模型的构建影响深远。——译者注

② 德国宗教改革时期，明斯特城在1534—1535年曾是再洗礼教派的中心，在这里爆发了著名的"明斯特反叛"事件。在扬·范·莱顿（Jan van Leiden，约1509—1536）的领导指挥下，建立了一个严格遵循圣经原教旨规范的神权专制政权，即"新耶路撒冷"。——译者注

③ 塔博尔派运动的发起者之一是扬·胡斯（Jan Huss，1371—1415），也是该运动中最为激进的代表，而Taborite运动的名字来源于圣经文本中的塔博纳山，运动的追随者相信，基督的荣光即将再次降临在世界上，并主张消除社会不平等、共享社会的物质财富。

千禧年，基督教神学名词，出自《新约·启示录》。"千禧年主义"或"千禧年"是一个更广泛和更为人熟知的社会现象，它指基督再临并在世界建立和平和正义的国度长达1000年，在这期间，圣徒们将全体复活，并与基督共同为王，至此，福音将顺利传遍世界，魔鬼被压制；待千年满后，魔鬼又被释出，再次扰乱人间，最后即是世界末日。该理论是对圣经中某些末世论的进一步发展，预示着新时代的上帝之约和基督再临。——译者注

的发展，最终被美国德克萨斯傅立叶派的孔西德朗（Considerant）的空想主义的灾难性实践所埋葬①。那种远离尘世、为了在封闭环境中实现集体生活的完美理念而过着纯洁和拘谨的宗教生活的行为，已经从世界上消失殆尽了；无论是中世纪的小兄弟会②，还是北美殖民地的社会主义者，都已然成了不复存在的宗教秘密团体。

与此相反，在批判的共产主义学说中，整个社会在它总的发展的某一时刻揭示出它注定要前进的原因，并通过一条明显的曲线弄清了自身，从而宣布它的运动规律。《宣言》的预见，并不是年代学意义上的线性存在，它既不是诺言，也不是预言。依我看来，它是一种形态学的预见。

---

① 这里的人名和事件均与"空想社会主义"相关。英国人约翰·贝勒斯（John Bellers，1654—1725）的著作主要涉及公共救助、教育理论和改善工人阶级生活条件等。

罗伯特·欧文（Robert Owen，1771—1858）是一位企业家、理论家和他本人社会理论的实验者。从他的著作《伊卡利亚的旅行》中——他的理论被称作"伊卡利亚主义"的缘由。艾蒂安·卡贝（Etienne Cabet，1788—1856）发展出了一个非常先进的共产主义共和国的理论模型，其中一些尝试曾经在美国被成功实践了。

同样是在美国，确切地说是在德克萨斯州的达拉斯附近，"La Reunion"创立于1855年，这是一个基于傅立叶理论模型的公社组织。这个计划的发起者是法国人Prosper Victor Confirmant（1808—1893），他是一位经济学家和社会主义理论家，曾受到傅立叶思想的深刻影响。他于1869年回到法国，并参与了巴黎公社的运动。自1871年起，他彻底拒绝了重返政坛的一切活动，在他的这种"沉默"中，拉布里奥拉看到了整个时代的落幕。——译者注

② 小兄弟会，这个词用来特指方济会运动中的激进派，从1318年开始，他们受到罗马教会的残酷迫害，教会曾多次谴责他们的行为和理念。——译者注

关于唯物史观的文集

在日常生活交锋中充满激情的嘈杂噪音之下,在编年史学家和历史学家考察和讲述的明显的构成历史材料的意志表现之下,在我们资产阶级社会的法律和政治机构之下,在远离艺术和宗教给生活指出方向的地方,存在着那种维持其他一切事物的社会基本结构,而且这种基本结构正在发生变化和改造。剖析这种底层基础结构的就是经济学。如果人类社会已经一次又一次部分地或根本地改变了它非常明显的外部形式或它的意识形态、宗教、艺术等方面的表现,那么,人们首先应当到上述基本结构的经济发展中比较隐蔽地和乍看起来不明显地发生的变化中,寻找历史学家所说的唯一改变的根据和原因。如果问题涉及要区分清楚真正的历史时期,就应当研究不同生产方式之间的差别。如若问题关系到阐明这些形式的连续性,即一种形式为另一种形式所代替,那就应研究正在消失的形式为什么消失和灭亡。最后,如果人们想要了解某个一定的具体历史事实,就必须研究种种摩擦和冲突是如何从作为某一社会特征的不同派别(也就是从各个阶级、它们的阶层以及它们的交错成分)中产生的。

既然《宣言》已经宣称,到目前为止,全部历史只是阶级斗争的历史,而且阶级斗争是一切革命和一切反动的原因,那么,它就同时完成了以下两件事:首先,为共产主义提供了一种新学说的因素;其次,为共产党人提供了指导线索,以便从政治生活的复杂事件中认识作为其底层基础的经济运动的条件。

第三版　附录中增补了《宣言》的德语原文和意大利语译文（1902年）

近五十年来，对社会主义者而言，新的历史学说所阐释的普遍性预言，业已演变成一种无法掌握的技艺，这种技艺企图指导不同情境下的实践活动，因为这个新时代本身处于不断的运动中。共产主义已成为一种技艺，因为无产者已成为一个政党，或正要成为一个政党。革命精神今天在无产阶级组织中得到了体现。共产党人和无产者①梦寐以求的结合终于成了既成事实。最近五十年越来越有力地证实了生产力对生产方式的反抗与日俱增。

我们这些"空想主义者"所做的回答，只不过是对那些还在谈论流星般的不安宁并希望这种不安宁将逐步在我们这个最后的文明时期的平静中完全消失和溶化的人提供事实的教训。而这种教训已经够多了！

《宣言》发表了11年后，马克思在《资本论》之前的一本著作的序言里，准确而清楚地概括了唯物史观的指导思想。而这本书的序言，可以说是《资本论》出版的前兆②。以下便是这段话的改编："为了解决使我苦恼的疑问，我写的第一部著作是对黑格尔法哲学的批判性的修正，这部著作的导言曾发表在1844年巴黎出版的《德法年鉴》上。我的研究得出这样一个结果：法的关系正像国家的形式一样，既不能从它们本身来理解，也不能从所谓人类精神的一般发展来理解，相反，它们根源于物质的生活关系，这种物质的生活关系的总和，黑格尔按照18世纪的英国人

---

① 《共产党宣言》第二章。
② 《〈政治经济学批判〉序言》1859年柏林版，第4—6页。

和法国人的先例,称之为'市民社会',而对市民社会的解剖应该到政治经济学中去寻求。我在巴黎开始研究政治经济学,后来因基佐先生下令驱逐移居布鲁塞尔,在那里继续进行研究。我所得到的并且一经得到就用于指导我的研究工作的总的结果,可以简要地表述如下:

"人们在自己生活的社会生产中发生一定的与必然的,不以他们的意志为转移的关系,即同他们的物质生产力的一定发展阶段相适合的生产关系。这些生产关系的总和构成社会的经济结构,即有法律的和政治的上层建筑居于其上并有一定的社会意识形式与之相适应的现实基础。物质生活的生产方式制约着整个社会生活、政治生活和精神生活的过程。不是人们的意识决定人们的存在,相反,是人们的社会存在决定人们的意识。社会的物质生产力发展到一定阶段,便同它们一直在其中活动的现存生产关系或财产关系(这只是生产关系的法律用语)发生矛盾。于是这些关系便由生产力的发展形式变成生产力的桎梏。那时社会革命的时代就到来了。随着经济基础的变更,全部庞大的上层建筑也或慢或快地发生变革。在考察这些变革时,必须时刻把下面两者区别开来:一种是生产的经济条件方面所发生的物质的、可以用自然科学的精确性指明的变革,一种是人们借以意识到这个冲突并力求把它克服的,那些法律的、政治的、宗教的、艺术的或哲学的,简言之,意识形态的形式。我们判断一个人不能以他对自己的看法为根据;同样,我们判断这样一个变革时代也不能以它的意识为根据。相反，这个意识必须从物质生活的矛盾中，从社会生产力和生产关系之间的现实冲突中去解释。无论哪一个社会形态，在它们所能容纳的全部生产力发挥出来以前，是决不会灭亡的。而新的更高的生产关系，在它存在的物质条件在旧社会的胎胞里成熟以前，是决不会出现的。所以人类始终只提出自己能够解决的任务，因为只要仔细考察就可以发现，任务本身，只有在解决它的物质条件已经存在或者至少是在形成过程中的时候，才会产生。大体说来，亚细亚的、古代的、封建的和现代资产阶级的生产方式可以看作是社会经济形态演进的几个时代。资产阶级的生产关系是社会生产过程的最后一个对抗形式，这里所说的对抗，不是指个人的对抗，而是指从个人的社会生活条件中生长出来的对抗。但是，在资产阶级社会的胎胞里发展的生产力，同时又创造着解决这种对抗的物质条件。因此，人类社会的史前时期就以这种社会形态而告终。"[①]

马克思写上面这段话的时候，距他退出政治斗争舞台已有数年了，只是后来国际成立时他才重新露面。反动派在意大利、奥地利、匈牙利和德国战胜了爱国主义的、自由主义的或民主主义的革命，而资产阶级在法国和英国也击败了无产者。民主运动和无产阶级运动所不可缺少的种种条件已经完全消失了。拥护《宣言》的共产党人，即参加过革命以及参加过人民反叛和反抗反动派的全部行动的

[①] 《〈政治经济学批判〉序言》，《马克思恩格斯选集》第2卷，第82—83页。

关于唯物史观的文集

一支人数不多的队伍已经看到，他们的活动由于值得纪念的科隆审判案而中断①。运动的幸存者试图在伦敦重整旗鼓，但是马克思、恩格斯和其他一些人很快就同那些不惜任何代价的革命者分道扬镳并退出了运动。这次危机过去了，随之而来的是长时间的平静。可以证明这一点的是宪章运动，即曾经是资本主义制度的中流砥柱的那个国家里的无产阶级运动，渐渐地销声匿迹了。历史暂时使革命者的幻想遭受了挫折。

马克思在几乎全力以赴地把已经发现的政治经济学批判的种种因素经过长期努力发展成熟以前，在许多著作中阐述了1848年到1850年这一革命时期的历史，特别是法兰西的阶级斗争。他指出，如果当前这种形式的革命没有达到目的，并不能因此就否定革命的历史理论②。《宣言》中所做的指示在这一理论中得到了充分的发挥。

后来，标题为《路易·波拿巴的雾月十八日》的著作③，则是把新的历史观运用于有精确时间界限的一系列事实的首次尝试。把表面的运动还原为实际的运动，以便揭

---

① 1852年11月，一些在两年前转移到科隆的共产主义者同盟的马克思主义派别成员，被判处3～6年的有期徒刑。关于科隆的审判，恩格斯在他的《共产主义者同盟史》中写道，"德国共产主义工人运动的第一阶段结束了"。——译者注

② 这些曾经发表在《新莱茵报》《政治经济评论》（1850年汉堡版）上的文章，不久前由恩格斯汇编成小册子（1895年柏林版）并做了序，书名为《1848年至1850年的法兰西阶级斗争》。

③ 马克思的这部著作，最初出现在1852年发表于纽约的一本杂志上。后来在德国多次再版。现在又有了法文版。

示其内在的联系,这是非常困难的。要从激昂的、演说家的、议会的、鼓动家的以及其他的事实达到内在的社会的齿轮传动机构,并在其中发现大小资产者、农民手工业者、工人、教士和士兵、银行家、高利贷者和流氓恶棍的各种不同利益,这实际上要克服很大的困难。所有这些利益都在有意识或无意识地起作用,它们在相互对抗,相互排斥,相互联合,并使自己融化于文明人的不协调的生活中。

这次危机已经过去了,而且恰恰是在作为批判的共产主义的历史发源地的那些国家里,它已经过去了。批判的共产党人所能做的一切,就是去认识造成反动的隐蔽的经济原因。在这时,去认识反动就是革命事业的继续。二十年以后,同样的事情在另外的条件下以另外的形式发生了。当时马克思以国际的名义在他所著的《法兰西内战》这本小册子中为公社进行了辩护,但同时,这种辩护在客观上也是对公社的批判①。

马克思 1850 年以后离开政治生活是英勇的隐退,他在 1872 年海牙代表大会后退出国际,又是一次英勇的隐退②。

---

① 自 1891 年以来,《法兰西内战》一书的出版,还原了马克思于 1871 年为第一国际所撰写的关于法国内战的发言。——译者注

② 1850 年产生的裂痕,最终导致共产主义者同盟于 1852 年正式解散了。对马克思来说,直接参与性政治活动的停止和政治经济学研究关键阶段的开始是相对应的。这一时期,马克思的理论研究成果颇为丰硕,如:《政治经济学批判大纲》(1857—1858 年)、《政治经济学批判大纲(草稿)(1857—1858)》和《资本论》的第一卷(1867 年)。1872 年 9 月在荷兰海牙举行的代表大会宣布驱逐了无政府主义的成员,这标志着"第一国际"事实上的解体,并于 1876 年 7 月正式解散。——译者注

这两件事实，对马克思的传记作者很有价值，因为它们使传记作者有可能深刻理解他的个性。实际上，思想、政治和气质在马克思身上是融为一体的。但是，另一方面，这两件事实对我们来说有着更为重大的意义。批判的共产主义不制造革命，它不策划暴动，也不搞武装叛乱。它同无产阶级运动浑然一体，它注视和支持这个运动，是由于它充分了解把这个运动同社会生活所有关系的总和联结起来，能够联结而且必须联结起来的那种纽带。总之，它不是培育无产阶级革命领袖的神学院，它只是关于这种革命的意识，而且首先是意识到它的诸多困难性。

无产阶级运动最近三十年来空前地壮大了。它经受了无数困难，经历了前进和倒退，逐渐具有了某种政治形式。它的方法已制定出来并逐步得到运用。这一切并不是由于学说的神奇作用，学说是通过书面鼓动或口头鼓动的令人信服的力量来传播的。共产党人从一开始就感觉到，他们是每一个无产阶级运动的极左翼，但是随着无产阶级运动越发展越具有自己的特点，他们就越加地有必要和有责任通过制定纲领和参加政党的政治活动，来利用经济发展中和以这一发展为转移的政治形势中的那些不断变化的偶然事件。

在《宣言》发表以来的五十年中，无产阶级运动的具体性和复杂性构成已经达到很高的程度，以致从那时以后再也没有一个人能够掌握这个运动的整体并了解这个运动的细节，把握这个运动的真实原因及其确实关系。存在于1864年到1873年间的统一的国际，在完成它的任务，即把整个无产阶级不可缺少的普遍倾向和共同思想初步加以协调之后，就必然消失了，没有人可能要求而且也不会要求重建与此类似的组织。

对无产阶级运动的这种特殊性和复杂性起了巨大促进作用的，首先是这样两个原因，在许多国家里，资产阶级已经感觉到，为了保护它自身就需要清除工业体系所造成的某些弊病，因此诞生了保护工人的立法，或者是人们冠冕堂皇地称作的社会立法。也就是这个资产阶级，为了它自身的利益或者为形势所迫，在许多国家里不得不增加一般的自由条件，特别是扩大选举权。这两种情况把无产阶级卷进了日常的政治斗争中，大大增加了无产阶级活动的机会。无产阶级由此获得的机智灵活使它能够在选举谈判中同资产阶级做斗争。如同事物的发展决定思想的发展一样，与这种实际上形式多样的无产阶级运动相匹配的，是批判的共产主义学说得以实现同样的发展，即它无论在理解历史和日常生活的方法方面，还是在对经济学最细微的部分所做的极其详尽的描述方面，都有所发展。一言以蔽之，它已变成了一门科学，如果这一名称具有恰当的严谨性的话。

有些人会问，这不是与《宣言》作为学说的简明性和命令性相背离吗？而另一些人则会问，内容丰富和范围广泛不就使它丧失了力量的强度和针对性吗？

在我看来，产生这些疑问，是出于对当前无产阶级运动的不正确认识，以及对于以往运动中所表现出来的革命能量和威力大小的错觉误判。

不管资产阶级能够在经济秩序方面做出什么样的让步，甚至极大限度地缩短劳作的时长，然而有一点始终是千真万确的：构成现代整个社会制度基础的剥削的必要性划定了一些界线，作为私有生产工具的资本是不能超越这些界线的。如果今天的某种让步，能够以一种直接的方式缓和无产阶级的焦虑，那么这种让步本身只能导致对其他的、崭新的和越来越深重的剥削欲求。对工人立法的需求在英国是在宪章运动之前出现的，后来随着宪章运动的发展而发展，这种需求在"宪章运动"失败后不久的一个时期内取得了它的初步成果。对这种立法改革运动的原则和理由，马克思在《资本论》中批判地评论了它的原因和作用，而后来这些原则和合理性都通过"国际"写进了各个社会主义政党的纲领。最后，这一发展凝结为关于八小时工作日的诉求，这一诉求同五月一日这一天一起，共同成了对无产阶级大军的一次国际性检阅，也成了评价其伟大功绩的一种方式。另外，无产阶级参加政治斗争使它的作风民主化了。不仅如此，还出现了真正的民主，而这种民主随着时间的推移不再能适应目前的政治形式。这种政治形式，作为一个以剥削为基础的社会机构，是由官僚等级制度、司法官僚制度和资本家互助协会组成的，其目的在于保卫统治权、公债的永久性利息以及地租的军国主义，总之，其宗旨在于保卫形形色色的资本利益。于是，在暴怒的和吹毛求疵的批评者看来，诱使我们认为共产主义的预见均为无止境的这两种事实的表象，反而转化成了证实这种预

第三版　附录中增补了《宣言》的德语原文和意大利语译文（1902年）

见的新手段和条件。那些表面上偏离革命的东西，总而言之，反而转化成了加速革命的因素。

此外，人们不应夸大五十年前共产党人所抱有的革命期望的意义。如果说他们在当时的欧洲政治形势下，曾经有一种信念，那就是要使自己成为先驱者，而且他们确实成了先驱者，他们曾希望意大利、奥地利、匈牙利、德国和波兰的政治情况会接近现代形式，后来这一点部分地以另一种形式出现了。如果说他们曾经抱有一种希望，那就是希望法国和英国的无产阶级运动会继续发展下去。反动派清除了许多东西，尤其是那些偏离了或拖累了已经开始发展的事物。但同时也把社会主义阵营内老旧的革命方式给清除了——而且在最近几年，他们已经创造出了一种新的方式。整个情况就是如此①。

《宣言》并不想成为别的什么东西，只想成为那种只有经验和岁月才能加以发展的科学和实践的第一条指导线。它只提供了无产阶级革命一般进程的方案和节奏。非常明显，共产党人曾经受到了他们目睹的两次运动——法国运动和特别是经过1848年4月10日的示威游行很快就瘫痪了的宪章运动——经验的影响②。但是实践一次又一次表明，

---

①　恩格斯在《1848年至1850年法兰西阶级斗争》的导言中，尤其重视如何客观地看待全新革命方式发展的问题。

②　1848年4月10日，宪章运动在伦敦肯尼顿公园，举行了一次影响深远的示威活动，组织者向英国议会提交一份新的请愿书，而就在四年前，英国当局曾驳回了一份相似的请愿书。尽管英国政府已经准备好通过暴力镇压这次大规模的请愿活动，但最终示威游行并没有升级成为民众的起义暴动。——译者注

这个方案不会一劳永逸地确立一种斗争策略。革命家们实际上常常以教理问答的方式，来阐明那些纯粹是从事物发展中必然产生的东西。

由于资产阶级制度的发展和扩大，这个方案已变得愈加广泛和复杂了。运动的节奏变得愈加缓慢和多样化了，因为工人群众已作为独特的政党出现，这样就改变了活动的方式和规模，从而也就改变了运动。

既然武器和其他防御手段的完善，使暴动策略行不通了，既然现代国家的错综复杂的关系，排除了用突然占领市政厅的办法，来把少数人——不管他们多么勇敢和进步——的观点和意志强加给全体人民，那么，无产阶级群众本身也就不再遵照少数领导人的口号行动，而且他们也不根据那些认为能够在一个政府的废墟上建立另一个政府的首领们的指令来调整自己的运动。凡是工人群众在政治上得到发展的地方，他们都已受到了而且还正在受到民主的训练，他们选举自己的代表并把代表的活动置于他们的批评之下，他们经过独立的审核，把代表向他们提出的主张和建议变成自己的东西，他们根据各国情况已经知道，或者开始了解，夺取政权不能够也不应当由别人以他们的名义去实现。特别是他们已开始了解，夺取政权不可能是奇袭的结果。一言以蔽之，他们知道或者开始了解，将以生产资料社会化为己任的无产阶级专政不可能由几个人领导一群人行动，这种专政必然是而且将是那些由于自身的发展和长期的实践而变成了政治组织的无产者本身的事业。

第三版 附录中增补了《宣言》的德语原文和意大利语译文（1902年）

资产阶级制度在最近五十年里有了迅猛而惊人的发展和扩展，它侵蚀了古老而神圣的俄国，而且，它不仅在美国、澳大利亚和印度，甚至在日本也建立起新的现代生产中心。这样一来，它就使得竞争的条件和世界市场的复杂情况更为复杂化。其结果是，政治变革出现了，或者用不了多久就会出现。同样，无产阶级的进步也是突飞猛进和超乎寻常的。政治教育使它每天都向夺取政权迈出新的一步。生产力对生产方式的反抗，活劳动与积累劳动的斗争变得日益明显。资产阶级制度从此处于守势，并由于这种特殊矛盾而显示出它正趋向没落，和平的工业时代已变为军国主义的大兵营。同时，由于事物的捉弄，和平的工业时代已经变为不断地创造更为强力的战争和破坏性工具的时代。

社会主义为自身开辟了道路。而那些半社会主义者，甚至那些江湖庸医，他们充斥于我们党的报刊和我们党的会议，并经常把我们骗得狼狈不堪。他们按自己的方式把一切殷勤、风骚和虚荣一股脑儿献给出现在地平线上的新生势力。尽管科学社会主义早已提供了治病良药，但由于许多人没有真正领会它，致使各种社会问题（questione sociale）的药剂师们纷纷出笼，他们都有包治这样或那样社会弊病的灵丹妙药：土地国有化、由国家垄断谷物、抵押国家化、交通工具市政化管理、民主财政以及总罢工等不胜枚举的方案。但是"社会民主主义"消除了所有这类幻想，因为无产者一旦适应了政治斗争的竞技场，他们对自身状况的意识就会引导他们以整体的方式理解社会主义①。他们终于理解到，他们只应着眼于一个问题，即废除雇佣劳动者；理解到只有一种社会形式能够甚至必然会消灭阶级，这就是不生产商品的联合体；并理解到这种社会形式不再是国家，而是它的对立物，即对人类社会进行技术管理和教育管理，实行劳动自治。雅各宾派不会再卷土重来，无论是1793年的英雄巨人们还是1848年对他们的滑稽模仿者，统统都已过去了！

社会民主主义！——但有人会问，这岂不是明显地削弱了《宣言》中以十分强劲而坚定的词句阐述过的共产主义学说吗？

现在不是回忆下列情况的时候：1837年到1848年间，社会民主主义这一称谓在法国曾经有过许多不同的意义，而所有这些意义后来都融化为一种模糊的情感。也没有必要来解释，德国人是怎样用上述名称来表达他们那种社会主义分布而广泛的发展的，这个名称在他们的情境中的意义只能从事实本身的背景中寻找，而从拉萨尔事件直到今

---

① 贝努瓦·马龙（Benoît Malon）赋予了这个名词另一种意义：教导读者！但无论如何，"请您不要逾越鞋子的领域"。——原注

拉布里奥拉所引用的拉丁文谚语"请你不要逾越鞋子的领域"，意图讽刺和反对马龙所臆想的"整体的社会主义"。这句谚语取材于老普林尼的《自然志》，原文是"supra crepidam iudicare"（鞋子之外的评判），据老普林尼记载，阿佩利斯（Apelles）是古希腊的著名画家，一名鞋匠在纠正完画家作品中的鞋子错误画法后，还想给出进一步的绘画建议指导，阿佩利斯于是对他说，你只管自己本行好了，鞋子是你所能认识的一切，解剖学却不是你能懂得的了。——译者注

天，它已经过时并枯竭了。毫无疑问，社会民主主义能够表明，已经表明并正在表明许多东西，而这许多东西过去、现在和将来都既不是批判的共产主义，也不是走向无产阶级革命的自觉道路。同样肯定无疑的是，现代社会主义，甚至在进展最快的国家，也掺杂着许多糟粕，而它将会在自己的漫长道路上逐渐摆脱掉这些糟粕。最后，毋庸置疑，社会民主主义这一宽泛的名称成了许多闯入者和忘恩负义者在盾牌和纹章上的修饰花纹。但是，这里的问题只在于把我们的注意力转向某些具有决定性意义的重要问题。

为了完全避免模棱两可，我们必须强调一下这个名词的第二部分。共产主义者同盟的建立是民主的，它接受和讨论新学说的方式是民主的，它参加1848年革命和参与反抗反动派进攻的起义是民主的，最后，甚至它的解散方式也是民主的。在我们这些当代政党的最初阶段中，在我们这个既宽泛灵活而又得到充分发展的有机体的初生状态里，它不仅已经意识到先驱者务必完成的使命，而且已经有了仅仅适合于无产阶级革命的第一批先锋战士的联合方式和形式。它不再是宗派，这种形式事实上已经被克服。直接的和幻想的个人统治已被废弃。占主导地位的是这样一种纪律：它来源于对必然性的经验，来源于恰恰应当是反映了这种必然性的意识的那种学说。国际的情况也是这样，国际只是在那些未能使自己的权威在那里占上风的人来说才有权威。情况必然是这样，而且各工人党内的情况也是这样。凡是这一特点不存在或者表现得还不显著的地方，

关于唯物史观的文集

无产阶级宣传——它本身还是初步的和混乱的——就只会产生幻想,只会给阴谋提供口实。如果情况不是这样,就会出现宗派分子同白痴和奸细混杂的团体,这大概就是国际兄弟协会,它像寄生虫一样,附着在国际的躯体上并破坏它的声誉①;或者也许像合作社之类的团体,它竟蜕化为企业,把自己出卖给某个有权有势的人;也许就像一个工人党,置身于政治之外并研究市场行情,以便带着自己的罢工策略卷入竞争的漩涡;最后,也许就是由心怀不满者,主要是由脱离劳动阶级的分子和小市民拼凑成的集团,这些人热衷于拿社会主义进行投机,就像拿受人欢迎的时髦的政治空话投机一样。社会民主主义在其前进的道路上遇到了所有这些障碍,它不得不摆脱这些障碍,而且目前它还必须随时都这样做。说服的办法并不是往往都能解决问题的。人们过去和现在经常不得不采取容忍的态度,并期待失望的严酷的磨炼会成为一种教训,这要比讲道理更能解决问题。

居心叵测、诡诈多变的资产阶级,经常加以助长和利用的无产阶级运动内部的这一切困难,近年来在社会主义历史中占据了不小的篇幅。

社会主义的发展不仅在经济竞争的一般条件和政权的

---

① 这里是指聚集在民主社会主义者国际联盟无政府主义者中巴枯宁主义的部分,他们在 1868 年加入第一国际后,控诉那些支持和团结马克思和恩格斯的多数派是组织中的权威主义,随后他们在 1872 年 9 月于海牙召开的代表大会上被开除。——译者注

对抗中遇到了重重障碍,也在无产阶级大众本身所处的环境以及其缓慢、多变、复杂、充满矛盾和对抗的运动中,遭遇着时常模糊不清但却不可避免的机制的阻碍。这一点妨碍了许多人去认识全部阶级斗争如何愈发地简化为资本家和无产阶级化的劳动者之间的斗争①。

《宣言》并没有效仿乌托邦主义者去撰写未来社会的伦理学和心理学,同样也没有提供这种社会形态的结构和我们置身于其中的那种发展的结构。少数先驱者已开辟了一条为了理解和认清未来社会而必须选择的道路,这是非常难能可贵的。另外,人首先是经验性的动物,因而,人类有自己的历史,或者说得更确切些,人创造自己的历史。

当代的社会主义通过经验开辟了自己的道路,而我们则在这条道路上遇到了农民大众。

首先,社会主义在实践上和理论上聚焦于研究和检验资本家和无产者之间在所谓的工业生产环境中的对立,然后,使它的活动向生长于"农村的未开化"环境中的大众靠近。占领农村是当下问题的关键,虽然舍夫勒的"精华"早已动员反集体主义的农民来保卫秩序②。资本对家庭工业的排挤和盘剥,农业愈来愈快地转入资本主义经营;抵押

---

① 工人联合会的历史告诉我们:由于我们的双眼被蒙蔽,社会主义的必要性变革也被掩盖了。——原注
② 请参照舍夫勒的《关于社会主义的精髓》。——原注
关于舍夫勒的《关于社会主义的精髓》一书,请参考前文第31页的脚注。——译者注

关于唯物史观的文集

侵蚀或消灭了小地产；公共国有资产的消失；高利贷、税收和军国主义，所有这一切，现在都开始对这些据说要支持现存秩序的顽固分子产生神奇般的作用了。

德国的社会主义首先进行了这种进军，促使他们这样做的是他们有了惊人的发展这一事实。他们从城市走向较小的地区，而且不可避免地触及了农村的边缘。这种尝试将是长期而困难的，这一点说明，原谅并将会原谅已经发生的或者在相关未来的初步实践中将要发生的部分错误①。只要没有把农民争取过来，我们就会始终与这种农村的未开化为伍，而且正因为它是未开化的，它便会无意识地制造或者试图重演雾月十八和十二月二日的历史场景。

俄国现代社会的发展似乎与征服农村的步伐齐头并进。当这个国家带着它的种种缺陷和弊病，带着各式各样纯粹现代的剥削和无产阶级化，但也带着无产阶级政治发展所提供的补偿和利益进入自由主义时代时，社会民主主义将没有必要再害怕来自外部的意想不到的危险；而内部的威胁，它将会在同一时间内通过征服农民的胜利得以解决。

意大利的例子是很有教育意义的。这个国度在中世纪的末尾开创了资本主义时代以后，已有数世纪之久脱离于历史的运行机制了。这是人们能够准确地并按文献记载对它的各个阶段加以研究的一种典型的衰败事实。在拿破仑

---

① 我第一次使用这个说法时，主要是指法国的社会主义者。但在不久前举行的关于德国社会民主党审议的土地纲领提案的讨论，证实了我所指出的那些不可避免的困难的根源（第二版注释）。——原注

第三版　附录中增补了《宣言》的德语原文和意大利语译文（1902年）

统治时代，它才又在一定的程度上进入了历史。它重新获得了统一，它经历了反动和密谋的时期之后，在众所周知的情况下变成了一个现代国家。最后，在意大利，议会制度、军国主义和新财团这一类罪恶应有尽有，但同时却不具备现代生产方式和在同样条件下进行竞争的可能性。由于煤炭奇缺，由于铁矿贫乏，由于技术力量不足，它无法同工业先进的国家展开竞争，它现在期望或希望通过使用电力来弥补它失去的时间，比如说比耶拉和斯基奥（Schio）所选取的不同探索路径①。说一个现代国家如果处于一种近乎单一农业的社会，处于一个农业在很大程度上仍然落后的国度，那就会更加令人普遍地感觉到各种艰难困苦。

于是就出现了各个政党的动摇性和不稳定性，出现了从蛊惑到独裁的急剧摇摆，出现了不计其数的政治寄生虫、设计师、空想家和观念的发明家。一种受阻碍、被延缓、受限制和不稳定发展的社会奇观，被一种透彻的思想非常生动地阐明了，而这种思想并不总是广泛而真实的现代文化的表现和成果，但它作为千年文化的遗留物，却带有一种非常伟大而精练的思想的标记。不难理解，意大利从来不是最初产生社会主义思想和倾向的合适土壤。意大利人菲利珀·博纳罗蒂（Filippo Buonarroti）最初是小罗伯斯庇尔的朋友，后来成了巴贝夫的好友，继而在1830年之后，

---

① 19世纪下半叶，比耶拉、斯基奥和普拉托是意大利著名的制造业中心，这三座小城在变革技术环境和劳动组织方式方面取得了重要革新，并率先在意大利境内实现了电气化生产。——译者注

关于唯物史观的文集

他又试图在法国重新创立巴贝夫主义①！在意大利，社会主义在国际时期才第一次以混乱和支离破碎的巴枯宁主义的形式出现，而且它不是无产阶级大众的，而是小资产者的、失去社会地位者的和革命者的，是由激情与本能所驱动的一场运动②。最近一些年来，社会主义已经采取了几乎是反映社会民主主义③普遍特点的一种形式。这样，西西里岛的农民起义（欧洲大陆上其他类似的暴动已经跟着或将要跟着爆发）就在意大利第一次显示出无产阶级的勃勃生机④。这不是很能说明问题吗？

在概述了现代社会主义的历史之后，我们的思路不由

---

① 作为著名的马西米利安·罗伯庇尔兄弟的奥古斯丁·罗伯庇尔（Augustin Robespierre，1763—1794）曾在1792年被选为国民公会的代表。在大恐怖时期，他仍然和哥哥保持亲密联系，最终和他的哥哥一同被处以死刑。——译者注

② 德国曾经的情况是不同的。1830年以后，社会主义已经被介绍到德国，它的传播就像一个文学流派，并得到了哲学的改造，格律恩曾是这种模式的典型代表。然而，在这个新学说出现之前，无产阶级的社会主义已经融入了魏特林作品中的宣传和影响，具有令人瞩目的形式和独特的原创性。就像马克思1844年在《前进》杂志（巴黎）上所说的，这是摇篮里的巨人。——原注

1844年的夏天，在结束了《德法年鉴》的工作以后，马克思曾与《前进》杂志有过数周的合作，《前进》杂志是一本双周刊，1844年1月至12月，曾在巴黎出版发行。

文中关于魏特林和德国无产阶级"巨型婴儿鞋"的说法，是为了与已然"残破"的资产阶级政治形成对比。——译者注

③ 许多人将其称作马克思主义。马克思主义始终是一种学说。作为一种学说，这些政党领会它的本质，也不能理解它的名称。有人曾说："我不是马克思主义者。"——这正是马克思本人所说的。——原注

我所知道的一切，就是，我不是马克思主义者——这句话在1882年11月2—3日，恩格斯致伯恩斯坦的信中曾被引用。——译者注

④ 作者在这里指的是从1891年起，逐步发展起来的"西西里工人联盟"的运动，最终在1893年秋季爆发了大规模的罢工浪潮，但随后遭到克里斯皮政府的残酷镇压。——译者注

第三版　附录中增补了《宣言》的德语原文和意大利语译文（1902年）

自主地回到了我们那些五十年前的先驱者那里，他们随着《宣言》的发表而在前进道路上居于领先地位。这不仅是指理论家，即马克思和恩格斯。他们两人在任何时候和任何情况下，都会通过讲台或论坛，抑或借由自己的著作，在政治和科学方面施以不小的影响。即使他们在人生的道路上没有遇到共产主义者同盟也是如此，他们巨大的思想力量在天才的原创性和知识的广博性方面展露无遗。但是，我打算谈谈在资产阶级伪善、空洞而骄傲的文学作品中的卑微人物：他们有鞋匠鲍威尔（Bauer）、裁缝列斯纳（Lessner）和埃卡留斯（Eccarius）、微型画画家普芬德（Pfänder）、钟表匠莫尔（Moll）、罗赫纳（Lochner）[①] 等人，还谈一谈其他许多最初是我们运动中有觉悟的中坚力量[②]。"全世界无产

[①] 借着起草《宣言》这件事，他在同盟和马克思之间首次建立起了联系。1849年，他死于穆尔格起义的冲突。——译者注

[②] 职业为鞋匠的海因里希·鲍威尔（Heinrich Bauer，1813—?）是正义者同盟和后来的共产主义者同盟中最为杰出的代表人物之一。

弗里德里希·列斯纳（Friedrich Lessner，1825—1910）也曾加入共产主义者同盟。他在科隆审判中被判有罪，1856年移居英国，后来曾担任第一国际的总委员会委员。他也是英国独立工党的创始人之一。

约翰·格奥尔格·埃卡留斯（Johann Georg Eccarius，1818—1889年）是正义者同盟的成员，后来也加入了共产主义者同盟和第一国际。他在1872年与马克思发生冲突，最终倒向了"工联主义"的路线，并成了伦敦纺织工人联合会的领导人。

卡尔·海因里希·普芬德（Carl Heinrich Pfänder，1819—1876），装饰家和微型画画家。他于1845年移居伦敦，是工人教育协会的成员，该协会曾聚集了众多流亡英国的德国工人。他后来加入了正义者同盟和共产主义者同盟。

马西米利安·约瑟夫·莫尔（Maximilien Joseph Moll，1813—1849）是德国青年马志尼协会的成员。正如拉布里奥拉在一份笔记中回忆的那样，他是科隆工人运动的领导人，在一场与德国1848年革命相关的冲突中惨遭杀害。

关于乔治·罗赫纳（Georg Lochner，约1824—?）的信息很少，仅知道他曾是共产主义者同盟的成员，并在1864年的伦敦代表大会上，和普芬德和列斯纳一起被选入第一国际的中央委员会。——译者注

者，联合起来"，这一箴言宣告了他们的亮相，"社会主义从空想转变为科学"表明了他们的工作成果。我们现在所保有的这些先驱们的本能和他们最初的激情，在今天的事业中继续发挥着作用，因此他们值得一切社会主义者刻骨铭心的感谢。

作为一个意大利人，我更愿意回过头来谈谈现代社会主义的初期情况，因为至少对我来说，恩格斯最近的忠告绝不是不重要的："关于政治状态和政治事件无论何时何地都可以对应于其所相应的经济状态的观点，根本不是马克思在1845年提出的，而是洛里亚先生[①]在1886年做出论断的。至少，他曾经幸运地使他的同胞们相信了这一点，自从他那本书被翻译为法文以后，又幸运地使某些法国人相信了这一点。直到他本国的社会主义者，有朝一日从大名鼎鼎的洛里亚身上，把他偷来的孔雀羽毛拔光以前，他满可以在意大利大摇大摆地自称是这个有划时代意义的新的历史理论的创始人。"[②]

我本来想到此停笔了，但是还要再说几句。

各个方面和各个阵营都提出了抗议，对历史唯物主义

[①] 洛里亚（Achille Loria，1857—1943），经济学家和大学教授，常常作为拉布里奥拉的批判对象出现。虽然他的理论倾向于社会主义的理论，但在政治斗争上缺乏积极性，主张以决定论和机械论的方案阐释社会主义。——译者注

[②] 《资本论》第三卷序言，1894年汉堡版，第 xix—xx 页。1845年主要是指《神圣家族》这本书，由马克思和恩格斯合作完成。要想理解历史唯物主义这一理论的雏形，必须先读那本书。——原注

的异议纷至沓来。而参加这场骚乱的，也有最近在各处出现的不成熟的社会主义者、博爱的社会主义者、多愁善感甚至歇斯底里的社会主义者。后来，肚子（ventre）问题像警告一样又出现了。另一些人则沉溺于关于利己主义和利他主义这种抽象范畴的逻辑击剑术；最后，对另一些人来说，不可避免的生存斗争又总是应时而出。

道德！我们难道不是早就从与初步形成的古典经济学同时期出现的孟德维尔（Mandeville）的《蜜蜂寓言》中，便熟悉了资产阶级时代的道德了吗①？而这种道德的政治在资本主义时代的第一位伟大的政治学家古典作家马基雅维利（Machiavelli）的作品中，以无与伦比且令人难忘的经典风格予以诠释，难道马基雅维利不正是马基雅维利主义的忠实记录者和传播者，而非这一主义创立者吗？我们不是看到过从马尔萨斯（Malthus）牧师到不可或缺的斯宾塞（Spencer）这位无聊而饶舌的空谈家的利己主义和利他主义之间的逻辑比武吗②？为生存而战！然而难道你们想要观

---

① 伯纳德·德·孟德维尔（Bernard de Mandeville，1670—1733年）在1705年于英国发表了一首诗，题为"嗡嗡的蜂巢"，并于1723年重新出版，标题改为《蜜蜂寓言：私人恶习和公共利益》，他把诗歌扩展成了一部两卷本的寓言（最终定稿版为1728年版）。——译者注

② 托马斯·罗伯特·马尔萨斯（Thomas Robert Malthus，1766—1834）是一位英国圣公会的牧师，但却因其经济理论和人口学的研究而被人所熟知。

这里，拉布里奥拉将马尔萨斯和实证主义的代表赫伯特·斯宾塞的观点联系起来，后者认为文明社会的道德进化在于自然地克服利己主义的天生倾向，进而自发地转变为利他主义。——译者注

察、研究和理解一种对我们来说似乎比无产阶级的宣传所造成的规模巨大的斗争更为重要的斗争？或者，你们也许想要把对超自然的社会领域（人类本身随着时间的推移用劳动、技术和机构创造了这个领域，同时人类本身又能够用其他形式的劳动、技术和机构来改变这个领域）中的那种斗争的解释，仅仅限于去说明植物、动物以至人类（只要他们仍然处于动物状态）在自然界内部所进行的最普遍的斗争？

但是，还是让我们回到我们的论题上来吧！

批判的共产主义在研究从卡尔切多尼亚的法莱亚（Falea di Calcedonia）到卡贝（Cabet）①的形形色色共产主义的时候，无论在过去还是现在，它从未否认其中所蕴含的丰富而多样的启示，即在意识形态、伦理学、哲学和教育等方面的启示。此外，通过研究和认识这些形式才发展和巩固了这样的意识：科学社会主义同其他一切社会主义已经决裂。在进行这种研究时，我们会认识到托马斯·莫尔（Tommaso Moro）是一位英雄人物和伟大的社会主义的作家；我们也会由衷地敬佩罗伯特·欧文（Roberto Owen）的创举，因为他最先以"人的性格和道德是其生活于其中的条件和周围环境的必然产物"这样一个无可辩驳的原则，为共产主义伦理学奠定了基础。正因为批判的共产主义的

---

① 我之所以罗列到这个人物为止，是因为卡贝恰好是《宣言》发表时间的同时代的人。我认为我不应该继而下降到贝拉米（Edward Bellamy）和赫茨卡（Theodor Hertzka）这些业余水平的人群之中。——原注

拥护者研究了历史，他们才意识到其自身的义务是支持一切被压迫者，哪怕这些人的命运几乎总是受人压迫而且总是在取得暂时成功之后又为新压迫者的统治开辟道路！

但是有一点，批判的共产主义的拥护者与其他一切类型和形式的旧时的、现代的或当代的共产主义或社会主义迥然不同，而这一点具有决定性的意义。

他们不能承认过去的意识形态没有起过作用，不能承认无产阶级过去的进攻总是由于纯粹偶然的事件、意料不到的情况和变幻莫测的形势而遭到了失败。虽然所有这些意识形态实际上都以高度的正义感和深深献身于理想的精神而感觉到了社会的对立，即现实的阶级斗争，但是，他们公开表示，他们并不了解自身通过自愿的和常常是英勇的行动而奋起反抗的种种对立所产生的真正原因和实际性质。由此就产生了它们的空想性质。我们同样可以说明，为什么其他时代的压迫状况尽管更为野蛮和残忍，却没有引起当代无产阶级所表现出来的那种积蓄能量、聚集力量和持续反抗，社会经济结构的变化，无产阶级在大工业和现代国家内部的形成，无产阶级在政治舞台上的出现，所有这一切都是需要一种新思想所孕育的新事物。可见，批判的共产主义既不是道德家，也不是说教者，也不是预言家，也不是空想家；——它把事业掌握在自己手里，并把自己的道德和理想主义倾注于这一事业本身。

这种解释对感情用事的人来说，似乎太严酷了，因为它太真实、太实际了。这种解释，使我们有可能追述无产阶级以及在它之前的其他被压迫者的历史。我们会看到这种历史的各个不同阶段，我们会弄清宪章运动与平等派密谋不成功的原因，我们还可以进一步追溯到各种起义和反抗，追溯到历次战争，从著名的德国农民战争、扎克雷起义，直到梳毛工和多尔奇诺修士的起义。我们在这一切行动和事件中将发现同资产阶级的形成有关的形式和现象：资产阶级如何打碎并推翻封建制度，战胜它并从它内部发展起来。我们可以用同样的方式来看待古代世界的阶级斗争，但是这种阶级斗争尚未凸显。无产阶级和其他被压迫阶级的历史、它们的不断变化的斗争和暴动的历史都已使我们充分了解到，为什么共产主义的意识形态对其他时代来说是为时太早，或者说是尚未成熟的。

尽管说资产阶级尚未在各个方面都发展到了终点，然而，它在某些国家里肯定已然接近了它的顶点。在最发达的国家里，资产阶级事实上已经使各种比较陈旧的生产形式直接地或间接地屈服于资本的活动和规律。于是，它把以往的各种阶级斗争（当时这些斗争由于非常多而相互排斥）简化为或者竭力简化为，把生活必不可少的人类劳动产品都变为商品的资本，同出卖自己的甚至已变为简单商品的劳动力的那些无产阶级化的群众之间的斗争。历史的奥秘被简化了。这种奥秘是平淡无奇的。正像当前的阶级斗争是其他一切阶级斗争的简化一样，《宣言》也同样在理论上言简意赅地把其他形式的共产主义在意识形态、伦理学、心理学和教育学等方面的主张统统简化了，它这样做并不是否定这些主张，而是把它们提升到更高的等级。一切都是平淡无奇的，共产主义本身也是这样：它现在已成了一门科学。而且，《宣言》中既没有抗议的修辞术，也不斥诸怜悯的同情心。它并不通过对于赤贫的哀怨来消灭它。它并不为任何东西而落泪。事物的泪水已经自动地变成一种自发的革命。从此以后伦理学和理想主义就是使科学思想变成为无产阶级服务的。如果那些多数是愚蠢而神经质的多愁善感者认为这种伦理学不够道德，那么，他们可以到大主教斯宾塞那里借用利他主义。他将给他们提供它那枯燥无味、模糊不清的定义：但愿他们对这些感到心满意足。

然而，只应当用经济要素来诠释全部历史吗？

历史要素！这是经验主义者的或那些重复赫尔德的话的思想家们的一种用语。就像有的人所说，社会是一个复合体或有机体，他们把时间都耗费在争辩这种说法的意义及其类似的应用上了。这个综合体已经形成并且已发生了多次变化。那么，应如何阐明这种变化呢？

早在费尔巴哈致命地打击了神学对历史的阐明（是人创造了宗教，而不是宗教创造了人）之前，老巴尔扎克就已经写过关于这种阐释的讽刺文章，把人描写成神的提线木偶。维科不是已经承认天意并不从外部对历史起作用吗？不正是维科早于摩尔根（Morgan）一个世纪，就把历史归结为人类本身通过经验的逐步积累，即通过语言、宗教、习俗和法律的形成而构成的一种发展吗？莱辛

(Lessing)① 不是断言历史是对人类的一种教育吗？让-雅克（Gian-Giacomo）不是已经看到思想是由需求产生的吗？圣西门（Saint-Simon）在他还没有醉心于区分有机时代和无机时代时，不是已经承认了第三等级产生的真实历史吗？而且他那被翻译成散文的思想不是把奥古斯丁·蒂耶里（Agostino Thierry）变成了一个历史研究的革新者吗？

在19世纪上半叶，特别是在1830年到1850年这一期间，阶级斗争（古代历史学家和文艺复兴时期的意大利历史学家以他们在城市共和国狭窄范围内开展的阶级斗争经验为依据，已对这些斗争作了淋漓尽致的描述）有了巨大的发展，并且其在英吉利海峡两岸的规模越来越大，存在越来越显著。在大工业中产生的由于回顾和研究了大革命而得到启发的阶级斗争，已经变得显而易见和富有教育意义，因为它业已或多或少明确地和自觉地在各政党的纲领中找到了其令人鼓舞的现代用语，比如说"自由贸易"或"英格兰的谷物税"等。在法国，历史观念已发生了明显的变化，知识分子的右翼也好，左翼也好，从基佐（Guizot）到路易·勃朗（Louis Blanc）再到举止谦逊的卡贝，全都如此。社会学是时代的需要，如果说社会学曾徒劳地在一位后起的经院哲学家孔德（Comte）身上寻找自己的理论表现，那么它已经把实际上发现了阶级的心理学的巴尔扎克看成是它的艺术家。认为阶级和阶级冲突是历史的真正对

---

① 莱辛（本名Gotthold Ephraim，1729—1781），18世纪德国著名的哲学家、诗人，剧评家及批评家。——译者注

象，认为阶级的运动是历史的运动，这就是人们当时全力寻找和找到的东西，所有这一切，在理论上必须以确切的用语确定下来。

人类既不是在隐喻的进化中创造自己的历史，也不是在一条事先已规定好的发展路线上奔跑。事实上，是人类创造了历史，同时他们也创造他们自己的条件，也就是通过自身的劳动创造一种人造的环境，他们逐渐发展自己的技能，并在这种新的环境中积累和改造自己的活动成果。我们只有一种历史，我们不能把另一种仅仅可能的历史同这种事实上已经产生的真正历史相提并论。在哪里才能找到这种形成和发展的规律呢？远古的形成过程并不是一眼就能看得清楚的。然而资产阶级社会是新生的，甚至还没有在整个欧洲得到充分的发展，所以带有它的起源和成长的萌芽痕迹。这种痕迹，在日本那些刚刚出现资产阶级社会的国家中，可以看得非常清楚。只要这个社会借助资本把人类劳动的全部产品变为商品，以无产阶级为前提或者创造出无产阶级，并且带来不安、混乱和不断革新的动荡局面，这种社会就在一定时期内以十分清晰的但不同的方式出现。事实上，它在不同的国家有不同的发展形式，例如在意大利，它开始得最早，但后来停顿了。在英国，它是三百年的产物，在这三百年中，旧的生产形式，或者用法学家的话来说，旧的财产形式在经济上已被消灭。在一些国家，如在德国，它是逐步产生的，它和先于它而存在的各种力量交织在一起，它由于适应这些力量而受到它们的影响。在另一些国家，它用强力粉碎了旧的外观包装纸和反抗的力量，例如在法国就是这样，在那里，大革命向我们提供了人们所共知的最强有力和最令人头晕目眩的历史活动的范例，进而才能建立起一个最大的社会学学派。

正如我已经强调过的，《宣言》以富有教育意义的和流畅的笔触阐述了现代历史，即资产阶级历史的形成过程，它依次对这种历史的形成过程进行了一般的剖析，中世纪行会、商业贸易、工场手工制造业和大工业，进而列举了由它们所派生的和复杂的机构和工具，即法律、各种政治结构等。这里已经间接地包含了应当用阶级斗争的原则来阐述历史的那种理论的基本原理。

就是这个改革了先前生产形式的资产阶级社会，创立了关于它的结构的学说，即经济学，从而阐明了它自身和它的发展。它实际上并不是在原始社会所固有的无意识中发展起来的，而是完全在文艺复兴以来的现代世界中发展起来的。

正如众所周知的那样，经济学最初是以片段式的形式出现的，它随着商业贸易和完成地理上的重大发现的早期资产阶级，也就是随着重商主义的第一阶段和第二阶段而逐步形成。而且它的形成是为了回答一些具体的特定问题，例如，获取利润是合法的吗？货币积累对国家和民族有利吗？它后来得到了进一步的发展，并致力于研究财富问题的各个极其复杂的方面。而且它是在从重商主义向制造业过渡中发展起来的，后来它在从工场手工制造业向大工业过渡中发展得更迅猛。它已成了势必要征服社会的资产阶级的灵魂。它作为科学在大革命前夜几乎已经勾画出了它庞大的总轮廓，它已变成了反抗封建主义、行会、特权、限制劳动等旧形式的信号。一句话，它已变成了自由的信号。从先驱者格劳修斯（Grozio）到卢梭、康德和1793年宪法发展而来的天赋人权，实际上不是别的，正是经济学的倍增式发展和在思想上的完善，并且达到了这样一种程度：经济学本身同它在作者的思想上和要求上的完善常常是融为一体的，我们已在重农主义者那里见过这方面的典型例子。经济学作为学说，把生产、流通和分配领域中的各种发展因素和形式分解开，分别加以研究，并把一切都归结为下列种种范畴：货币、货币—资本、利息、利润、地租、工资等。它信心十足，进行大量的研究，从佩蒂（Petty）一直到李嘉图（Ricardo）[1]。它成了自己领域里的唯一主宰，它所遇到的异议寥寥无几[2]。它的出发点是下述

---

[1] 威廉·佩蒂（William Petty，1623—1687）与霍布斯和克伦威尔相熟识，他也是"皇家学会"（Royal Society）的联合奠基人。他是最早系统地通过定量和数学计算的方法研究经济体系的经济学家之一。

英国经济学家大卫·李嘉图（David Ricardo，1772—1823），被认为是"古典经济学派"的主要开创者之一。他概述了一种价值理论，该理论在后来成了马克思反思政治经济学问题的理论起点。——译者注

[2] 比如说，批判重农主义代表麦西尔·德拉·里维埃的人是马布里，而对此保持缄默的人有葛德文、霍尔等其他人。——原注

麦西尔·德拉·里维埃（Mercier de La Rivière，1719—1794），是法国重农学派的重要代表，他在1767年出版了最有名的代表作《政治社会的自然和本质的秩序》。

威廉·葛德文（William Godwin，1756—1836），以倡导宽松的政权管理和刑罚模式而著称的理论家，主张通过渐进的方式把社会从国家集权专制的束缚中解放出来，从而实现社会的直接民主。

查尔斯·霍尔（Charles Hall，1740—1825），物理学家、社会主义思想的经济学家，和大卫·李嘉图的立场颇为接近。——译者注

两个论断（它从来没有下功夫去证明这两个论断，因为在它看来它们是不言而喻的）：它所阐明的社会秩序是自然秩序；生产资料的私有制与那种必然产生雇佣制度和必然使雇佣工人受屈辱的那种人类自由是同一个东西。换句话说，它不认识它所研究的那些形式的历史性质。对于它多次徒劳地试图加以系统化时所遇到的种种对立，它力图以逻辑的方法加以排除，例如，李嘉图在反对地租的斗争中就试图这样做。

在19世纪之初所猛烈爆发的剧烈危机和早期的工人运动，其直接根源在于严峻的失业问题。自然秩序的幻象倾覆了！财富产生了贫困！大工业变革了生活中的所有关系，同时也增加了罪恶、疾病和从属关系的不适感。总而言之，它是堕落退化的根源。进步却产生了倒退！为了使进步只产生进步，也就是说，给所有人平等地带来富足、健康、安稳、教育和智力发展，应当怎么办呢？这个问题包括了欧文的全部学说，他同傅立叶和圣西门的意见在下述方面是一致的：他们都不再想求助于忘我的牺牲或宗教，而是想解决和超越社会的对立，但又不削弱，甚至还要加强人的技术能力和工业能力。欧文走上这条道路，成了共产主义者，而且他是在现代工业所创造的环境中第一个成为共产主义者的。对立似乎完全置身于生产方式和分配方式之间的矛盾中。所以，这种对立在进行集体生产的社会里必定会受到遏制。欧文成了一个乌托邦主义者。他想通过实验的方式来建立一个完美的社会，而且他以英雄般的毅力和无与伦比的忘我奉献的精神投身于这一使命,并通过数学的准确性进行具体地论证和构想。

关于生产和分配之间直接对立的设想被提出后,英国就出现了从汤普森(Thompson)到布雷(Bray)① 等众多著作家,他们的社会主义严格说来并不是空想的。但它是片面的,因为它给自己提出的目标是用一种或多种的治疗手段②来纠正已经显露出来的社会恶习。实际上,所有走在社会主义道路上的人所采取的第一个步骤,就是发现生产和分配之间的矛盾。然后毫不犹豫地提出一些天真的问题:为什么不消灭贫困?为什么不消除失业?为什么不舍弃作为中介工具的货币?为什么不根据产品所包含的劳动来促进产品的直接交换?为什么不把工人劳动所得的全部产品都给工人?如此等等。这些问题把现实生活中的一些固执而顽强的东西归结为五花八门的推论,而且这些问题都是反对资本主义统治的,似乎这种统治是一部机器,人们可以装卸它的轮子和传动装置等各个部件。

批判的共产主义的拥护者坚定地同所有这些倾向决裂

---

① 爱尔兰人威廉·汤普森(William Thompson,1775—1833),是一位政治家和研究社会转型的学者。他的观点影响了后来在英国兴起的合作运动和工人联合会。

约翰·弗朗西斯·布雷(John Francis Bray,1809—1897),是宪章运动的激进分子和社会主义理论家。他的著作《劳动的错误和劳动的补救》(1839年),如同上述汤普森的文章一样为马克思所熟知,马克思在《哲学的贫困》和《资本论》中均引述过以上两篇文章。——译者注

② 这些补救手段,是指安东·门格尔(Anton Menger)曾经的发现,比如科学社会主义的作者及其剽窃者!——原注

了。他们作为古典经济学①的追随者和延续者,把它当做关于当下社会结构的学说继续进行研究。如不事先精确地估计这个结构的种种关系和因素,如不彻底地研究阐明这一结构的学说,那么,任何人都不能在实践上、政治上以革命的方式同这一结构进行斗争。这些形式、因素和关系是在一定的历史条件下产生的,但现在它们之间形成了牢固的、关联的和相关性的连结,从而合力构建了一种体系和一种必然性。人们怎么能够指望用一种逻辑上的否定来摧毁这样一种体系或者用推论来消除它呢?要根除赤贫吗?但它是资本主义的必要条件。要把工人劳动的全部产品都给工人吗?但资本的利润那时会怎么样呢?如果在货币接触到的和与之相交换的一切商品中没有这样一种商品,即能够使买到它的人得到的比他所花费的还多的这样一种商品,那么,购买商品所支付的货币又在何处?进而何以能够增殖呢?这种商品不正是雇佣劳动力吗?经济体系并不是由一连串的抽象推理构成的,而是由各种相互连贯的事实集成的联系和复合体,并由此产生出关于各种关系的复杂组织结构。妄想着统治阶级数百年来辛苦地借由暴力、诡计、智力和科学建立起来的这种事实体系,会为了穷人而解除武装,屈服投降,并取消其自身或它的代言人的权

---

① 难怪维塞尔的批评者或持相似观点的人,主张抛弃李嘉图的价值理论,因为这个理论是以社会主义为导向的!——原注

弗里德里希·维塞尔(Friedrich Wieser,1851—1926),社会学家、经济学家,是奥地利经济学派的重要创始人之一。——译者注

力,这种想法是愚蠢的。如果不要求摧毁其余一切东西,又怎能要求消除贫困?如果要求这个社会改变用以自卫的法律,那是一种荒唐透顶的要求。如果要求国家不再成为这个社会和这种法律的保卫盾牌,那就是不合乎逻辑的①。这种片面的社会主义不是真正的空想主义,它从下面的假定出发:社会容许改正个别错误,而不用革命。也就是说,不用对社会本身的总的和基本的结构进行彻底改造,这种片面的社会主义只不过是一种天真的想象而已。它与事实发展的严格规律之间的矛盾,在蒲鲁东那里表现得非常明显,他自觉或不自觉地模仿英国的某些片面社会主义者,并想通过某种定义和借助某种三段论式的演绎推理来阻止和改变历史。

批判的共产主义者承认,历史有权利向前迈进。资产阶级时代可以被超越,而且它必将被超越。但是只要它还存在着,它便有着自己的规律。规律的局限性在于规律是在一定的条件下形成和发展的,然而这种局限性不单单是必然性的对立面,不是单纯的现象,也不是肥皂泡。这种规律能够消失,而且,一旦社会实际上发生了变化,它也就会消失。但是,它不会向要求改进、宣布改革或拟订计划等随心所欲的主张让步。共产主义是无产阶级的共同事业,因为只有无产阶级才拥有革命的力量。这种力量会摧

---

① 于是乎,在普鲁士诞生了一种社会君主国的幻想,它似乎会超越自由的时代,以和谐的方式解决所谓的社会问题。这种离奇的想法,是在学究式的社会主义和国家社会主义的无穷变种中再生产出来的。除了形式各异的意识形态的和宗教的空想主义之外,还出现了一种新形式,即官僚的和财政的乌托邦,或者是白痴的乌托邦。——原注

毁、打碎、动摇和瓦解现今的社会形式，并在这种形式中逐渐创造出新的条件，或者说得更确切些，它的运动的事实本身向我们表明，现如今，这些新的条件已经出现了。

阶级斗争的理论已经被发现。这种阶级斗争出现在资产阶级的起源和无产阶级崛起的过程中，而这一阶级的内部发展也已经被作为一门科学的经济学解释清楚了。经济规律的相对性已经被发现了，但同时人们已经确证了它的相对的必然性。全新的历史唯物主义概念的全部方法和道理就在于此。如果谁认为只要举出对历史所做的经济解释就可以理解一切，那就错了。这种做法比较适合于而且只适合于某些分析尝试①，这些尝试一方面考察了经济形式和范畴方面，另一方面考察了诸如法律、立法、政治、习俗等方面，然后依次研究了用抽象方式考察生活中的各个不同方面的相互影响。我们的态度则完全不同。我们面临的是一种有机的历史观。我们在思想上已觉察到一种社会生活的整体性和统一性。在这里，经济本身融化于发展的过程中，在许多形态学意义上的不同阶段上表现出来。而在每个阶段上，经济都成了其余一切东西的相对应的、相适应的底层基础。总而言之，问题不是像我们的对手所想象的那样，把用抽象的方法孤立起来的所谓经济要素，扩展

---

① 比如说罗杰斯。——原注

罗杰斯（James Edwin Thorold Rogers，1823—1890），英国历史学家、经济学家。在伦敦国王学院和牛津大学的研究和任教期间，曾撰写了大量的著作，其中最为人所熟知的有《六个世纪的劳作和工资》《1259—1793年英格兰农业和价格的大历史》。——译者注

到所有其他方面去；问题首先在于以历史的方式去理解经济，并以它的历史变化来阐明其余的变化。这是针对一切无知者对我们进行的各种批评的回应，也是对那些一知半解的不成熟的和感情用事乃至歇斯底里的社会主义者的各种批评的回答。这样，我们也就说明了为什么马克思没有把《资本论》写成批判的共产主义的第一部著作，而把它写成关于资产阶级经济的最后一部巨著。

撰写《宣言》的时候，历史的进程尚未走出古典世界，对日耳曼古代诸时期的澄清工作刚刚起步，而试图将《圣经》传统还原为平庸无奇的世俗历史的工作也处于早期阶段。现在我们的历史格局完全不同了，因为它已经追溯到了史前印欧人种的时代，已回到了闪米特一切传统之前的埃及和美索不达米亚的那种非常古老的社会形式。而且人们还进一步回溯到了所谓的史前历史，即回到了没有文字记载的历史。摩尔根使我们了解到古代社会也就是前政治社会，并给我们提供了一把钥匙，借以理解后来的一切社会构成是怎样从这种社会发展起来的，这些形式表现为一夫一妻制、父权制家庭的发展、财产的出现（最初是氏族的财产，后来是家庭的财产，最后是个人的财产）、各民族之间逐渐结成联盟，而国家就是从这些联盟中产生出来的①。所有

---

① 作者在这里参考了刘易斯·亨利·摩尔根（Lewis Henry Morgan, 1818—1881）的民族志研究。该研究对马克思和恩格斯曾产生了重要影响，尤其是后者在起草《家庭、私有财产和国家的起源》（1884年）时，借鉴了摩尔根的《古代社会》（1877年）。——译者注

这一切，在了解了发明和使用劳动资料和劳动工具方面的技术发展之后，在认识了这种发展对社会综合体所产生的影响之后，就一清二楚了，因为这种发展推动社会综合体沿着一定方向前进并使它经历一定的阶段。这些发现在某些问题上还可以加以改进，特别是经过对各种特殊形式进行了研究之后更是如此，世界上各个不同地区就是按照这些形式，完成了从野蛮时代向文明时代的过渡的。但是，从现在起，下述事实是不容争辩的：我们已弄清了人类从原始共产主义直到复杂的结构（例如雅典、罗马，及其按财产多寡把市民划分为各个阶级的制度）这一历史发展的总过程，而这种结构直到不久前对有文字记载的传说的历史研究来说还是海格立斯石柱。作为《宣言》前提的各个阶级，它们的形成过程后来得到了解释，而且人们已在这个过程中重新认识到在我们资产阶级时代构成经济科学的范畴的各种经济理由和原因的轮廓。傅立叶想看到文明时代进入一系列长期而广泛的发展阶段的梦想已经实现。人们已经科学地解决了人与人之间不平等的根源位于何处的问题，而让·雅克·卢梭曾经试图借助独特的辩证的理由和贫乏得可怜的事实根据，来回答这个问题。

对我们而言，人类进程在以下两点上已经显得极为清晰了。一点是资产阶级的起源，尽管它距离我们很近，但已经被作为科学的经济学阐明了；另一点是"以阶级"划分的古代社会形式，用摩尔根的话来说，就是从高级的野蛮阶段向文明（或者说是国家的时代）的过渡。在上述两

第三版 附录中增补了《宣言》的德语原文和意大利语译文（1902年）

个时代之间存在的一切，都是编年史学家和所谓的历史学家以及法学家、神学家和哲学家至今所研究的对象。用新的历史观去观察这整个领域并使之重新复活，并不是轻而易举的事。人们不能操之过急，也不能拘泥于旧观点。人们首先必须了解每个历史时代相对应的经济，以便具体地考察那个时代中的各个阶级发展状况；不能通过抽象的方式来处理假想的或不确定的信息，同时，也不要把我们这个时代所特有的条件肆意延伸推广到每个时代①。为此必须有一些熟练的人手。可见，例如《宣言》中关于资产阶级的最早起源的说法，即它是从中世纪的奴仆中产生出来并逐渐聚集到城市里去的这一情况，并不是普遍的。这种产生方式适用于德国和其他有过相似发展情况的国家。在意大利或法国的地中海地区或者在西班牙，即揭开资产阶级的也可以说现代文明的历史序幕的地区，情况则不是这样。在这个最初阶段，包含着整个资本主义社会的一切前提，马克思在《资本论》第一卷的一条注释②中指出了这一点。在意大利的城市共和国中，可以发现具有完备形式的最初阶段，构成了资本主义积累的历史前传。而马克思则通过英国发展中所展现的特征的诸多细节，论证了这种积累。讲到这里就够了。

---

① 几年前，有谁相信会发现和令人信服地阐明古巴比伦的法律呢？
② 德文第四版，第682页，第189号注释。对应的法文译本在315页。——原注
参见《资本论》第一卷第七篇的第二十四章，《马克思恩格斯文集》第5卷，第823页，第189号脚注。——译者注

关于唯物史观的文集

无产者的靶向不能瞄准未来。科学社会主义者首先要研究当前，因为未来的条件是从当前自然而然地发展和成长起来的。认识过去，实际上只是在它能促进并加深阐明当前这一点上，才是引人注目的和有益的。批判的共产主义的拥护者五十年来已掌握了新的和最后的历史哲学的各种因素，这一点对目前来说已经足够了。这种愿景很快就会实现，而以相反的方式进行考量是没有可能性的。在这种情况下，这种发现就像"哥伦布的蛋"①一样，简单却不平凡。在大批学者运用这种观点不断阐述整个历史之前，无产阶级也许已经取得极其巨大的成就，以致大家都认为资产阶级时代已经被克服，因为它将处于被克服的地步。"理解就是超越"。

当《宣言》在五十年前，把无产者从被同情的不幸者变为资产阶级理所当然的掘墓人时，这块墓地的范围，在两位未能用严肃的笔调掩盖住自己思想上理想主义激情的作者看来，必然是很窄小的。他们可能认为这个墓地范围当时只包括法国和英国，几乎不涉及其他的国家，如德国。今天，由于资产阶级生产方式迅猛异常的发展，这个范围

---

① 1493年，哥伦布发现了西印度群岛的哥伦布返航归来，听闻消息，红衣主教门多萨盛情邀请他赴家中参加庆祝宴会。但有几个西班牙的贵族绅士不服气，他们就说发现西印度群岛并非如此困难，哥伦布让贵族们做一个挑战实验，看看谁能把鸡蛋立在桌上。经过多次尝试，他们都失败了，而哥伦布则轻轻地在桌角处把熟鸡蛋的底部磕碎了些，鸡蛋稳稳地竖立起来了。这些贵族立刻抱怨道，这很简单。哥伦布说，困难之处是你们可以做到，而我却已经做到了！——译者注

在我们看来已经很大了。因为资产阶级生产方式反过来使无产阶级运动扩大、普遍化和多样化，并使临近的共产主义所瞩目的舞台大大扩展。这块墓地会延伸到天涯海角。魔法师唤醒的生产力越多，他所激起并准备用来反对自己的反抗力量就越强。

一切意识形态的宗教的和空想主义的，或者甚至是预言式的和末世启示录式的共产主义者，过去总是认为，正义、平等和幸福的王国应当占领整个世界。今天，世界已然被文明所征服，同时以阶级对立和阶级统治，也可以说以资产阶级生产方式为基础的社会发展遍及全球。（日本就是例证！）神圣的柏拉图已经认识到在同一个国家里两个民族共存的现象长期存在。地球不会明天就被共产主义征服。不过资产阶级世界的范围越广，脱离并跨越低级生产形式而涌入的人数就越多，从而对共产主义的期望也就更加地明显和强烈，特别是因为在竞争范围内和竞争斗争中，掠夺和殖民的失利情况越来越少了。无产者的国际（五十年前的共产主义者同盟是它的萌芽）后来已成了洲际的组织，而且它在每年的五月一日都证明。全世界无产者事实上已经采取联合行动了。资产阶级未来的掘墓人和他们的子孙后代，将永远铭记《共产党宣言》问世的日子。

安东尼奥·拉布里奥拉
1895 年 4 月 7 日于罗马

二

关于历史唯物主义的初步阐释

第二版（带附录）

(1902 年)

这部作品的第一版于 1896 年 3 月 10 日付梓出版，并附有以下的序言：

从本文的第一行开始，读者将亲眼看到，我是如何在没有任何导言的情况下直接进入主题的。

我认为另一篇作品，也就是这本书前面的第一篇文章，已经特意为那些需要它的人提供了关于如何进入主题的充足基础和前提。

事实上，对科学问题纯粹的理解并没有那么重要，就如同那些知识分子所做的一样：他们的方法让科学几乎凌驾于所有事物之上，并意图从事物外部寻找原因。直截了当地进入事物本身进行讨论，并以一元论为基础展开对学说的阐述，这是一种极为重要的论述方式。唯有坚持这条道路，才能形成具有说服力和强烈信念的思想。只有通过这种方法，眼前的困难才能被积极地克服，其他人提出的反对意见才能在现实中被消灭。

我之所以使用"初步阐释"的标题，既非出于谨慎，也不是为了迎合那种谦虚的固定表达方式。这个标题仅是为了单纯指明这部作品的性质，并划清它的确切边界。

在本书的再版中，我所做的改动非常有限，仅是纠正了些许的用词和几行句式的编排。诚然，即便我打算部分地回应近年来针对书中学说所提出的全部批评和反对意见，这本如此简单而顺畅的小册子也势必被扩充为一本分量十足的百科全书。这肯定是有违我将其定性为"初步阐释"的初衷了。

本书最后的附录部分，是我于1899年6月在《意大利社会学杂志》①上发表的一篇文章，这可以帮助那些疑惑重重的读者更好地把握近代以来围绕唯物史观所产生的诸多争论的基本情况。

安东尼奥·拉布里奥拉
1902 年 5 月 20 日于罗马

---

① 《关于马克思主义的危机》作为书后的附录，被收录在1902年第二版的文集内。这篇文章的原文发表在1899年6月3日的《意大利社会学杂志》上，文章还曾被斯坎萨诺的奥尔米出版社摘录转载。——原注

第二版（带附录）(1902年)

（一）

在这个领域的研究和其他方面的研究一样，而且比所有其他的研究更容易遭遇阻碍，甚至是令人不适的困境，仅仅通过文字灌输的方式对思想进行培育，即通常被称为咬文嚼字的恶习。这种弊病渗入到一切知识领域并在其中蔓延。然而在关于所谓道德世界，即历史—社会的综合研究中，对词的崇拜及其被赋予的极权统治，常常使物的鲜活和真实意义被侵蚀和消解。

在某些领域，长期的观察、反复的试验、有把握地使用完善的工具、完全或至少部分地运用精确的计算，这一切都引导人类的思想有系统地同事物及其变种进行互动。正如自然科学领域的情况所宣称的那样，在这里，词的神话和崇拜已经被克服和战胜，术语的问题并不涉及终极存在的意义，其价值从属于单纯的习俗约定。但是，在研究关于人的关系和事件时，某个学派、宗派、阶级和宗教的所有的种种激情、利益和偏见，传统中以文字滥用的方式对思想的再现，以及从来没有被彻底消灭且不断重生的经院主义，上述种种不是掩盖事物的真实意义，就是把它变成术语、字词、抽象的和约定俗成的说法。

那些公开使用唯物主义概念的历史这个表达方式或公式的人，首先应该认清这些困难。无论在过去、现在和将来，很多人都认为不必弄明白这个术语在语境中的呈现和解释，或者无须从发生学的角度研究这个学说产生的原因①，或者不尝试在它的追随者们攻讦对手的论战中弄清这个术语的意义，而只是简单地分析一下构成这个术语的几个词，就能不言而喻地和毫不费力地理解这个术语的意思。咬文嚼字总是力图将其自身封闭在纯粹形式的定义中。它导致了种种错误的观念，认为似乎用简单的和明显的术语和方式来表达庞大和错综复杂的自然和历史没有丝毫困难。它还使人相信，洞悉极其复杂的形式和联系背后的原因和结果，就像是观看儿童的木偶戏，并不困难。说得更明确一点，咬文嚼字使问题失掉任何意义，因为它把这些问题仅仅看成一种名称。

其次，如果咬文嚼字在某些理论设想中得到支持，例如这样一些理论设想，它们把物质说成是某种比更高级或更高贵的，即比所言说的精神更为低下的或相对立的东西。或者，如果咬文嚼字同某种文字习惯（它把贬义的唯物主义一词，与被简称为唯心主义的一切东西对立起来，也就是跟所有的反利己主义的倾向和行为对立起来）相结合，那么我们就无可救药了。这样一来，有人就会对我们说，这个学说力图解释人类本质的一切特性，但只计算物质的层面，否定了所有理念层面的价值。这个学说的某些捍卫者和传播者的无经验、无才能和匆忙急躁在颇大程度上促成了这种混乱。他们热情地急忙向别人讲解他们自己也不

---

① 这种发生学的研究，是我的第一篇文章《纪念〈共产党宣言〉》的主题和首要对象，它也是理解其他问题不可或缺的引子。——原注

完全明白的东西——其实这种学说仅仅是开始形成，还需要长期发展——冒失地把尚不完善的学说运用于最初遇到的事实或历史现象，差一点把新学说引向毁灭，把它变成对科学新事物的一知半解的爱好者和其他类似的懒汉们进行浅薄批判和嘲弄的对象。

如果允许我在这里，在开头几页就初步地拒斥这些偏见，并斥责支持这些偏见的意图和倾向，那么应当记住，我们学说的意义首先应当从它对它真正反对的那些学说所采取的立场中，特别是对各种各样的观念论所采取的立场中去寻找。同时还应当记住，它的独特价值在于它对人类命运连绵不断的运动所做出的最适宜和最相称的解释被完全验证。最后，应当记住，这个学说并不隐含着一种主观偏好。这种偏好是那些从不顾及他人利益的利己主义的体现，这个学说只是要阐明所有社会发展过程中的一切利益的客观协调和从属关系。同时，它通过发生学的过程进行说明，这种过程是存在于过渡之中，即从一定的条件向条件性的、从事物的成因向成形的事物的过渡。

让咬文嚼字者去苦思冥想物质一词的价值吧，让他们说它是形而上学的计谋或者它令人想起这种臆造，或者它表现出自然主义之经验的终极假定基质吧。我们在这里并不研究物理、化学或生物学的问题，而只是力图弄清楚与动物生存不同的人类生活方式的显著条件。问题不在于根据生物学的资料做出归纳的或演绎的结论，而在于首先识别出人的生活方式的独特性——它是借助于人本身在一定的和可变的条件下形成和发展的——的特点,在于寻找构成意志和行动的基质的种种需求的协调和从属关系。问题不在于发现人的意向,也不在于企图对某种特质做出评价,而在于设法指出事实本身所包含的唯一必然性。

人们不是出于选择,而是因为他们在最初不可能有别的办法来满足某些基本需求。后来,在完善的过程中满足从最初的需求中发展起来的需求。为了满足某些需要,他们寻找和使用一定的工具和手段,并以一定的方式联合协作。同样,唯物主义的历史诠释不是别的东西,而是试图借助一定的方式在思想中再现经历过若干世纪的人的生活方式的起源和复杂性。这个学说的创新之处,同所有在幻想的场域中饱受磨难,而最终艰难地抓住平凡的现实,并停留在现实里的那些学说别无二致。

(二)

咬文嚼字这种形式上的恶习同通过不同途径在人们头脑中扎下根的另一种缺点有一定的相似之处,至少外表上是相似的。就这种缺点的某些最一般和最普遍的影响来看,我把它称为措辞学①。虽然这个词还不能完全表达它的本

---

① 措辞学(英文是 phraseology)是语言学的分支,它有两层含义:在表示具体含义时,指类似于短语的结构单位;而在表示抽象意义时,指有关短语结构的相关研究。国内目前还没有统一的译法。结合上下文,此处译为措辞学的更贴切,可以和咬文嚼字形成呼应。——译者注

意,也不能解释它的起源。

许多世纪以来,人们写历史,解释历史和评论历史。各种各样的利益——从直接的实际利益到纯粹的美的利益——驱使着不同的作家构思并撰写这类著作。但是,这些作家只是在文明萌芽、国家发展和从原始共产主义社会过渡到——用我们的术语来说——以阶级的差别和对立为基础的社会之后,才开始出现在不同的国家中。历史学家们,即使像从前希罗多德(Erodoto)那样单纯,也总是诞生和成长在一点也不单纯,反而是非常复杂和复合的社会里,而且是在这种复杂和复合的原因并不为人所知,而它们的起源又已经被人遗忘的时候。这种复杂性与其所包含的一切矛盾密切相关,并使这些矛盾在不同时期的历史变迁中被引爆,我们侧耳倾听,要求讲述者将其作为神秘的东西进行解释。如果历史学家想使他所叙述的事件有一定的连贯性和某种联系,他就不得不在单纯的叙述中加上一些总体的观点。从历史学之父希罗多德的神的嫉妒到丹纳先生的环境①,这些无数的观念都被看成是解释所叙述的事件和补充这些事件的手段,由于叙述者的自发的思想方式,它们十分自然地出现在他们头脑中。阶级的倾向、宗教的先入之见、广泛流传的偏见、某种时兴的哲学的影响或对这种

---

① 关于"神的嫉妒"的主题,出自希罗多德《历史》中的概念。同样地,对于环境的考量,即地理和气候的因素,与种族和时刻也在伊波利特·丹纳(Hippolyte Taine,1828—1893)的历史学说中占据着核心地位。——译者注

哲学的模仿、幻想领域中的权宜之计、用艺术的魅力来补充人们只是片面地理解的事实。所有这一切，以及与此类似的其他原因，使得用来解释事件的多少有些幼稚的理论的基质形成了。这种理论或者暗中构成叙述的基础，或者至少可以用来点缀和美化这种叙述。人们不是谈论时机或命运，不是强调人类的种种事件循着天意的引导，不是强调福尔图娜（Fortuna）①——在马基雅维利（Machiavelli）严格的和常常是浓重的概念中仍然保存下来的唯一神力——这个名词和概念，也不是像现在经常谈论的事物的逻辑那样；全部的臆想，在过去和现在，都是幼稚的思想、直觉的思想、不能借助批判和经验的手段向自己说明自己的过程和结果的思想的发明和产物。对于在理解事件如何不按照我们的意志和喜好而按其自身之必然性发展的方面所存在的空白，人们努力用假定的概念（例如命运）或用似乎是理论性的说明（例如事件的命定的进程，这个进程后来有时在观念中同进步概念相混淆）来弥补，而这种努力就是或明或暗地广为传播的史实叙述家的哲学的原因和后果。这种哲学由于它的自发性质，只要以知识为基础的批判一出现，马上就会消失。

所有这些观念和杜撰，从批判的角度来看，只是不成熟的思想的暂时有用的辅助手段和臆想，却常常被有教养的人看成是理性的巅峰②。它们表现和反映了人类的大部分

---

① 福尔图娜是古罗马神话中的命运女神。——译者注
② 这句拉丁语谚语源于古希腊神话，据说这句话刻在直布罗陀海峡的赫拉克勒斯神柱上，标志着古代世界的尽头。后来在意大利语演变成对于妄称为"极致或永恒之境"的调侃。——译者注

发展过程，因此，不应当把它们看作是无根据的杜撰或短时幻想的产物。它们是我们可以称为人类精神的那种东西的一部分和它的形成因素。如果这些观念和杜撰混合并结合在一起，成为有教养的人或被认为有教养的人所共同接受的意见，那么它们就会逐步退变成一大堆偏见，并形成一种障碍，进而会产生无知，妨碍人们清楚而全面地认识现实。这些偏见以其辞藻堆砌的派生物被形形色色的职业政客、政论家和新闻记者所重复，并且成为所谓社会舆论的修辞支柱。

把现实的东西或积极活动的力量，也就是处于不同社会背景的人，同这种非批判性妄念的构想和文学矫饰的权宜之计，同这些想象的偶像和人云亦云的思想对立起来，然后用这些力量来代替这些杜撰——这就是新学说的革命任务和科学的目的，而这种新学说客观化，甚至可以说是自然化了对于历史诸进程的解释。

每一个特定的民族都不是任意的个人的组织，而是以某种方式组织起来的人的联合。这种人的联合可能是因为天然的血缘关系，也可能是通过家族和亲缘关系的人为安排和习俗，又或是由于稳定的邻里关系。这个民族，生活在特定的有一定边界的在某种程度上是富饶的而且只要持续进行劳动就总是有收成和总是可以得到开发的土地上，这个民族以一定的方式散居在这块土地上。由于特定的分工而被划分为不同部分，而分工又导致某种（刚刚萌芽的或发达且成熟的）阶级划分，或者导致某些阶级的消逝和转变。这个民族，掌握某些工具——从燧石到电灯，从弓和箭再到连发式来复枪，有一定的生产方式和与此相适应的产品分配方式。这个民族，由于上述所有的关系构成一个社会，在这个社会里，通过相互适应的习惯，或者借由缔结了措辞明确的条约，或者由于遭到暴力侵犯，已经产生或正在形成法律—政治的关联，后来这些联系为国家的建立奠定了首要基础。这个民族，在这样的国家组织出现之后，即它只是要巩固、维护和永远保持不平等，而且由于它所造成的新的矛盾使社会制度处于经常不稳定的状态，就导致了政治运动和革命，从而预先规定了进步和退步的原因。这个民族，在此之后，是任何历史的基础。这就是平淡的现实对任何虚幻的和意识形态的联合体的胜利。

要想把许多世纪以来妨碍正确观察的幻象抛到一边，而照事物的真实面目看待事物，自然必须丢掉幻想。但是，这种现实性学说的启示，不论在过去还是现在，都不是要用物质的人去反对观念的人。相反，它过去和现在都是在揭示任何人类发展，包括在一定具体条件下所有被我们称为观念的那些东西（即在包含着它们变化的原因、规律和节奏的条件下）的真正原则和动力。

（三）

如果相信那些由于许多世纪以来偏见的力量作祟而掩盖了真实情况的大量先入之见、幻想和不成熟的解释是叙述、解释和评论事件的历史学家们自己虚构和制造出来的，那就大错特错了。可能会有这样的情况，实际上有时就是这样。在这些偏见中有一些是个别人臆想出来的，或者是大学和学院里狭小专业圈中形成的著作流派的产物。关于这些偏见，人民毫无所知。但是，有一个事实是重要的，这就是历史本身给自己蒙上了面纱，换言之，历史事件的活动者和当事人本身，无论是广大人民群众、统治阶级或阶层、国家的统治者、宗派、狭窄意义上的政党，所有这些人几乎到18世纪末（除了个别短暂的时刻之外）都意识到了自己本身的活动，只是给它蒙上了一层阻碍进入事件真实原因的观念性的外皮。早在完成从野蛮向文明过渡的黑暗时代，即随着农业的初步改进，随着某些民族开始定居在一定的区域，随着第一次社会分工的出现和不同氏族最初联盟的形成，出现了财产和国家得以发展至少是城市国家得以发展的种种条件。简单说来，即便是在最早期的社会革命时代，人们就已经把自己的活动看成是神和英雄的神奇业绩。因此，他们想出了对本身的活动的解释，似乎这种活动不是出于他们本身。其实他们的所作所为无非是他们在一定的经济发展水平上由于必然性而能够做到和必然要做到的。人类行为的这种意识形态的外壳后来在若干世纪中多次改变自己的形式、外观以及它们的种种组合和关系，从直接创造的天真神话到复杂的神学体系和圣奥古斯丁①的

---

① 或译作希波的奥古斯丁（Augustinus Hipponensis，354—430），奥古斯丁的主要贡献是关于基督教的哲学论证，他借用了新柏拉图主义的思想，以便服务于神学教义，为认识上帝的绝对权威奠定了基础。——译者注

《上帝之城》，从迷信奇迹到一切空想的奇迹中最了不起的奇迹——观念。按照黑格尔主义颓废派的说法，在历史的进程中，观念通过对自身的否定，从自身中产生出人类世界中的一切殊相及其变种。

现在，正是因为不久前才全然地克服了对观念论的解释，而且只是在现今时代才把真实且实际存在的关系清晰地从神话中的天真反映以及宗教和形而上学的更为矫作的反映中区分开来，所以我们的学说给那些想运用这个学说来深入解释以往历史的人提出了新的问题和不小的困难。

问题在于，我们的学说需要对历史的来源进行新的批判。我并不是仅仅针对文本和通常字眼意义上的批判，因为就这些文件来说，我们在很大程度上可以满足于职业批判家、学者和语文学家们给我们提供的非常完备的东西。我说的是直接的资料。这种资料通常没有记入文档本身，而且它在文件中得到反映和写入文档之前就存在于精神（animo）①中，存在于活动的人借以说明自己的活动的动机的意识形式中。这种精神即这种意识常常不符合我们现在能够发现和刻画的历史事件的真实原因。因此，在我们看来，活动的人掉进了幻想的狭小圈子。揭去历史事实在其发展过程中所蒙上的那些遮蔽，这就是对真正意义上而不是形式上的资料

---

① 此处的 animo，虽然和意大利语的 anima、spirito 一样，皆可译为"精神"，但此处的 animo 所指称的精神领域，并非绝对地和"物质或肉身"相对立，而是包含人的思想、感情、人格、意志、气质等在内的全部精神境界。——译者注

进行新的批判的关键所在;这就是最终使我们能够根据现在拥有的意识水平,去理解我们已经得到的关于以往种种条件的材料,以便重新完全改造这些条件的关键所在。

但是,这种对最直接的资料的审视,是某个时候可以达到的历史自我意识的最高极限,它会成为严重错误的原因。不同于历史学家借以认识本身的活动并常常从中看到这些活动的动因和依据的观念论,我们往往会错误地认为,这些观念论仅仅指向某种似是而非的人为的东西,甚至是某种最直接意义上的纯粹幻象。例如马丁·路德(Martin Luther)像同时代的其他伟大变革者一样,并不知道我们现在所知道的东西,即宗教改革只是第三等级形成过程中的一个阶段,抑或德意志民族对罗马教廷剥削压迫的在经济层面的反叛。作为一名煽动者,作为一位政客,由于他完全为一种信念所支配,这种信念迫使他把推动风潮的阶级斗争看成是真正基督教教义的回归和隐藏在事件的日常进程后面的神圣必然性。研究早已发生的事件,即反对封建领主的城市资产阶级的壮大,公侯们靠削弱皇帝和教皇的跨地区和超地域的权力而扩大自己的领地和势力。对农民运动和性质较接近无产阶级运动的再洗礼派①运动的残酷镇

---

① 再洗礼派(Anabattisti),亦称重洗派,是16世纪宗教改革时期一些否认婴儿洗礼的效力、主张成人洗礼的激进派别之总称。之所以将再洗礼派归为"激进派",是因为"激进"一词不仅能表达出该派相较于主流改革派更为彻底的革新教会之理念与方式,而且体现出该派"回到初代使徒教会"、回归根源的神学宗旨("激进"一词的拉丁语词根原本就有 radix,即"根源"之意)。——译者注

压。研究这一切,使我们可以重新考察宗教改革运动的经济原因的真正历史,特别是使我们可以了解它的成就——这一成就是它的必然性的主要证明——的原因。但是,这并不是说我们对某件事实可以抛开它发生的环境而孤立地去研究,用后来的完全主观的和简单化的分析,去切断有着相互联系的情况的链条。宗教改革运动的内在原因,或者,正如我们现在可以说的那样,是世俗的平凡的动因。我们在法国这块它没有最后取得胜利的地方看得比较清楚,我们在尼德兰也看得比较清楚。在低地国家①反对西班牙的斗争中,除了民族差别之外,还非常明显地表现出经济矛盾激化。在英国也看得十分清楚,在那里,通过政治暴力实现的宗教革新,印证了那些作为近代资产阶级的资本主义征兆的条件过渡。事后,经过了一个很长的时期,在宗教改革运动未能预料的后果产生过后,历史的真正动力——宗教改革运动的活动家本身也多半不理解宗教改革的内在原因——才显露得一清二楚了。但是,发生这一事件时的种种情况是任何带有偏见的分析也改变不了的。它们的特点,在于事件像实际发生的那样发生了,它具有一定的形式,具有一定的外衣,具有一定的色彩;在于这事件激发了这样的热情并得到了这样狂热的扩展。

　　唯有钟情于自相矛盾的人,亦即那些在新学说的传播

---

　　① 也被称为"低地诸国",是对欧洲西北沿海地区的称呼,狭义上指荷兰、比利时、卢森堡三国。——译者注

中总是陷入狂热的人才会误导他人相信。对历史研究来说，只要仅仅突出经济原因（常常是未经证实的，而且有时是根本没有弄清楚的）就够了，然后把其余的一切当作不需要的然而却是人们情愿承担的包袱扔掉，当作某种附属的东西，或者干脆当作微不足道的东西，或者完全当作不存在的东西扔掉。

有人说，必须完整地考察历史，考察它的整个总和，历史的核心和外壳才能构成一个整体，按歌德的看法，这是一切事物所固有的特点。从这种说法中显然可以引出三个结论[①]。

第一，在历史社会决定论的领域内永远不可能一眼就看出原因和结果之间、条件和它所制约的现象之间、先前的现象和后来的现象之间的联系。同样，这些关系在个人心理的主观决定论中也永远不会一眼就看出来，这是显而易见的。很久以来，在主观决定论的领域内，抽象的和形式的哲学由于轻视关于宿命论和自由意志的一切胡说八道，倒是能够比较容易发现意志的每一个行为的决定性原因。

---

① 原文是 Natur hat weder Kern Noche Schale, Alles ist sie mit einem Male（自然，既没有内核也没有表皮，它只是其自身的唯一），这句话多次在歌德的不同诗歌中反复出现。黑格尔在《哲学科学百科全书》中转引了歌德的这一名言，并指出这句话很可能源于对阿尔布雷希特·冯·哈勒（Albrecht von Haller, 1708—1777）的《人类道德的错误性》（*Die Falschheit der menschlichen Tugenden*, 1730 年）一书中有关"自然"之论述的批判，即"自然的内部不被丝毫具有创造性的精神所渗透，我们应该全心着力于自然的表皮"（第289页）。请参照黑格尔的《哲学科学百科全书》（Bompiani, Milano 2000, pp. 300 – 301）。——译者注

因为意志的行为最终决定于某种原因所支配的决心。但是，在意志的行为及其原因的背后隐藏着它们的起源，而为了再现这个起源，必须跳出意识这个狭小的框框，分析人类的基本需求。这些需求一方面是社会条件造成的，另一方面却消失在人类本性所固有的生物特性（包括遗传性和返祖性的黑暗深渊）之中。

在历史决定论中也可以看到同样的情景：在这里也同样是从宗教的、政治的、美学的、激情的等动机开始。但是，接着应当在构成这些动机的基础物质条件中寻找这些动机的原因。在我们的时代，对这些条件的研究应当十分深入，以便不仅要彻底弄清楚它们的原因，而且还要彻底弄清楚它们怎么会具有那样一种形式，在这种形式下它们在人们的意识中表现为动机，而这些动机的起源却常常被人遗忘。

第二，从这一点无疑还可以得出以下结论：我们的学说不是要把历史发展的整个复杂的进程归结为经济范畴，而只是要用构成历史事实的基础的经济结构（马克思语）[①]来归根到底（恩格斯语）[②]解释每一个历史事实。这样的任务要求分析并找出最简单的因素，然后再把彼此相联系的单个因素联结起来，即综合法。

[①] 关于马克思的观点，参见《政治经济学批判》，第10页。——译者注

[②] 关于恩格斯的观点，参见恩格斯分别在1890年9月21日和1894年1月25日致约瑟夫·布洛赫和海因茨·斯塔肯伯格的书信。——译者注

第三，由此可以得出这个结论：为了从构成基础的结构过渡到一定的具有各种各样形式的历史过程，必须求助于概念和知识的综合。由于找不到另外的术语，我们把这种综合称为社会心理学。我使用这个术语，既不是想暗示社会精神的虚幻存在，也不是想暗示关于所谓集体精神的脉络，这种集体精神在社会生活中显示和表现出来，似乎是遵循自己的规律而并不依赖个人的意识以及他们物质的和被规定的关系。这是最地道的神秘主义。我也不是在暗示那些社会心理学论文所做的笼统概括的尝试，它们的主要思想是：把为个人的心理学而创造的范畴和形式，移植并运用于被称为社会意识虚构的客体上面。最后，我不是想暗讽那些众多的半生理学和半心理学的名称，人们像舍夫勒（Albert Eberhard Friedrich Schäffle, 1831—1903）[1] 那样借助于这些名称把脑髓、感觉能力、感情、意识等强加给社会机体[2]。我想说的是比较质朴和平凡的东西：社会意识的具体的和一定的形式。如果考察一下这些形式，某个时代的罗马平民，爆发过梳毛工起义[3]那个时期的佛罗伦萨手工业者，或者根据丹纳的说法，在1789年的法国农民中衍生出自发的无政府主义的状态，（他们后来成为自由劳动

---

[1] 舍夫勒，19世纪德国著名的社会学家、政治经济学家和报刊编辑。——译者注

[2] 此处转引自舍夫勒的著作《社会主体的建设与生活》。——译者注

[3] 转引自丹纳的《当代法国的起源》一书的第二卷第一章"大革命：无政府主义；雅各宾的征服"，米兰：阿德尔菲出版社，1989。——译者注

者和小所有者，或者希望得到少量财产，因而在短期内从在自己祖国之外获得胜利的人，变成了反动派的盲目工具)，所有这些人就会以本来的面貌出现在我们面前。这种社会心理学谁也不能把它归结为抽象的教义，因为它在大多数场合十分明显和具体，记述型的历史学家、演说家、艺术家、小说家和各种思想家一直只把它看作是他们自己研究和思考的对象。各种思想家、鼓动家、演说家和宣传家都求助于和诉诸这种心理学，因为它在一定的社会条件下是人们的特殊意识。我们知道，它是派生的东西，即一定的具体的社会条件的结果。一定的阶级所处的一定的地位决定于它所执行的职能、它的从属关系或它实行的统治。这一定的阶级和所有的阶级以及它们的职能，从属关系和统治——这一切都以生活资料的某种一定的生产方式和分配方式，即特殊的经济结构为前提。其本质总是决定于生存条件的社会心理学，不是所谓人类精神发展的抽象过程和一般过程的表现。它始终是特殊条件的特殊产物。

所以，我们认为，不是人们的意识决定人们的存在。相反，是人们的社会存在决定人们的意识（马克思语)[①]，这一论点是无可争辩的。但是，这些意识形式既然决定于生活条件，也就构成了历史的一部分。历史——这不仅是社会的经济解剖，而且是蒙住和遮盖这种解剖的种种现象，包括它在幻想中的种种反映的总和。换言之，没有一个历

---

① 转引自马克思的《政治经济学批判》，第10页。——原注

史事实不是依赖于作为基础的经济结构的种种条件而产生的。同时,也没有一个历史事件不是以一定的社会意识形式为先导、由它相伴随并被它所跟随的,而不论这种意识是以迷信或经验为基础,是以直接感受或反射为基础,是充分发展的或不彻底的,是心血来潮的或自我控制的,是幻想的或纯理论的。

(四)

我在前面已经说过,我们的学说是使历史客观化和在一定意义上自然化,它颠覆了之前的诠释途径,即在有目的地活动着的人的意志表现,和与人的活动有关的观念中去寻找关于历史的解释方式,取而代之的是将意志和行为的原因和动机置于生活资料生产的基本过程之中去解读历史,致力于发现这些原因和动机在生产的基本过程中的相互联系。

现在,在"自然化"这个术语中潜存着一种巨大的诱引力,使许多人把这一类问题同另一类问题混淆起来,也就是把那些适用于和有益于研究并解释总的自然界和具体的动物界的规律和概念推广到历史方面。达尔文主义借助物种异变性的原则占领了关于事物不变的形而上学的最后堡垒,结果是各种机体变成了真正自然历史的各个阶段和因素。因此,在许多人看来,用那些在生存斗争的条件下,从在没有经过劳动改造的地理环境中直接发展出来的动物的生命所服从的规律和原则，来说明人和人类历史的起源是理所当然的。政治的和社会的达尔文主义许多年来如同瘟疫一样控制着一些研究工作者和更多的律师和高谈阔论的社会学者的头脑，而且最后甚至像时髦或流行病那样影响着政治实践家的日常语言。

乍看起来，似乎在这种思维方式中存在某种直接的明显的东西和本能的似乎是合乎情理的东西，其实这种思维方式的主要特点是滥用类比和匆忙下结论。毫无疑问，人是动物，而且由于起源和血缘的关系而同其他动物有联系。人在起源和机体的基本结构方面没有什么优越的地方。人的机体的生理现象不过是一般生理现象中的个别情况。人的最初的和直接的活动地盘曾经是没有经过劳动加以人工改造的自然界，这为迫切的不可避免的生存斗争创造了条件，生存斗争的结果是人获得了适应自然界的不同形式。真正意义上的种族是这种适应的结果，也就是说，因为真正意义上的种族直接以黑色或白色皮肤、卷发或直发等这样的标志来彼此区别，所以不是派生的历史社会形成物，即民族。原始社会的本能和在杂婚中出现的性的选择的最初萌芽也是这种适应的结果。

我们只能通过思辨的方法，结合着猜想和设想来想象野蛮的原始人，而无法通过经验直观的理解原始人。同样，我们也无法确定继承性的那种间歇，即不连续的起源。由于这种中断，人的生命似乎与动物的生命完全分离，进而逐步地提高到比后者更高的水平。现在居住在地球上的一切人和曾经居住在地球上而且是相当可靠的观察对象的那些人，在自己的发展中，距离人类不再是本来意义上的动物的那个时刻，已经相当遥远了。任何一种社会生活，在已经形成一定的习俗和法规的时候，即使在我们现在知道的形式中最原始的形式里，即在有了级别划分并实行一个级别的所有男人同另一个级别的所有女人的婚姻的澳大利亚氏族那里，都使人的生活同动物的生活有了颇大程度的分离。我们再来看一看后来的阶段并考察一下母系氏族（摩尔根对易洛魁人的典型母权制的发现对史前史的研究起了革命的作用，同时为理解历史本身的起源提供了钥匙）①，就会看到社会关系大大复杂化了的社会形式。甚至在我们认为是社会发展进程中最原始的社会生活阶段，即在澳大利亚人那里，不仅存在使人区别于其他一切动物的相当复杂的语言体系（语言可以说是社会存在的条件和工具，原因和结果），而且人的活动除了使用火，在利用各种满足自己生活需要的各种人工手段方面已经专业化。氏族为了自己的活动而占据一定的地区，采用一定的狩猎方法，熟练地使用某些防卫和进攻的武器，为保存已获得的食物而制造了某种器具、装饰身体的方法等——一切证明，这样的生活实际上是人们在人为的尽管是很原始却竭力去适应的

---

① 作为人类学重要的奠基人，摩尔根（Lewis Henry Morgan, 1818—1881）最重要的贡献体现在对北美印第安人种族易洛魁人（意大利语为Irocchese，法语为Iroquois，又名Haudenosaunee，意译为"居住在长屋的人们"，是北美原住民联盟）的民族学研究中。当欧洲人来到美洲时，易洛魁联盟主要占据美国东北部地区。——译者注

环境中进行的。这个环境最终成了制约整体进一步发展的必要条件。我们依照这种人为的环境的发展水平,把创造这个环境并生活在其中的人称为蒙昧或野蛮阶段的人,而这种最初形成的人为的环境,我们通常称为史前史时期。

　　历史,从其字面意思来看(即人类发展过程中其传统深深印入各代人的记忆中的那一部分),是在人为的环境中经历了很长一个发展时期才开始的。例如,美索不达米亚的运河系统引起了古巴比伦国家的出现,而尼罗河的排水渠引起了最古老的含米特埃及的出现。生活在历史本身的萌芽期的这种人为的环境中的人同现在的人一样,不是乌合之众,而是有组织的社会。这些社会像现在一样,通过分配义务(换言之,分配劳动)和由此而产生的一定形式和一定种类的协同活动和一些人对另一些人的服从,建立了自己的组织。这类关系和联系以及生活方式,同现在一样,不是在动物生存斗争的直接影响下形成的习惯的重复和固定的结果。不仅如此,它们是以发明一定的工具,驯化许多动物,加工石头和金属(包括铁),使用奴隶和类似的工具和器物(这些东西最初把各个社会集体分开,然后又把这些社会集体中的一些成员同另一些成员分开)为前提的。换言之,人们既然联合成为社会,他们的活动就会对人本身发生影响。他们的发明和发现由于创造了完全不同于自然条件的生活条件,不仅产生出习俗和习惯(穿衣、吃饭等),而且还产生出同直接生活的生产和再生产的方式相适合和相适应的共同生存的关系和联系。

当口头流传下来的历史开始的时候,经济就已经存在。人们为了维持自己的生存,在被他们的劳动大大改变了的环境中,用完全是他们的劳动所创造的工具进行劳动。从这个时候起,他们就开始为了占据使用这些人造工具的优势地位而相互斗争,换言之,他们作为奴隶和主人、臣民和君王、被征服者和征服者、被剥削者和剥削者而相互斗争。但是,在任何情况下,在进步的情况下,或在退步的情况下,以及在人们不能克服当时的社会形式而暂时出现停滞的情况下,他们从来没有再退回纯粹动物性的生活,从来没有完全丧失人为的环境。

因此,历史科学的首要任务是断定和研究人为的环境、它的起源和结构、它的变化和改造。硬说这种环境只是自然界的一部分和继续,这只是一种过于一般和抽象的因而归根结底没有任何明确意义的思想。

人类只能生活在地球上,不能设想人类可能搬到另外的地方。人类在这样的条件下,从人的生存的最初阶段直到当代,曾经为发展劳动即为物质文化的进步和为人本身的内部发育寻找必需的手段。这些自然条件,无论是过去还是现在,都是必不可少的,不管是在旧时代时而耕种的游牧人,还是在现代集约园艺栽培精致果实的园丁,都是这样。这些土地的条件过去提供适于制作最初工具的各种石头,而现在提供作为煤炭的化石,即大工业的能源。它们过去给原始的氏族提供编织用的芦苇和柳条,而现在提供复杂的现代电气化工业所需要的一切物资。

但是，进步不是表现在自然中介的本身，而只是表现在人们通过积累的劳动即经验而在自然界中逐渐发现创造新的越来越复杂的生产形式的种种条件。这种进步根本不能归结为主观主义心理学的信奉者对进步的理解，而恰恰要归结于理性和思维的发展本身的内部变化。另外，这种人的内部发展中的进步是第二性的和派生的，因为它的前提是在人为的环境中所发生的进步，是在一定的劳动形式和分工形式的基础上发生的社会关系所造成的进步。因此，断言这一切似乎只是自然界的简单的继续，是没有意义的。除非人们想要赋予"自然界"这个词以非常广泛的意义，以致该词不再指代某种精确的和确定的东西，而是表示正在发展的人的劳动活动的成果以外的任何东西。

历史是人的产物，因为人可以制造和改进自己的劳动工具并借助于这些工具创造人为的环境，然后这个环境通过复杂的途径对人本身产生影响，并且在它当时的状态下和后来的变化中成为人的发展的原因和条件。可见，没有任何理由把构成历史的人的这种创造活动归结为单纯的生存斗争。如果说生存斗争完善和改变了动物的器官，如果说它在一定的情况和条件下促使了新的器官的出现和发展，那么它也并不产生作为人类发展过程的连贯的直线上升的和具有继承性的运动。不应当把我们的学说与达尔文主义混为一谈，我们的学说不需要再去求助于任何形式的宿命论，即某种神话的神秘的或者隐喻的意涵。因为，如果说历史主要靠技术的发展的说法是正确的，换言之，如果说劳动工具不断发明的结果是不断出现的分工种类以及随之而来的不平等的类型（它们多少稳固地综合起来构成所谓社会机体）的说法是正确的，那么另外的说法同样也是正确的。这些工具的发明是内部生活的条件和形式的原因，同时也是其后果。这些条件和形式，如果我们从心理学的抽象范畴加以考察，可以把它们叫作想象、心智、理性、思想，等等。人不断地创造各种类型的社会环境，即便于自己活动的各种人为的条件，新环境被创造的同时人也发生了改变；那种构成各种各样的奇幻组合和逻辑建构并在观念论者那里形成关于人类精神进步观念的东西，其真正的核心、具体的理由、积极的基础正在于此。

使历史"自然化"这个说法（如果从非常广泛的和一般的意义上来理解它，可以为我们已经提到过的模棱两可提供理由，而且它是以应有的谨慎和在非常相近的意义上加以使用的一个词）言简意赅地包含了对一切唯心主义观点的批判，因为唯心主义观点解释历史的前提是劳动和人的活动同自由意志、自由选择和自由愿望构成一个整体。

对神学家来说，把人类的事业和事件的整个过程归结于统一的计划或方案，是方便的和没有困难的，因为他们完成了从一定的经验向统治宇宙的假想精神的飞跃。法学家可以首先在构成他们研究对象的成规中发现某种指导线索，使人可以看到一些形式如何明显并连续不断地代替了另外一些形式，于是在过去和现在都容易把作为他们职业思想的理性概念，拿去解释宽泛而复杂的社会学科的总和。

政治活动家自然是根据一定的经验行事,这些经验证明国家的统治者在臣民大众的同意下,或者利用各个社会集团利益的矛盾,能够提出一定的目的并实现自己的愿望、打算和计划。这些政治家喜欢把人类行动的不断扩展仅仅看作是各种各样的愿望、打算和计划。而现在我们的学说使神学家、法学家和政治活动家的假设的基础本身革命化了,他们确信人的劳动和活动在历史发展的过程中,通常情况下总是同给自己提出一定目的的人的意志、事先考虑好的计划和自由选择的手段远远不相符合,也就是说,它们同能思想的理性不相符。在历史进程中所发生的一切都是人干出来的,而除了极少的例外,历史事件过去和现在都不是批判性的选择或基于理性的意志的结果。相反,正是由于必要性,由需求和客观因素促成的人的活动创造了经验,并引起外部器官和内部器官,包括心智和理性(它们也是不断重复和积累的经验的结果和后果)的发展。对走上历史发展道路的人如何得到全面发展这一问题所做的解释,已经不是假设,不是单纯的猜想,而是显而易见的真理。对产生进步的历史过程所拥有的诸多条件,现在可能有种种解释了。而且我们对历史发展在形态学意义上的认知,在一定程度上已经完全清楚了。我们的学说坚决地、彻底地否定各种观念论,因为它明显地否定一切形式的唯理论,如果唯理论这个词是作为这样一种概念来理解的话,即根据这种概念,事物在它的存在和发展中或隐或现地呼应于某种规范、某种理想、某种准则、某种目的。人类行为的整个过程是人们自己借助于在变化的社会生活中积累的经验创造的条件的总和,更确切地说是一系列的条件。但是,它既不意味着接近事先预定的目的,也不意味着放弃完美和幸福这些最初的理想。进步本身只是能带来经验论的和由种种情况所决定的关于事物的观念。目前这种观念在我们的头脑中已经明确和清楚了,因为根据以往的发展,我们能够评价过去,而且在一定意义上和一定程度上也能够预见或预测未来。

(五)

这样就可以消除严重的模棱两可以及由此而产生的危险。有人努力给自己提出这样的目标:使在运动中被考察的人类历史事件的整个总和服从于严格的和彻底的决定论观念,这种努力是合理的和有理由的。相反,把这种有反映的和具有复杂性质的决定论同直接的生存斗争——这个斗争是在不受连续的劳动活动的影响而发生变化的状况下进行的——的决定论混为一谈是没有任何根据的。对历史进行下述解释是绝对有根据和正确的,那就是从意志——它似乎在人类生活的各个阶段都可以随意指导人类生活——预想的行为出发,来考察意志的每一个行为的客观动机和原因,而这些动机和原因应当在环境、地域和人所掌握的工具的种种条件中,在被情景所制约的经验中去寻找。然而,把那种用无意识论偷换唯意志论的理论作为根据，企图从根本上否定意志存在的相反看法，却是没有任何根据的。归根到底，无意识论如同唯意志论一样，无疑都是荒谬的。

凡是技术工具发展到一定水平的地方，凡是人为的环境具有一定延续性的地方，凡是社会差别和由此而产生的矛盾为或多或少稳定的或不稳定的国家组织创造了必要性、可能性和条件的地方，必定将不可避免地出现预先设想、政治方案、活动计划和法律的体系，进而出现普遍的和抽象的原则。在这些派生的复合的以及我可以称作第二层级的境地之中，又产生出科学、艺术、哲学、教育和作为文学类别之产物的历史。对那些现象本身，唯理论的拥护者和不了解其真正基础的观念论者，从过去直到现在一直给予它一个特殊的名称，叫作文明。因为实际上过去和现在有一些人，特别是职业学者，无论是世俗的还是神职的人员，都能在衍生的、第二层级的文明成果的封闭圈子里寻得精神上的生活。因此，他们过去和现在都能够使其余的一切服从于他们在这类状态中得出的主观看法。一切种类的唯心主义的根源和原因就在这里。我们的学说坚决克服了一切观念论的观点。在经过深思熟虑的规划、政治提案、科学和法律体系等可以成为解释历史的途径和工具之前，其本身就需要被说明。因为它们是一定的条件和情景的衍生物。但是，这并不意味着它们仅仅是一种纯粹的表象，如同肥皂泡一样的存在。如果说事物产生于其他事物并由其他事物构成，那么不能由此得出结论说，它们不是实际存在的。许多世纪以来，它们曾经被不科学的意识，甚至被还处于形成过程中的科学意识看成是唯一真正的存在，这不足为奇了。

但是，以上所述还不是全部。

我们的学说可以给予幻想以欲求的场域，并为直接对立的新思想观念提供契机和话题。它诞生于共产主义进行战斗的场地。它以现代无产者出现于政治舞台为前提，必须具备弄清当下社会起源问题的能力，从而使我们完全能够批判地描述资产阶级的整个起源。它在两个方面是具有革命性的：一是由于它发现了正处于形成过程中的无产阶级革命发展的原因和方式；二是因为它对过去由于生产方式和生产力发展之间矛盾的尖锐化而达到某种矛盾临界点的阶级对抗中发生的一切其他的社会革命，竭力去寻找其中运行的原因和条件。另外，在这个学说看来，诸如此类的矛盾临界点才是构成历史的主要内容，而处于两个矛盾临界点之间所发生的历史过程，则完全可以交给职业的记述型学者去研究，至少目前看来是这样做的。作为革命的学说，我们的学说首先是对现代无产阶级运动的合理认识。按照我们的看法，在这个运动母体中早已孕育着共产主义出现的前提。社会主义死敌反对我们的学说，把它说成是一种似乎只有科学的外表而实际上是人人皆知的社会主义乌托邦之重演的观点，这是不奇怪的。

在这种情况下，完全可能发生，而实际上有时已经发生这样的情况。那些对历史研究方法一窍不通的庸人和宗教狂热者，甚至企图仅凭着幻想和热忱，到历史唯物主义中去寻找创立新的思想观念的诱因和契机，并在它的基础上创立具有系统性、纲要性的，或者是具有倾向性和偏见性的新历史哲学。这里需要极其谨慎。我们的心智很少安于严格的批判的研究，总是倾向于把任何的思想发现引向一种充斥着迂腐学究式和新型的经院主义。简单地说，甚至唯物主义历史观点也可以变成抽象推论的形式，并使得旧的偏见借由新的形式复活。那种认为可以通过抽象的证明、解释和推理来研究历史的古老偏见便是如此。

为了不发生这种情况，特别是为了不再间接地和隐蔽地重现某种形式的合目的性，应当弄清两个问题：我们所知道的一切历史条件都是由具体的情况决定的，到目前为止，进步在自己的道路上总是碰到各种各样的障碍，因此它始终是片面的和有限的。

人类只有一部分——而且直到不久前还是不大的一部分——在自己的内部发展中走过了所有的发展阶段。因此，最先进的民族已经达到了现代文明社会，这个社会以科学发现为基础，具有先进的技术形式，并同时伴有着同这一发展水平相适应的政治、智识、道德等方面的后果。我们可以举出一个比较明显的例子：直到今天，除了英国人，还生活着接近于原始人状态的澳大利亚土著人，前者把欧洲生产手段带到新荷兰，并在那里建立起工业中心，这个中心具有的竞争力已经在世界市场上占有了重要地位；后者则已经濒于绝种，不能适应那种没有在他们那里生根而与他们并存的文明。在美洲,特别是在北美,导致现代社会发展的一连串行动,始于从欧洲输入植物、家畜和农业工具,而这些工具的使用在古代曾经创造了延续数世纪的地中海文明。但是,这个运动在美洲仅限于征服者和殖民者后裔的小圈子,而土著人或者通过种族的自然混合而同化于外来人,或者绝种或者完全从地球上消失。前亚细亚和埃及——它们在古代作为我们整个文明的摇篮开创了伟大的半政治性组织,我们从可靠的传说中知道这些组织经历了历史的最初阶段——许多世纪以来在我们的面前表现出它们保留着固化的社会形式,不能独立向前发展和过渡到新的发展时期。它们遭受了数世纪的野蛮军营的压迫,即土耳其人的统治。在这个裹足不前的群体中,某种相对现代化的行政制度通过隐蔽的途径渗入进来,或者明确以贸易利益为名,让铁路、电报成为这些勇敢的欧洲银行征服者的前哨。所有这些裹足不前的居民群众皆在期盼,唯有推翻土耳其人的统治,由欧洲资产阶级统治或保护通过一切可能的直接和间接的征服手段逐渐代替它之后,才能重新获得生命、热情和活力。对落后和停滞不前的民族的改造过程可以通过外部影响来实现和加快,这一事实在印度得到证实。这个自身还有活力的国家,如今正在英国的影响下积极参加国际活动,甚至提供由自己的知识创造的成果。但是,这不是唯一具有现代历史特点的对比。例如,按照自己的意志行事并竭力进行模仿的日本,不到三十年,便在一定程度上接受了西方文明,从而推动了这个国家的自身力量在后来正常地向前发展。而俄国靠强权进行扩张，把里海对岸的广大地区拖进现代工业，甚至大工业的影响范围。再到近些年来，偌大的中国及其自古代继承下来的制度几乎一成不变，任何关于中国的变化都非常缓慢。同时，整个非洲由于种族和地理方面的原因，在文化方面几乎仍然是无法渗透的地方，而且直到最近试图占领它并使之殖民化的时期，只有它的沿海地区才受到文明的影响。好像我们甚至不是生活在葡萄牙人的时代，而是生活在古希腊人和迦太基人的时代。

人们在自己的历史发展和史前发展道路上的这种分化，只要我们能够把它同限制劳动进化的自然条件和直接的条件联系起来，是完全可以说明的。美洲的情况正是这样。在欧洲人出现之前，那里只有玉米这一种谷物粮食作物，只有羊驼这一类被驯化的牲畜。让我们感到欢喜的是，欧洲人不仅把自己的人种和工具带到了新大陆，还把耕牛、驴、马、小麦、棉花、蔗糖和咖啡，最后还把葡萄藤和橙子树引入了美洲，从而在那里建立起生产商品的新社会——这个社会以空前的速度走过了两个发展时期，即最黑暗的奴隶制时期和最民主的雇佣劳动制时期。但是，在那些发展过程出现真正停滞的地方，甚至有资料证明出现退步的地方，如前亚细亚、埃及、巴尔干半岛和北非，这种停滞是不能用自然条件的特点来解释的。我们在这些地方碰到的问题，只有通过对社会制度进行直接的和深入的研究才能解决。同时，对社会制度应当从两个方面，即一方面从它形成的内部过程,另一方面从不同民族的利益在我们通常称为历史斗争舞台的领域内的复杂交错的角度来加以考察。

最为文明的欧洲,由于传统的连续性显示出自身发展过程的十分圆满,以至到目前为止,人类都得按照这个模样来设计和建立一切历史哲学体系。西欧和中欧曾经孕育了资产阶级时代,它在过去和现在一直力图通过不同的直接和间接的征服手段把这种社会形式推及到全世界。即便在这个地方,其自身内部的发展水平方面也并非完全一致,它所包括的各个民族的宗教的和政治的结合体,似乎也形成了不同层次的阶梯。一些国家比另一些国家更为优越,以及某个国家同其他国家所开展的经济贸易具有更为有利或不利的条件,都取决于此种差别。这些始于文艺复兴时期的种种冲突、斗争、盟约和战争,抑或依据如今更为可靠的说法,即始于路易十四和柯尔培尔①时代的政治史,历史学家所能够向我们讲述的东西,无论在过去还是现在,在很大程度也都取决于这一点。

而欧洲本身的情况,也是色彩各异的。有的国家资本主义工业生产极度繁荣,如英格兰。而其他一些地区仍保留了发达的或衰败的手工业,例如从巴黎到那不勒斯,如

---

① 柯尔培尔(Jean-Baptiste Colbert,1619—1683)长期担任财政大臣和海军国务大臣,是路易十四时代法国最著名的伟大人物之一。他按照重商主义的经济社会理论,鼓励发展本国工商业,并且提高关税来予以保护国内工商业,重商主义因此也被称为"柯尔培尔主义"。——译者注

果我们愿意从两个极端案例来看这个事实的话。一些国家的农村地区也几乎完全实现了工业化，英国的情况就是这样。而在其他一些地区，农民无所事事地混日子，过着传统形式的愚昧的乡村生活，意大利和奥地利就是这样，而奥地利比我们所面临的问题更为严峻。有的国家政治治国——这是了解自己事业的资产阶级的平庸意识所应有的，因为它实际上已经赢得了它所占有的地位——是通过最可靠的方法，通过毫不掩饰的非常明显的阶级统治形式来实现的（当然，任何人都会明白，我在这里指的是法国）。在另一些国家，特别是在德国，旧的封建习俗、新教的虚伪和资产阶级的怯懦——资产阶级利用有利的经济形势，而不赋予它以革命精神和胆量——使国家机构维持着履行其道德使命的虚假表象。（啊，食古不化且冥顽不灵的德国教授们，在烹饪国家道德，而且是普鲁士的国家道德这道菜时，所有倒胃口和难消化的食材都用上了！）而在其他方面，特别是在政治层面尚未融入资产阶级运动的国家中，现代化的资本主义生产方式也到处扎下了根，例如在不幸的波兰。资本主义生产方式还以间接的方式渗入，例如在南斯拉夫地区。

但是，最强烈的反差（它似乎是为了以扼要的形式把历史过程的一切阶段，甚至通过最极端的阶段提供给公众，以便进行总的评论）发生在俄国。这个国家没有能够走上大工业发展的道路（大工业实际上现在才开始发展），因为它不具备那种源于西欧，特别是源自法兰西之优雅的沙文主义中攫取货币的手段，却徒劳地竭力从自己身上，即从旧经济形式条件下、广袤土地上的五千万农奴身上榨取财富。目前，俄国已经达到这样的地步，为了变为拥有现代经济的社会，这个社会也许会给相应的政治革命准备条件，必须摧毁土地共产主义的最后残余（在这里，不用争论这种共产主义在它的起源上是否同原始共产主义有直接联系，还是像某些人所说的那样是次要的①，而这些残余直到近期，还以极为典型的形式和巨大的规模残存着。俄国应当资产阶级化，为此，它应当首先把土地变为本身能够生产商品的商品，同时把农村中昔日的农村公社成员转型为无产者和贫民。相反，我们的西欧和中欧，尚处于俄国刚刚开始的发展过程的对立的极点上。在我们这里，资产阶级在自己的道路上比较顺利地克服了各种各样的障碍，已经走过了自己发展的这么多阶段。所以不是由于科学的组合而好不容易地在学者头脑中复活的关于原始共产主义的回忆，而是资产阶级生产方式本身，在无产阶级当中燃起对

---

① 关于作为封建专制残余的俄国农民公社的土地所有制和合作生产方式这一现象，马克思和恩格斯曾多次在著作中提及，参照马克思《答维拉·查苏里奇的信和草稿》（1881年3月8日）；恩格斯《论俄国的社会问题》的跋（1894年），在与彼得·特卡乔夫（Pyotr Tkachov，1844—1886）就俄国共产主义农民公社的观点进行论战的文章中，恩格斯重申道："在资本主义社会本身完成这一革命以前，公社如何能够把资本主义社会的巨大生产力作为社会财产和社会工具而掌握起来呢？"（参照 K. MARX—F. ENGELS, *India*, *Cina*, *Russia. Lepremesse per tre rivoluzioni*, Il Saggiatore, Milano, 2008, p. 282；《马克思恩格斯文集》第四卷，第449—450页。）——译者注

社会主义的追求。社会主义在总的轮廓上已经表现为新的历史时期的指南,而不是我们在斯拉夫民族所看到的,那些由天意所主宰进而走向终结的情境的重复。

从我所列举的这些例子,这些例子不是我故意挑选的,而是我几乎偶然地和杂乱地想到的,我再说一遍,从这些在论述现代世界的政治经济地理学的书籍中能够无限伸延下去的例子中,还有谁找不到明显的证据来证明历史条件完全决定于它们的发展形式呢?不仅种族、氏族、民族和国家,而且民族的一些部分和国家的不同地区、等级和阶级,似乎都处于一个很长的阶梯的各个不同台阶上,或者处于一条表示长期的和复杂的发展过程的曲线的各个点上。历史的发展形式对一切人来说并不是统一的。普通的世代交替永远不是发展过程的稳固性和强度的标志。时间作为经过大致相等的时间间隔的年代和世代相传的抽象尺度,不会提供任何标准,不会指出任何规律或过程。到目前为止,发展的形式是不同的,因为在同一时期内发生的事件是不同的。这些不同的发展形式之间,有相似之处,甚至其动因也相似,换言之,类型相似也就是有一致的地方。因此,先进形式能够通过一般的接触或暴力来加速落后形式的发展。但是,最重要的是弄清楚,进步——这个概念不仅是经验主义的,而且总是由种种情况所制约的,因而是有限的——并不像命运和厄运,或者作为不可违背的历史规律,关照人类事业的进程。因此,我们学说的目的不是把人类的整个历史描绘成一幅单一的情景,也就是随着相应的变化，来重复从圣奥古斯丁到黑格尔，或者从先知但以理①到德·鲁日满先生②的历史哲学，这种历史哲学把整个发展过程说成是按照事先确定的道路进行的。

我们的学说并不妄想通过理智的视角构建出某种宏大的计划或想法，因为它只是一种研究和构思的方法。马克思说他的发现是一条导线③，这不是偶然的。正是因此，这个学说同达尔文主义类似，达尔文主义也是一种方法；这个学说不是，而且也不可能是适用于现代的有利于谢林及其拥趸的建构和建构性自然哲学的复刻。

天才的圣西门第一个指出，进步的概念本质上具有某种相对的和受种种情况制约的东西，这一论点所反驳的正是18世纪以孔多塞为代表的教条理论。这个教条可以称作是划一的均衡化的和形式的东西，因为它认为人类发展过程总是沿着同一条上升线进行。圣西门针对这一教条提出自己的理论，认为在历史的进程中，作为类存在的人，其意识形态层面的一些能力和属性总是被另一些所代替和补

---

① 但以理或译作达尼尔（？—前530），但以理名字的原意是"神的审判"。他是《圣经·旧约》中的四大先知之一，耶稣在引用《但以理书》第9章第27节所记载的预言时，称其是"先知但以理所说的"。——译者注

② 德·鲁日满（Frédéric Constant de RougemontJuly，1808—1876），瑞士著名的地理学家、历史学家和神学家。其重要的创造性贡献是在圣经和基督教早期教父的文本中，发掘关于人性的历史，与之相关的重要著作是1984年出版的《两座城：不同时代的人性的历史哲学》。——译者注

③ 参照 K. MARX, *Per la critica dell'economia politica* cit., p. 10。——原注

偿。可见，他还是一个观念论者。

为了弄清进步相对性的真正原因，需要做完全不同的事情。首先必须放弃那些认为只是各种自然条件妨碍人类的单一形式发展的偏见。这些障碍或者是很成问题的（我们以种族为例就可以看到这一点，这些种族当中没有任何一个掌握着成为历史种族的天生特权），或者（正如从地理差别方面看到的）不能说明在同一个自然环境中形成截然不同的历史社会条件的原因。历史运动正是在自然障碍已经在很大程度上被克服或由于创造了下代人能够继续发展的人为环境而明显减少的时刻发生的。因此，显而易见，后来常常遇到的妨碍单一形式的进步的东西，应当在社会的社会性结构本身的内部条件中去寻得。

到目前为止，这种结构是在某种政治组织的形式中完成的。政治组织最终力图在平衡中保持经济的不平等。因此，正如我多次指出的，这样的组织具有始终不稳定的特点。自从有文字可考的历史以来，历史就是设法建立国家或已经建成国家的社会的历史。国家意味着或者正处于白热化时刻，或者前不久被平定，或者暂时平息下来的内部斗争。国家还意味着为了征服其他民族而使其他国家殖民地化，或者到其他国家市场上抛售产品，或者输出多余人口等所进行的外部斗争。国家意味着这样的内部斗争和外部斗争，这源于它首先是社会中比较大的一部分与同一个社会的其余部分进行斗争的机制和工具，因为它实际上依赖于以比较直接的和明显的形式实现的人对人的经济统治。

这些统治形式决定于生产及其自然资料和人造工具的某一个发展阶段是需要露骨的奴隶制、农奴制还是自由雇佣劳动。这种由矛盾构成的以国家为依托的社会总是意味着——虽然它们的形式各不相同——城市和乡村之间、手工业者和农民之间、无产者和主人之间、资本家和工人之间等无限的对立。这个社会总是通过各种复杂且特有的道德转向等级制度，不论是建构于中世纪那样严格的特权的基础之上的等级制度，还是像现在这样的，由经济竞争的自动作用所引起的，但在形式上却人人平等的隐蔽的等级存在。

我可以称为灵魂、心智和精神的等级（它在不同的时期、不同的国家和地区有不同的表现）的东西，正是同这种经济等级相适应的。换言之，被唯心主义者视为进步之顶峰的文化，由于实际生活所包含的必然性，无论是在过去还是现在，都分布得极不均匀。多数人由于本身所从事工作的性质而变成不完整的片面的和不能全面地和正常地发展的个人。不同阶级的心理是与其所处阶级的经济状况和等级的社会状况相适应的。所以，我们认为进步的相对性是阶级矛盾的必然后果。在阶级矛盾中包含有一些障碍，而整个社会的相对退步、甚至导致其退化和灭亡的可能性的原因，也就在于这些障碍。由于社会制度所固有的矛盾，作为科学胜利标志的机器，反而成了使千百万业已获得自由的农民和手工业者进一步无产阶级化的一种工具。在城市里创造了各种舒适生活条件的技术成就，更加突出了农民状况的卑微和可怜,使城市下层居民的状况更加恶化。知识的一切成就从过去到现在都只能造成狭窄的学者等级的特殊化和人民群众同文化的日益分离,而人民群众却在每天不间断地劳动,从而养活着整个社会。

进步过去总是而且直到现在仍然是局部的和片面的。与进步有关的少数人硬说,这是人类的进步,而进化论傲慢的拥护者把进步说成是人类本性的发展。整个这种局部的进步,到目前为止是在一些人压迫另一些人的条件下实现的,是以对抗为基础的。因此,经济矛盾造成一切社会矛盾,少数人的相对自由造成多数人受奴役,而法律成为不公正的捍卫者。如果从这个角度来考察进步,并对它得出明确的概念,那么进步在我们看来就是人们遭受的一切灾难和整个物质不平等的道德的和理性的综合。

为了揭示进步不可避免的相对性质,必须把共产主义从最初作为被压迫者心灵中所产生的本能运动,变为一种科学和政治的存在。其次,还必须使我们的学说用特殊的评价标准,来看待过去的全部历史,并在社会组织——从过去到现在它总是由矛盾形成和构成的——的每种形式中,发现在为人类的普遍和统一的进步创造条件方面的先天性缺陷,换言之,发现那些使益处转变为害处的阻碍。

(六)

此处存在一个我们无法回避的问题,那就是关于历史要素的信念是怎么产生的？这个用语经常出现在许多博学家、科学家和哲学家的著作中，也出现在一些历史事件阐释者的著作中。他们在进行评论或对比时，在一定程度上放弃了不加修饰的叙述，并把他们关于存在许多因素的论点当作一种假设来使用，并认为这种假设有可能从一大堆乍看起来和最初考察起来似乎根本看不清的和十分难以分析的人类活动中找出头绪来。这种信念，这种非常普遍的观点，对于善于推理的历史学家，特别是对唯理论者来说，成为一种半教条主义，人们近来把它作为反对唯物史观一元论的决定性论据而多次提出。不仅如此，这个信念已经深深地扎下了根，这种论点已经流传很广，以至于人们只有把历史看作是各种因素的冲突和交错才能理解历史，以至于那些众多谈论社会的唯物主义的人，不论是这种唯物主义的拥护者还是敌人，都相信能够消除一切困难，并断言这种学说的实质最终在于确认经济要素所具有的主导影响和决定性作用。

毋庸置疑，问题的关键是弄清这种信念、这种论点或这种半教条主义是怎么产生的。因为真正的和富有成果的批判主要在于弄清楚和弄明白，我们认为是错误见解的那种东西的产生原因。随便宣布某种观点是错误的，这还不能说是驳倒了它。科学上的错误产生于对不完全的经验在某个方面的误解或者产生于某种主观上的缺点。光是否定错误见解是不够的，应当对其做出正确的解释，从而战胜它和超越它。

每一个历史学家在着手撰写自己的著作时，总要做一番抽象化的工作。他首先似乎应当把事件的长链条拆开，然后把各种各样的前提和先例抛到一边，甚至把错综复杂的结构加以分解和肢解。为了动手写，他还必须确定出发点、方针、自己研究的范围。例如他可以说，我打算写希腊人和波斯人之间的战争是怎么开始的，或者，我要研究一下路易十六是如何决定召开三级议会的。简单说来，讲述者要去综合已发生的事件和正在发生的，总的说来具有一定轮廓的事件。任何一种讲述的方法和风格都取决于他所采取的这种立场，因为要着手叙述就必须从已经发生过的事件出发，而这样才可能考察这些事件的后来的发展。

但是，对这种事实的综合必须做一定的分析，把它分成不同的类，区分出事实的不同方面或相互影响的因素——它们后来在某个时候会表现为独立的范畴。它们包括一定形式的和具有一定权力的国家；通过命令和禁止而确立一定关系的法律；向我们展现出人们的希望、需求、思维、信仰、想象的种种风俗和习惯。总之，这是生活在一起并在某种义务和职业分配的基础上共同工作的许多人。另外，它们包括地位各不相同的人们在共同生存的条件下和相互冲突中通过一定的途径产生和发展的思想、观念、倾向、热情、愿望和希望。任何一种正在发生的变化都从经验主义的综合的一个方面或一个侧面，或者经过一个相当长的时期从它的一切方面表现出来。例如，国家扩大自己的疆界或改变它对社会所处的地位，扩大或缩小自己的权力和义务的范围或改变利用它们的形式。或者法律改变自己的准则或在新的机构中得到表现和巩固；最后，或者在外部日常习惯的变化中隐藏着属于不同社会阶级中不同人的感情、思想和志向的变化。社会的不同阶级总是互相混同，经历内部的改变，改变它们所占据的地位，融化或再生。为了理解所有这些我们一眼便可以看到的外部形式和轮廓的现象，只要有正常人的一般能力就够了。所谓正常人，我是指那种尚未以真正的科学为依据的人，还没有以科学来纠正和补充的人。把所有这些变化收集在一起，并把它们放进严格划定的框里——这是朴素叙述的真正目的。这种叙述愈是专门论述某个题目，它就越明确，越令人信服和突出。例如，修昔底德在《伯罗奔尼撒战争史》中就是这样。

社会已经以一定的方式形成，已经达到一定的发展水平，已经非常复杂，甚至是掩盖了作为其余一切东西的基石的经济基础。对这样的社会，一般的讲述者看到的只是它可见的和令人瞩目的表现，它最明显的结果，即如同政治形式、法律和党派的激情那样的最有代表性的诸类标志。且不谈缺少关于历史运动的真正根源的理论，讲述者在事实方面所采取的立场本身——他只是根据这些事实在形成过程中所具有的外形来理解它们——使他有可能只根据自己的"即时直觉"直觉把这个过程引向统一。如果他是艺术家，那么这种直觉在他的头脑里就带上了某种色彩，变为戏剧动作。如果他能够收集一定数量的事实和事件，对它们综合地进行准确描述，使人能清楚地看到它们，就算大功告成了。同样，如果纯描述性的地理著作的作者以生动而又清晰的笔法概括了一切地理条件，例如，决定那不勒斯海湾外貌的地理条件，而不深入研究它的形成的问题，那么他也算是完全尽到了自己的责任。

这种对生动的记叙性叙述的需要，也是所有那些最终导致下述抽象和文化概念的首要原因（这种原因是明显的可感的几乎带有美学和艺术性质的）。这种抽象和概括最终导致一种关于各种所谓的要素的半教条主义。

这里有两个杰出的人物，格拉古兄弟①。他们想停止侵占公共土地②的过程，并阻止大地产的发展，因为大地产导致小私有者即自由人的阶级削弱或完全消失，而他们是古代城市的民主设施的基础和条件。格拉古兄弟失败的原因在哪里呢？他们的目标是明晰的，他们的思想倾向，他们的出身、性格，他们所表现的英雄主义揭示了这个目标。另一些有不同利益和其他思想倾向的人反对他们。一开始，

---

① 格拉古兄弟是指提比略·格拉古（Tiberius，前168—前133）和盖约·格拉古（Gaius，前154—前121）两兄弟，他们是前2世纪罗马共和国著名的政治家，平民派领袖。他们分别当选前133年及前123年、前122年的保民官，并各自在任期内领导了一场改革。由于改革触犯了保守势力，而先后在保民官任上被杀。——译者注

② 所谓公共土地，是指罗马在历年对外征战中夺得的农地——这些农田大多还没有进行分配和测量，所以暂时还无法为国家提供经济利益。从传统上来说，任何人都可以去这些土地上生活耕作，并有权占据最多500尤格拉（五百尤差不多相当于一百二十亩）的农地进行生产。从理论上来说这些人对土地虽然拥有使用权，却没有所有权，仍然有可能被罗马官员的一纸命令收回以作公共用途。——译者注

我们看到冲突是意图和激情的斗争，这个斗争是借助国家这种政治形式以及使用或滥用公共权力所提供的手段而发展和结束的。这些事件借以发展的环境是这样的：一个城市以不同的方式统治另一些完全丧失自治权的城市和地区；在处于统治地位的城市本身——罗马，居民有贫富的严格区分；最后，除了少数压迫者和有全权的人之外，还有大批正在丧失或已经丧失城市贫民所固有的意识和政治力量的无产者，因此他们容易被人引入歧途并被腐化，很快最后完全被瓦解，成为受贵族剥削者所奴役的附属品。这就是讲述者所掌握的材料，如果他不注意事实本身所处的直接条件，他就无法提出某种因素的概念。我们的视线所及的这些条件的统一性构成历史事件发展的舞台，为了把它们叙述得有声有色和有联系，并使人看得清楚，必须采用综合的方式和方法。

这也就是产生下述抽象法的首要原因，这种抽象法使一定社会综合体的各个不同方面逐渐丧失它们作为一个整体的各个简单方面的质，并且由于它们逐渐被概括而引出一种假想要素的学说。

换言之，可以说，这些要素通过对明显的事物运动的直接方面进行抽象和概括后在人们的头脑中产生，并且与其他一切以经验论的方法得出的概念具有同等价值。不论这些概念在何种知识的领域出现，它们都被保存下来，直到新的经验出现才化为乌有并且被清除，抑或被更为本源的、变革的、辩证的、普遍概念所吞没。

然而在过往的年代，对特定现象的经验分析和因果律考察工作，可能并不是必须的。例如，在关于热现象的研究中，思想从一开始就假设和确信，它能够并应该把这些现象归于一个目标。尽管还没有被任何一个物理学家看作某种真正的实体，但是，无疑已被看为一种确定的独特的力，即热力。在某种意义上，通过新形式经验的组合，基于给定的条件，这种被构想的热力化为了一定量的运动。然而，目前科学的思想正在走向把所有这些构想出来的物理性要素溶化在宇宙普遍性的能量洪流中。同时，原子论只要是必要的和有用的，就会丧失它先前所固有的形而上学的一切残留。

作为研究有机生命问题的第一个阶段长期停留在研究个别器官和它们的系统化上面，难道不是不可避免的吗？如果没有这些看起来甚至完全是物质的和粗糙的解剖工作，这个科学部门的进步是不可能的。在那以前，在许多被分析的事实——它们的产生和结合还不为人们所知——之上耸立着生命、灵魂等模糊不清的一般观念。长期以来，由于没有其他出路，人们在所有这些思想的产物中寻找生物学上的统一性，而这种统一性只是在最近才由于发现细胞的产生和内部细胞分裂的过程而找到了明显的证明。

当然，人类思想为了弄清心理生活的所有现象——从最简单的基本感觉到它派生的最复杂的产物——的起源所必须走的道路是比较艰难的。不仅因为有理论性的困难，而且由于存在着其他普遍存在的偏见，心理现象的统一性和连续性,直到赫尔巴特①,似乎都被看成是被分离的和被分解的大量因素,即所谓的精神能力的东西。

在说明社会历史过程时也碰到了同样的困难,而在这里,不得不在开始时停留在对于因素的初步考察上。现在我们知道了这一点,再来研究因素在后来的理论中出现的原因就容易了。这个原因在于,作为讲述者的历史学家已经发现,必须在他们以或大或小的艺术能力和为了做出某些有教育意义的结论而描述的事实中,去寻找研究那些人为的事物在其表象运动中所能提供的直接导向。

但是,在这种表面的运动中,毕竟还有一些迹象可以说明有可能走出这种历史观的框架。从来没有人看到这些同时起作用的要素——抽象法把它们分离出来又孤立起来——当中的任何一个因素表现出完全的独立性。相反,这些因素起作用的方式产生出关于它们相互作用的概念。此外,它们产生在一定的时刻,只是后来才具有某种历史叙述中所描写的那种形式。大家知道,国家是在一定的时候出现的。关于每一种法律制度,我们或者是根据可靠的材料知道的,或者设想它是在这样或那样的情况下起作用的。关于许多习俗,人们都记得它们是在一定时候形成的。最后,可靠的事实与在不同时间不同地点出现的现象进行

---

① 约翰·弗里德里希·赫尔巴特(Johann Friedrich Herbart, 1776—1841),19世纪德国哲学家、心理学家,科学教育学的奠基人。他与同时代黑格尔的哲学观念差异极大,特别是在美学方面。他的美学不仅是其伦理学、心理学和教育学得以相互关联的枢纽,也是他整个实践哲学理论体系的核心。——译者注

最为简单的对比，使人能够看到整个社会，即由各个阶级构成的社会，过去和现在如何不断地具有各种不同的形式。

无论各种因素的相互作用——看不到这个作用，甚至无法写出对事实的最简单的叙述——还是关于这些因素的产生及其后来的变化的比较精确的资料，都已经向科学研究和科学思维提出了远比伟大历史学家们——同时也是真正的艺术家们——的叙述性著作所满足的要求高得多的要求。实际上，当历史资料研究中自然产生的问题同其他理论成分相结合的时候，它们会产生不同的所谓实际的学科。这些学科从古代到现代以不同的速度发展着并取得各种成就，从伦理学到法哲学，从政治学到社会学，从法理学到经济学。

其次，随着这么多学科的出现和发展，由于同样不可避免的分工，各种观点纷纷出笼。在初步而直接地分析那些通过经验获得的关于社会总体的许多不同方面的资料之前，无疑应当进行长期的局部的抽象化的劳动，而其必然的和不可避免的结果是确立一些片面的观点。这一点，在法理学和包括法哲学在内的法的领域内从事综合的各种学科中，可以比在任何其他领域里以更清楚和更明显的形式得到确认。由于在局部地和经验地分析时必然要进行的这种抽象化，由于分工，社会总体的不同方面和不同表现有时以一般概念和范畴的形式固定和巩固下来。人类活动的成就和结果——法律、经济形式、行为准则等——似乎得到了新的表现，并变成凌驾于人之上的法律、无上命令和原则。所以人们有时不得不重新揭示这样一个简单的真理：通过一定的联系而联合成一定形式的社会的人，是唯一不变的和可靠的事实，即作为任何具体实践学科的起点和来源的唯一事实。对种种历史事实和现象提供解释的各种学科最后导致必须建立一般社会科学，它可以把一切历史过程理解为完整的统一的历史过程。这种理解的最后极限即顶峰，是关于社会的唯物主义学说。

但是，对复杂现象进行初步地和片面地分析所花费的时间，过去和将来都不能说是浪费。我们认为由于方法上的分工才有了准确的知识，即大量经过精心挑选的、系统化的、得到说明的资料。没有这些资料，任何社会的历史都必定游走于纯抽象的领域，只保持一种形式主义的性质，只研究术语学的问题。对设想的社会历史因素的专门研究，正像是任何不超出明显的事物运动范围的经验主义研究一样，完善了我们的观察工具，并使我们可以在用抽象方法人为地加以孤立的现象本身中，发现把它们同整个社会连接起来的联系。现在当我们给自己提出任务要恢复人类过去生活的某个时期时，对各种不同的学科（关于在历史过程中起作用的因素的假说把这些学科看成是彼此孤立的和独立的），由于它们所达到的发展水平、它们所收集的材料和所制定的研究方法，我们有必要熟悉它们。如若没有片面独断的语文学（它是任何研究的重要辅助工具），我们的历史科学可能会怎样呢？如果罗马法学家对于罗马法普世的优越性的执念（它不仅产生了一般性的法理学和法哲学，而且还产生了如此大量的问题,甚至在最后从其内部生长出了社会学)不能帮助我们,那么我们到何处去寻找法律制度的历史(它又是研究其他许多事实及其关系的出发点)线索呢?

由此可见,人们在各种著作中经常谈论的历史要素归根到底是某种比真理差得多,但又比普通的误解(如果按平常的意思来理解这个词,可以理解为错误、幻想和错觉)强得多的东西。因素是处于形成和发展过程中的某种知识的必然产物。想要描写这些因素的人,认为人类的事业呈现出一种模糊不清的景象,而在这种模糊不清的景象中为了要弄清情况就产生了这些因素。后来这些因素作为名称、范畴、指南而为社会科学中不可避免的分工服务。直到今天,人们始终以这种分工为背景从理论上研究整个社会历史材料。

在这个知识领域,也如同在自然科学领域一样,实际原则的统一性和形式理解的统一性从来不是从一开始,而是在漫长的艰难的道路的尽头才揭示出来。因此,在这一方面,我们认为恩格斯把发现历史唯物主义同发现能量守恒定律[①]相类比是非常恰当的。

在一定环境下的临时定向,依据那些被称为诸种要素的明确路径,在历史的诠释过程中,也需要我们去贯彻一

---

① 参见意大利文版《路德维希·费尔巴哈和德国古典哲学的终结》,第60—62页;关于能量守恒原则在恩格斯思想中的重要性,见《自然辩证法》。——译者注

种全然的一元论原则。如果我们不仅想要研究纯粹的理论，而且想通过亲身的研究来说明某个一定的历史时期，那么，我们即使只承认解释历史的严密的一元论原则，但在一定情况下也可以要求借助种种所谓因素的简单而又方便的公式来预先确定方向。由于我们在这种情况下有责任进行直接地、详细地研究，我们首先必须考虑这样一些事实：只要我们没有超出直接经验的范围，我们总是把它们看成或者是最突出的，或者是独立的，或者是彼此分离的。因此，如果我们以为当作我们总的历史观基础的非常明确的一元论原则可以像护身符那样，很明显的总是把庞大复杂的社会机体分解为简单的构成部分作为绝对正确的手段，那是不正确的。底层的经济结构作为其余一切东西的基础，并对它们起决定性的作用，并不是直接地和似乎自动地产生制度、法律、习俗、思想、感情和各种意识形态形式的简单机制。从这个基础向其余一切过渡的过程是非常复杂的，有时是微妙的和曲折的，不是总能够被揭示出来。

正如我们已经知道的，社会机体的特点是始终处于不稳定状态，虽然这对所有的人来说只有到了不稳定性进入我们称之为革命的尖锐时期才看得清楚。这种不稳定性同有组织的社会内部所发生的不间断斗争是分不开的，所以它使人们不可能达到长期的和持久的和谐和安宁的阶段，这个阶段似乎可能使人返回动物生存的阶段。进步的主要原因在于矛盾（马克思语）。另一种说法同样也是正确的，那就是：在这个必然以统治和服从的形式出现在我们面前的不稳定的社会组织中，理智和思维不仅总是发展得不均衡，而且还极为不充分，不相称，不全面。从过去到现在，在社会中似乎一直存在着理智以及感情和思想的等级秩序。有人认为，人们在任何时候和在任何情况下几乎都能够明确地意识到自身的地位和如何最明智地采取行动，但这种想法其实是在设想某种不可思议甚至根本不存在的东西。

从过去到现在，各种法的形式、政治行动和建立某种社会制度的尝试有时成功，有时失误，在后一种情况下，它们与具体现实是不协调和不适应的。历史充满着错误；这就是说，如果历史上的一切，在人们克服了困难或解决了种种问题的一定智力发展水平上，是必要的，是有充分理由的，那么，从大发抽象议论的乐观主义者所赋予合理性一词的意义上来看，并不是一切都是合理的。决定社会变化的原因即变化了的经济条件，最后迫使人们去寻找，有时是通过非常曲折的道路去寻找相应的法律形式、适当的政治制度和或多或少可以接受的社会适应手段。但是，不应当认为：能思想的动物的本能智慧，在过去或现在，能够如此而简单地表现为对一切情况的完全且清晰的理解；我们只要简单地用演绎法从经济状况中引出其余的一切就行了。无知——其本身也是有原因的——是历史朝着不同道路发展的重要原因之一。除了无知，还应当有远没有被战胜的粗暴的动物本能，以及情欲、不公正和各种形式的道德败坏。所有这些东西曾经并将继续是按照人统治人是必然的这种方式组织起来的社会的必然产物。无论过去还

第二版（带附录）(1902年)

是现在，撒谎、伪善、无耻和下流是同这种统治分不开的。我们不会变成空想主义者，只是由于我们是批判的共产主义的拥护者，所以我们能够预见并真正预见到将来会出现这样的社会制度：它脱胎于现代社会，而且脱胎于它的对抗性，由于历史发展的内在规律，最后将摆脱阶级矛盾而达到联合。这种联合本身的功能就是调节社会生产，使生活从历史上至今以各种复杂的意外事件和事故的形式出现的盲目偶然性的统治下解放出来。但这是未来的事情，而不是过去和现在的事情。如果我们能够像我们正在做的那样把经济结构这一社会基础的形式改变（包括最简单的标志，即生产工具的改变）看作是一条指南，从而意欲洞察延续到现代的历史事件，那么我们必须充分意识到摆在我们面前的任务的一切困难，因为这不是单纯地认清事件的流向问题，而是要付出最大的思考力来了解直接经验所提供的复杂且丰富多彩的画面，以便把它的基本因素归纳为一个起源系列。正是由于这个缘故，我坚信，如果我们从事某种具体的历史研究，我们就必须把那些乍看起来似乎是彼此孤立的事实，那些五花八门的事件，一句话，那种对历史的经验主义的研究——它对后来变为半教条的因素产生了信仰——当作它的出发点。

这些实际的困难不能用关于所谓社会机体的假说来克服，因为这种假说在一定程度上带有隐喻的性质，常常允许模棱两可的解释，最终只具有类比的价值。但是，人类的思维也曾经必须经历这种后来很快就蜕化为平庸的空谈的假说。这是因为把社会比作有机体，会使我们接近于把历史运动理解为社会本身的内在规律所产生的运动，这样就排除了自由意志、一切先验的和非理性的东西。而这种比喻的意义也不过如此而已，只有对历史事实和现象做专门的批判研究，注意它们发展的一切条件和情况，才是全面发展经济唯物主义所必需的具体而实在的知识的唯一源泉。

（七）

观念不是从天上掉下来的；我们也不会在梦中接收到神的恩典。

思维方法的变化总是循序渐进的，它最近产生了一种历史学说，这种学说在本文中正是我们进行初步研究和探讨的对象。开始是缓慢的，后来当人类历史进入伟大的政治经济革命时期（如果从政治形式来看，可以称之为自由的政治，如果从其内在本质来看，由于资本对无产阶级大众的压迫，可以称它为生产无政府状态时期）就发展得越来越快。社会思想领域内的变化，直到建立新的思维方法，每前进一步都反映着新生活的经验。正如这种经验在18世纪到19世纪的革命中，随着它对本身的直接条件有了实际的清楚的理解，进而逐渐抛弃了神话般的神秘的和宗教的外衣一样，从理论上总结了这种新生活的人类思想也从神学的形而上学的假说中解放出来，并最后提出了如下的平淡要求：在解读历史时，只需研究具有规定作用的条件和被它们所规定的后果之间客观存在的联系。唯物主义的概念标志着研究历史—社会发展规律中的这种新流派的顶峰。因为它不是关于普通的社会学或一般的国家的、法的和历史的哲学的细节局部，而是一种学说。这种学说，用以根治探究人类事务的其他形式中的哲思所固有的一切怀疑和不确定性，它是全面解释人类历史的起点。

作为最早创造这种学说的原理先驱，马克思和恩格斯的前辈们之所以很容易发现（特别是某些庸俗浅薄的批评家所做的那样），原因就在于此。在他们的拥护者中，即使是最严格遵循他们观点的拥护者，有谁曾经想到要把这两位思想家当作奇迹创造者呢？另外，如果有人希望弄清楚马克思和恩格斯学说产生的前提，他不仅必须研究那些被称为社会主义先驱的人（包括圣西门和更早的空想社会主义者），研究哲学家（特别是黑格尔）和解剖生产商品的社会经济学家，还必须了解现代社会的形成本身，并且最后郑重地宣布理论是它所说明的事物的再现。

因为在现实生活中，近代史的事件是真正新学说的先声。近代史从英国18世纪末发生的工业大革命、法国众所周知的社会大变革起，就非常明显地和公开地显露了自身的本质。后来，经过必要的变通和修正，这两个事件在整个文明世界被不断地复制，但已有相应的变化，方式有所不同，形式也更为温和。实际上，思想到底是什么，难道不是有意识的和有系统的经验的补充？经验又是什么，难道不是在我们的意志之外或作为我们的活动的结果而发生和发展的现象和过程的反映和思想上的加工？最后，天才是什么？难道不是根据经验，在某个时代的许多人的头脑中萌生出那种思想的特殊的彻底的和尖锐的形式（尽管在他们当中的多数人那里，这些思想呈现为碎片化的不全面的不明确的摇摆不定和片面）吗？

观念不是从天上掉下来的。另外，它和人类活动的任何其他成果一样，是在一定的情况下，在它出现的条件十分成熟的时候，在某些需求的影响下和为满足这些需求而多次努力的结果下形成的，同时也是由于发现了某些证明方法似乎可以作为一种有助于思想制造的工具。要知道，思想必须以一定社会条件的存在为前提并具有自己的技巧：思维甚至也是一种劳动形式。把这两者即思维和思想同它们产生和发展的条件和环境分割开，就意味着歪曲它们的本质和意义。

我的第一篇文章的任务是要说明：唯物主义历史观正是在一定的条件下产生的，也就是说，它不是两位作者个人的可以商榷的意见，而是思维的新的胜利。这种胜利是新世界产生过程即无产阶级革命的必然结果。换言之，新的历史环境有相应的思维工具作为自己的补充。

如果现在想象精神活动的这一成果可以出现在任何时候和任何地方，这就等同于在自己的科学探索中把荒谬当作常规，任意地把思想从产生它的历史土壤和历史条件移到其他任何土壤上去，就等于把某种完全非理性的东西当作自己理论的根据。在这种情况下，为什么不可以设想，曾经产生过古希腊艺术和科学以及罗马法的古代城市在保持奴隶制民主的性质的同时也可以创造和发展现代技术所必需的一切条件呢？为什么不可以想象，中世纪的手工业行会既能保持自己死板的和停滞不前的结构，即自己的本质，而又能在缺乏不受任何限制的竞争的条件（这种竞争的条件正是随着行会的崩溃和灭亡而开始形成的）下着手征服世界市场呢？为什么不可以假定，封建领地既能保持自己的封建性质，而又能变成只生产商品的企业呢？为什么当时米凯莱·迪·兰多①不应当起草《共产党宣言》呢？为什么不可以假定现代科学的发现可以成为任何其他国家和时代的人们的思维成果，也就是说，可以在一定的条件产生一定的需要之前，而为了满足这些需求，就不得不诉诸已经积累的经验呢？

我们的学说的前提是：现代技术以及在对抗性竞争状况下生产商品的社会（这一社会以私人占有形式的资本积累为自身形成和进一步存在的必要条件，不断地生产和再生产无产阶级并为了维持自身的存在而不得不不断革新自身的工具以及国家和它的法律机关），获得广泛的有一定目

---

① 米凯莱·迪·兰多（Michele di Lando, 1343—1401）曾是佛罗伦萨共和国梳毛工起义的主角之一。梳毛工起义爆发于1378年的夏天，起义是由平民阶级所主导的、旨在赢得为大资产阶级和中产阶级所承认的政治权利斗争。——译者注

的的和不断地发展。这个社会由于自身运动的规律本身而暴露出它自己的内部结构,产生了起反作用的唯物主义观念。正如它在社会主义中催生出自己的积极的对立面一样,它使得一种新的历史学说作为这个社会理论上的否定而问世。如果历史之所以不是人们活动的任意产物,而是人们活动的必然的和自然的产物,正是因为人们在发展,他们的发展取决于社会经验,而社会经验是随着人们不断改进劳动并积累和保存劳动的成果和结果而创造出来的,如果情况正是这样,那么我们现在所处的历史发展时期不可能是最后的和最终的,而它所固有的内部矛盾构成了产生新条件的力量。因此,18至19世纪经济和政治大革命时期,在人们的头脑中形成了如下的两个观念:关于历史发展过程是内在的和不间断的概念和实质上是社会革命之客观理论的唯物主义学说。

毋庸怀疑,探入到各个世纪的深处,有意地以思维方法重现社会思想的发展史(根据书面史料就可以做到这一点),这是一种极有教益的工作,它尤其能促使我们开始对我们的观点和行动越来越采取批判的态度。这样一种使思想转向它的历史前提的做法,如果不把我们引入渊博学识的经验主义的密林,也不诱使我们去进行未经思考的和莫名其妙的类比,无疑必定会赋予我们科学活动的形式以灵活性和信仰的力量。由于存在几乎不间断的传统,我们现在实际上可以从我们知识的总和中吸取不仅在新时代而且在以前的历史,从古希腊(因为正是从古希腊开始,整个人类思维的自觉的一贯的和有系统的发展才无疑开始带有继承性）以来所发现和证明的一切东西中最美好的东西。如果我们不利用早已发现的和有过经验的手段，我们在科学研究领域就一步也不能前进；逻辑学和数学所提供的手段就属于最具普遍意义之列。如果不是这样看问题，那就等于承认，每一代人都应当再返回到人类的童年，一切从头开始。

但是，无论囿于城邦共和国狭窄范围的古代作者，或者是文艺复兴时期的永远动摇于假想重回古代和需要从知识上把握诞生的新世界的作者，都注定不能达到准确分析构成社会的基本要素，而无法超越的天才亚里士多德也只能在作为市民的人的生活范围内，指出并解释这些因素。

对不同类型的社会制度的起源和发展过程的研究，在17和18世纪越来越深入、强烈并带有多方面的性质。在这个时期，出现了政治经济学，同时人们还开始在不同的名称——自然法、法律精神和社会契约——之下，试图分解曾经孕育过我们所知道的最伟大的革命的那种生活的多方面的不尽明显的画面，找出原因、因素、逻辑的和心理的现象。所有这些学说，不论它们创造者的主观愿望和意图如何（我们可以举出保守主义者霍布斯和无产者卢梭的直接对立的观点作为例子），从其实质和后果来看，都是革命的。人们肯定可以从这些学说的基础上发现，新时代的物质需求和道德需求是促使它们形成的动力和动因。在那种历史条件下，这些需求曾经是资产阶级的需求。因此，为了自由之名，我们必须与传统、教会、特权、固有阶级即等级和阶层展开斗争，从而反抗那些曾经是、抑或似乎是它们的创造者的国家以及商业、手工业、劳动和科学方面存在的特权。因此，它们抽象地考察人，也就是说，以逻辑的抽象方法把单个人同他们的历史联系和必要的社会属性分割开来进行研究。在许多人的头脑中，社会这个概念似乎分解为许多原子，而多数人认为把社会只看作单个人的总和是很自然的。在解释所有人的活动时，突出的或占首位的是个人心理的抽象范畴。所以，在所有这些臆造的体系中只谈恐惧、自爱、利己主义、自愿服从、追求幸福、人的善良本性、协议自由以及道德的意识、本性或道德感和诸如此类的抽象的和一般的东西，似乎用这些东西就足以解释那个时代的具体历史，并在它的基础上建立完全新的人类历史。

由于整个社会充斥着震耳欲聋的危机，对从古代继承下来的、陈旧的、传统的和许多世纪以前组织起来的东西的仇恨，对整个人类生活即将革新的预感，最终完全压倒了社会发展的历史必然性和规律性的思想。这种思想，古代哲学家已经提出过，并且在 19 世纪有了很大的发展，但是在那个革命唯理论时期，只有为数不多的信奉者，例如维科、孟德斯鸠，在某种程度上来说还有魁奈。在这个历史背景下，产生了一种敏锐的、机智的、具有颠覆性的、渗透力强的并且广受大众欢迎的文学形式，而这正是路易·勃朗不无夸张地称之为个人主义①的那种东西产生的原因所在。从此以后，许多人相信，这个术语表达了人类不变的本质特性，在他们的心目中，这一点首先能够成为反对社会主义的有力论据。

这是多么独特的境况，多么独特的反差啊！资本，不论它是如何形成的，总是要破坏束缚它的桎梏，清除道路上的障碍，力图战胜一切先前的生产形式，也就是说，力图以公开或隐蔽的形式在社会中争得统治地位。这种情况在世界大部分地区实际上已经发生了。后来，这种情况造成这样的结果：在我们生活的社会中除了一切形式的现代贫困和新教阶制度之外，出现了历史上最尖锐的矛盾，一方面是生产无政府状态现在统治整个社会，另一方面是单个企业、工厂和工场的生产组织中的铁一般的专制！而18世纪的思想家、哲学家、经济学家和通俗思想家只看到自由和平等！他们全都是用一种方式考虑问题，他们全都是从同一个前提出发，而不论他们是否得出结论，认为应当期望专制君主制赐给他们自由，也不论他们是民主主义者或者甚至是共产主义者。谁也不怀疑，只要把教会和国家

---

① 路易·勃朗（Louis Blanc，1811—1882）曾在其政治著作和史学论著中多次强调"个人主义"的概念，这一抽象概念产生于宗教改革时期，后来被完美地体现在英国自由主义的文化潮流中，它将个人视为独立于社会语境之外的存在，即便是在权利享有或与他人竞争的情况下，同样也无法将自身正视为社会机体的组成部分。请参见勃朗的相关论著《法国大革命的历史》（1847—1862）和《关于英格兰的书信》（1866—1867）。——译者注

关于唯物史观的文集

粗暴专横地强加给本质善良和趋向完美的人的束缚和桎梏清除掉，普遍幸福的王国很快就会到来。这些桎梏，在当时并不是人们由于社会发展规律和历史进程（它必然是对抗的，因而是摇摆的和曲折的）而无意识地陷入的那些条件和领域（正如我们最终所见，客观历史主义的胜利已经说明了这一点）：它们只是普通的障碍，人们正确地使用理智就必定会摆脱这些障碍。在法国大革命的某些英雄们身上得到充分表现的这种唯心主义观点中，包含有对整个人类的无可怀疑的进步的无限信心。关于人性的观念第一次以其最完整的形式出现了，而不掺杂任何宗教的思想和假说。这些唯心主义者当中的最坚决者恰恰是极端的唯物主义者：他们否认宗教幻想的一切虚构，但并不怀疑这个地球是为幸福而创造的，只有理智为幸福开辟道路。

思想观念从来没有像18世纪末到19世纪初那样，遭到平庸事物如此恶劣和野蛮的对待。真正的现实所提供的教训是非常严峻的，并引起不少可悲的绝望，接着在人们的思想中出现了根本的转变。简单说来，事实同一切假设相矛盾。最初，这种情况导致失望的思想家灰心丧气，但是尽管如此，它不能不引起对新的探索的追求和需要。大家知道，圣西门（Saint-Simon）和傅立叶（Fourier）是如何坚决起来造反的，前一个人反对法学家，而后一个人反对经济学家。正是在19世纪初在他们身上表现出了对重大的政治经济学革命的直接结果的反动（这种反动带有超越自己时代的天才们所固有的片面性）。

实际上，那些具有先前时期特征的横在走向自由道路上的障碍一经清除，就会有另外的常常是更加严重的和麻烦的障碍取而代之，人人同样幸福的局面并没有达到，社会的政治形式仍然是维护小平等的组织。可见，社会似乎是一种独立的和自然的东西，是诸种关系和条件的综合，它运动的根源在它内部，它不理睬它的个别成员的善良的主观愿望，不理会唯心主义者的幻想和计划！可见，社会走它自己的道路，我们能够揭示它的运动和发展的规律，但是不能把这些规律强加给它！由于在思想界发生了这种转变，19 世纪便宣告了自己的使命，即成为历史科学和社会学的时代。

的确，思想通过发展的原则，遍布人类活动的一切领域。在 19 世纪里，人们发现了历史规则并找到了神话起源的钥匙。在 19 世纪里人们发掘出史前时期的胚胎遗迹，第一次确定了构成统一的发展过程的各种政治形式和法律形式的继承性。19 世纪宣告自己是以圣西门为代表的社会学的世纪。在圣西门的观点中混杂着许多矛盾倾向的萌芽，这是天才的自学者和先驱者的特点。在这一方面，唯物史观是科学发展的成果，同时是科学形成的整个过程的完结。唯物史观作为结果和补充，也是整个历史科学和整个社会学的简化，因为它把我们从派生的现象和复杂的条件引向社会的基本职能。而这一切都是在重大新发展的经验的基础上发生的。

独立存在和发展的经济规律，战胜了一切幻想并显示自己是社会生活中的主导原则。最初在英国启蒙时代发生的工业大革命证明，如果不能把社会各阶级看成是自然的产物，那就更没有理由认为它们的出现是偶然性或自由意志的结果。它们由于社会原因，在一定的生产方式下产生于历史过程中。实际上，谁没有亲眼看到随着小私有者（小农和小手工业者）阶级的破产而出现新的无产阶级？有谁看不见这个新的社会阶层是怎么形成的，有那么多人被迫沦落到他们的地位？有谁看不见，变为资本的货币如何通过吸引自由人的劳动（因为许多具体法律条文和暴力剥夺或间接剥夺，逐渐使得这些人不得不通过出卖自己来换取工资）而在短时期内取得了社会中的统治地位？谁看不见在工厂周围出现了新的城市，而在城市郊区聚集着令人绝望的穷困（它们现在已经不是个别人不幸的结果，而是财富的条件和源泉）？许多妇女和儿童命定要遭到这种新时代特有的穷困，他们第一次摆脱自身无声无息的愚昧生活，登上了历史舞台，而不详地展示出"平等人"的社会实际上是什么样子。众所周知，这类经济组织可能吸收的人数往往是太多了（虽然有时对那些在生产顺利的条件下需要人手的人来说是不足的）——即便可敬的马尔萨斯（Malthus）[①]自诩的理论并不包括这一点——因此他们找不到雇佣的地方并开始构成对现存制度的危险？此外，很显然，英国正在进行的急剧的猛烈的经济改造之所以卓有成效，

---

① 关于马尔萨斯，请参照前文第63页脚注②。——译者注

是因为这个国家已经建立了对欧洲其他地区前所未有的垄断，为了维持这种垄断，需要选择不择手段的政治方案。这种政治可以使一切人一劳永逸地把关于国家应当是人民的监护者和指导者的唯心主义神话翻译成平淡的语言。

直接考察新生活的这类后果，曾经是从德·麦斯特（De Maistre）到卡莱尔（Carlyle）这些已逝时光的歌颂者①的多少带有浪漫色彩的悲观主义的源泉。19世纪初，思想界和著作界充满了对自由主义的讽刺。那种以整个社会学为基础的对社会的批判开始了。首先应当战胜那种以许多关于自然法和社会契约的学说作为集中表现的意识形态。应当开始面对事实，而造成生活剧烈发展变化的强化过程，以全新的和如此吓人的形式引起人们对这些事实的注意。

欧文在这个时期出现了，他在一切方面都是举世无双的。在解释新的贫困的原因方面，他的洞察力特别令人震惊，而他在寻找消除这种贫困的途径方面却很天真。应当客观地批判西斯蒙第以片面的和反动的形式最早提出的经济学。在这个建立新的历史科学的条件已经成熟的时期，许多不同的社会主义学说（空想的、片面的或简直是幻想的）纷纷出现，并且引起人们的注意。这些学说当中没有一种学说曾经为无产阶级所接受，因为无产阶级或者完全没有政治觉悟，或者（如果有政治觉悟）无产阶级运动是时断时续和不经常的（1830年至1848年，法国的密谋和起

---

① 出自《诗艺》（Ars poetica），古罗马著名诗人贺拉斯的作品。——译者注

义就有这种特点),或者无产阶级运动建立在立即改革的实际基础上,比如宪章派。而所有这些社会主义学说,虽然是乌托邦式幻想的和观念论意义上的,但它们对经济学的直接批判往往展现出了非凡的洞察力;归根到底,这是一种片面的批判,这种批判需要总的历史观念作为科学的补充。

所有这些局部的片面的和未完成的批判形式,实际上都被科学社会主义有效地吸收了。科学社会主义已经不是从外部转向事物的主观批判,而是对那种包含在事物本身之内的自我批判的发现。对社会的真正的批判是社会本身。社会由于建立在对抗的基础之上,在本身内部就产生矛盾,然后通过向新的形式过渡来克服矛盾。这个矛盾注定要由无产阶级来解决,不管无产者本身是否意识到这一点。正如同他们的贫困已经成为现代社会生存的明显的条件一样,无产阶级本身和他们的贫困则是新的社会革命的基本原因。正是在这种过渡中,即从主观思想的批判(这是从外部考察事物并以为批判本身能够对事物进行纠正的批判)到对自我批判(这是社会在本身的内在发展过程中对自身进行的)的理解的过渡中,体现了马克思和恩格斯作为唯物主义者从黑格尔唯心主义哲学中吸取的历史辩证法。最后,如果那些只赋予"辩证法"一词以一种内容,即把它同诡辩术的巧妙手法混为一谈的著作家,以及那些本质上不能摆脱只熟悉被实证化的知识所分解的个别事实中的学者和博学者,他们全都不能理解思想的这种隐蔽复杂的形式,那么这就不值一提了。

但是，曾经为建立现代社会（资本主义的帝国在其中几乎获得了充分的发展）提供过材料的经济大变革，如果没有法国大革命所孕育的狂风暴雨性灾难为它背书，就不可能那样快地发生作用，更不可能成为那样有教育意义的教训。革命像悲剧一样，已经非常明显地暴露了现代社会的一切对抗性力量，因为这个社会通过旧的社会形式的废墟为自己开辟道路，并在短时期内急速地走过自己诞生和形成的阶段。

革命产生于障碍之中。资产阶级必须用暴力来克服这些障碍，而这是有目共睹的，即由旧的生产形式向新的生产形式（或财产形式——这是法学家必然使用的专业术语）的过渡不可能是和平且平静的，不可能通过持续的和逐步的改良来实现。因此，革命意味着暴动，意味着旧制度①中一切先前的阶级的冲突和混杂，同时也意味着新的阶级的急速而剧烈地形成，所有这一切都是在那历史事件层出不穷的短短十年内完成的。在我们看来，这十年相当于通常历史中其他时期和其他国家的数个世纪。从前在几个世纪内发生的事件在这样短的时期内集中爆发，显示了新的社会或现代社会的最有代表性的特点和方面。这些特点和方

---

① 作者在这里特指法国15到18世纪的这段历史时期，即从文艺复兴末期开始，直到法国大革命为止。在这个时期，法国在政治及社会形态上，由晚期瓦卢瓦王朝至波旁王朝所确立的贵族制统治，这套系统最终在法国大革命中瓦解。这套系统创建在三个等级之上：皇权、教士和贵族。旧制度的终结，标志着法兰西王国的衰落，代表了法兰西第一共和国的开始。这一时期，也是世界现代史开端的重要标志之一。——译者注

面表现得如此明显,甚至于战斗的资产阶级已经为自己创造了思想资料和根据它的行动制定理论的机关。这种理论是资产阶级需要的,是资产阶级运动的意识的反映。

暴力剥夺大部分旧财产(这部分财产是以采邑、王公的封地和掌握在私人手中的土地为形式的不动产),剥夺各种各样的土地权和个人权利(它们来源于对这些土地的所有权)——这一切把巨大的经济资源都交到国家的手里,因为国家由于客观存在的必要性已经变成拥有独特权限的威严而万能的政府。其结果,一方面建立起了独特的以自我消灭而终结的委派专员的财政制度,另一方面形成了新兴的产权所有者,他们是通过成为交易所内的共谋者、仗着投机倒把的时运而发迹的。在这之后,当不久前获得的稳固的所有权非常明显地以善于从已形成的幸运情况中捞取利益为依据时,谁还敢崇拜神圣的古老财产制度呢?如果许多不安的哲学家,从诡辩论者起,一度产生过这样的想法:法律仅仅是人类为了实用和便利而创造的一种工具;那么这种曾经被人鄙视的异端者的设想甚至会被如今巴黎郊区的最下等的穷苦人看作是普通的和不言而喻的真理。难道无产者没有同普通人民的其他代表,共同给他们在1789年4月的早期运动以革命的推动吗?后来在1795年牧月起义①失败后,

---

① "牧月"源自法语中 Prérial 一词,特指法国共和历的第九个月,它一般对应于格里高利历(即公历)的5月20日至6月18日。由于人民对通货膨胀所导致的物资严重匮乏的不满,巴黎人民在牧月1—4日(5月20—23日)举行了大规模的武装起义,起义旨在控制议会,并把权力交还给雅各宾派。——译者注

难道他们不是似乎又重新被赶下了历史舞台吗？难道他们没有让那些宣讲自由和平等的激昂的演说家踏在自己的肩上吗？难道他们没有掌握过在一段时期内成为比大议会和整个法国都先进的机关的巴黎公社吗？难道当他们明白了新的统治者是他们自己亲手创造的时候，最后不感到痛苦和失望吗？对这种失望的闪电般的意识曾经给了巴贝夫的密谋猛烈的推动。正因如此，密谋是伟大的历史事件，包含着客观造成的悲剧的一切因素。

从前似乎被采邑制度和土地死手保有制①束缚于某种团体、家族、封号的土地，从自己的囚笼中解放出来了，变成了充当商品生产的基础和手段的商品。土地刹那间变成十分灵活的、有弹性的和方便的商品，进而形成有利于以符号的形式进行的纸币流通。这些符号被大量印制，其数量远远超出了它们应当代表的东西的价值，这导致它们最终丧失了自己的价值。围绕着这些符号，各种事业有了巨大的发展，它们在陷入穷困的最不幸的人的肩上，在曲线政策和直线政策的细微差别之中繁荣起来，特别是无耻地从战争及其光荣的胜利中捞到好处。甚至技术——它的发展加速了对它的迫切需要——的高速进步已经提供了事业发展的质料和有利条件。

---

① 意大利语 Manomorta，字面意思为"死手"，也可译作永久管业权。依据中世纪的封建土地制度，领主在农奴死后，可行使接收其土地和财产的权利。由于农奴所占用的土地和财产在他死后是留在他的继承者手中的，所以继承者应以实物或现金向封建主缴纳一笔极沉重的贡赋，这就是所谓的"死手"一词的来源。——译者注

资产阶级经济规律是在对抗的竞争条件下的私人生产规律，它利用一切手段、力量和狡诈疯狂地反对革命政府的唯心主义方针。革命政府是强大的，因为它坚信它可以拯救祖国，尤其是因为它抱着一种幻想：它可以永远确定平等人的自由，认为借助于断头台可以消灭投机，用关闭交易所的办法可以消灭轻易发财的念头，通过规定必需品的最高限价来保证人民群众的生活。商品、价格和各种事业拼命争取自己的自由，反对那些想要宣扬道德或把道德强加给它们的人。

在热月政变中，尽管热月党人有不同的个人动机（无论是卑贱的、胆怯的，还是受人愚弄的），但由于其隐蔽的缘故，从这场政变最直接的后果来看，无疑是在各个方面对民主派唯心主义的完胜。把民主主义思想曾经能够达到的极限记载下来的1793年的宪法，事实上从来没有被真正地施行过。由于各种情况的严酷压迫，外敌入侵的威胁，国内各种暴乱（从吉伦特党人的暴乱到万第暴乱），必然出现掌握非常权力的政权，它本身就是由恐惧而产生的恐怖。随着危局的消失，恐怖的必要性也消失了，但是民主在创造了新所有者的所有权的各种事业面前破灭了。1793年宪法把温和的自由主义的原则神圣化了。欧洲大陆的所有立宪制度都是在这个原则的基础上发展起来的。但是这部宪法的主要意义在于，它保障了新的所有制的不可侵犯性。更换所有者，拯救所有权——这句格言，这个口号，这面旗帜，从1792年8月10日起，在许多年月里引起过狂热的起义，并促使那些试图建立道德的平等的斯巴达式禁欲的社会的人，制定了大胆的计划。督政府就是一条使革命否定自身这种唯心主义努力的途径。正是在督政府这个公认的和自己公开承认的行贿的时期，"更换所有者，以拯救所有权"，这句口号变成了现实。最后，人们感到需要一种能够在大量废墟上建设起永久性建筑物的实际力量。这个力量体现在一个有无与伦比的天才的杰出冒险家的身上，他很幸运地当上了皇帝。他是唯一有足够的力量，以适当的道德来结束这场庞大童话的人，因为在他身上找不到一点恪守道德的影子。

他①在这场大劫掠中洞察了所有的事件。那些曾经为保卫祖国而武装起来，在法国边境之外和欧洲邻国取得胜利，并随着征服而把革命带到这些邻国的公民，他们在本国变成了压制自由的军队武装。那些曾经洋溢着压倒一切的热情的农民，1789年在封建主的土地上制造了无政府主义，变为战士、小所有者或小租佃者，他们在短暂地成为革命的先锋卫队之后，接着又恢复到他们那种默默无闻而又死气沉沉的平静生活。这种生活建筑在传统的基础之上，没有事件和运动，是所谓的社会制度的牢固基础。那些昔日的行会成员、小资产者在经济竞争的条件下很快成为手工

---

① 作者指代的历史人物是拿破仑一世，他既是法兰西的皇帝，也是当时意大利的皇帝。他于1804年至1815年间在位，在法国大革命末期和法国大革命战争中达到权力巅峰。他创立了法兰西第一帝国，并通过欧陆战争的方式传播了法国大革命的新理念，但也在一定程度上恢复了过去旧制度中的一些体制。——译者注

劳动的自由提供者。贸易自由要求每种产品都变成自由出售的商品。因此，它战胜了最后的障碍，达到了使劳动成为自由买卖的对象。

在这个时期，一切都变了。过去若干世纪，被千百万沉溺于幻想的人视为神圣的机构或上帝使者的国家，容许人们以最平凡的方式，即用断头台处死它的君王，从而丧失了神圣的光环，并具有了世俗的性质。国家本身变成了技术性的管理机关，在那里官僚制度代替了等级制度。由于古代的头衔再也不能给有爵位的人提供占据国家要位的特权，因此，这个新的国家可以成为一切想占有它的人的猎取对象，简而言之，国家被拿去拍卖，条件只有一个，那就是使幸运的沽名钓誉者成为财产不可侵犯性和新老所有者的可靠委托人。新的国家为了变成以胜利的军国主义为基础的有秩序的官僚制度，它需要雾月十八日，这个国家用否定革命的行动来补充革命，不可能没有自己的法典，它得到的法典就是民法典，一部生产和出卖商品的社会的宝书。难怪一般的法学许多世纪以来，一直把那部罗马法作为一门科学的学科加以维护和注解，因为它过去、现在和将来始终是任何生产商品的社会的律法的典型的经典形式，一直到共产主义消灭了买卖商品的任何可能性为止。

资产阶级，由于一系列特殊情况的巧合，并有许多其他几乎很快就完全从政治舞台上消失的阶级和阶层的参加而完成了胜利的革命。这个资产阶级在冲突最激烈的时刻参加战斗似乎是受种种原因所驱使，受到与那些长久存在和巩固下来的冲突后果毫无共同之处的思想所鼓舞。因此，经济基础在激烈的斗争中发生的异常迅速地改变被种种思想所掩盖，被错综复杂的各种打算和计划所遮蔽，这些打算和计划可以产生非常残酷的和空前英雄主义的行为以及许多幻想和失望的严峻考验。人类的心灵还从来没有对进步的理想抱有这样强烈的信念。那个时期的唯心主义曾经给自己提出如下的目的，首先使人类摆脱迷信，或者甚至摆脱宗教，使每个人成为公民，使每个私人成为社会活动者，然后沿着这个纲领所指出的道路，在短时期内、在几年之内完成那些即便在当下的极端唯心主义者看来，也是数世纪以后的事情的进化。那个时期的人们为什么应当憎恶断头台的教育作用呢？

这个无疑是宏伟而并不欢快的诗篇，遗落的一篇非常棘手的散文。这是由于走运而发财的所有者的散文，金融巨头、大发横财的承包人、将军、省长、卖身的记者、艺术家和作家的散文，这是一个在世俗中独特的宫廷散文。他的军事天才和残暴性格，无疑使他有权把任何不赞赏生活之残酷现实性的人贬低为空想家，因为对他而言，成功是与残酷的现实画等号的[①]。

法国大革命加速了欧洲大部分地区的历史发展进程。

---

① 作者在这里故意使用了法语"idéologue"（根据原文中法语的词语本义，可译作"观念论者"或"空想家"），暗含嘲讽之意，本文中其他法语字眼的类似用法还包括教条主义、教理主义在历史上，拿破仑经常使用这些法语名词来特指和暗讽某些对其专制统治充满敌意的知识分子。——译者注

它成为我们称为自由主义和现代民主（英国的虚假的模仿除外）的一切东西，包括意大利统一（它曾经是，也许仍将是革命资产阶级的最后的行动）在内的源泉。这次革命最明显地、最有教育意义地说明了社会的改革过程，说明了那些在自己的发展时期把社会成员结合为集团和阶级的新的经济条件的形成过程。它清楚地表明，需要用法来表现和维护一定的关系时，法是怎样产生的，国家是怎样建立的，以及国家是怎样运用自己的手段、机关和它所掌握的力量的。我们看到，社会需要如何成为基础，在这个基础上产生了思想、性格、意向、感情、意愿，总而言之，精神力量，如何在一定的条件下、在这样或那样的情况影响下产生和发展。总之，社会科学研究的材料可以说是社会本身提供的。因此，意识形态层面的革命，以已知的一切形式中最极端的唯理论的教条主义为先导，最后留下了对反教条主义的历史学和社会学——它们在很大程度上是在目前即将结束的19世纪建立起来的——的思想需要。

在我叙述了上面的一切之后，在人们普遍认识了一些东西之后，在这里重新提起为什么圣西门和傅立叶接近欧文和重复科学社会主义的萌芽是怎样产生的，已经没有什么意义。对我们来说，只有下面两点是重要的：历史唯物主义只有在对社会主义的理论认识的基础上才能产生；历史唯物主义现在已经能够借助于本身的原则说明自己的起源，这是它成熟的最令人信服的证明。因此，本章开头的那句话：思想不是从天上掉下来的，得到了证实。

(八)

我们在上面所讲的一切,现在可以使每个读者明确地理解所谓要素的学说的精确的和相对的价值,使读者明白如何根据客观前提来清除那些借由简单的表达方式,在过去和现在都尚未完全成熟的思想的暂时概念。

但是,还应当再一次返回到关于这个学说的问题上来,以便更深入、更详细地说明两个所谓的要素,即国家和法,为什么从过去直到今天,始终被视为主要的或唯一的历史主体。

大家知道,数世纪以来,历史著作一直把上述社会生活的种种形式看成是人类发展的本质,而且只是把这些形式的改变看成是人类的发展。若干世纪以来,历史一直被看成是法律和政治的领袖,甚至主要是与政治领域有关的一种学科。研究政治史问题的学者转向研究社会还没有多久,而且不久前才刚刚得出结论,认为在这里应当使用经济唯物主义的范畴。换言之,社会学出现得比较晚,所以我希望读者将会理解,我是为了简洁起见才使用这个术语来说明关于社会的职能和变化的科学,而绝对不是从实证主义者赋予其特定含义的层面上使用它。

大家本来都清楚地知道,直到19世纪初,有关习俗、道德、信仰等的材料,甚至与自然条件——它们是基础,是社会生活的形式得以发展的环境——有关的材料,在历史政治著作中只被描写成一种趣事或者某种次要的、附加的故事。

这一切不可能是偶然的,也绝对不是偶然的。因而我们对认识社会历史学问世很晚的意义倍感兴趣。第一是因为这样一来我们的学说可以再次证明自己存在的权利,第二是因为我们可以以此一劳永逸地抛弃所谓的因素。

首先,自从有文字历史以来,国家,除了个别危机时期(这时社会各阶级由于无法通过适当的办法来保持相对均势的状态而进入比较长的无政府性质的危机时期),除了历史大动乱(由于这些大动乱,有时整个世界遭到破坏,就如同西罗马帝国崩溃或哈里发国家解体时发生的情况那样),总是不仅被写成社会的顶峰,而且被写成社会的基础。天真的思想家在这个问题上迈出的第一步反映在这样的表述中:谁是统治者,谁就是剧作者。

其次,如果撇开某些在人民这个统治者的积极参加下实现的民主管理方式的短暂时期,例如在某些古希腊城邦,特别是在雅典,以及某些意大利的城市国家①,比如佛罗伦萨城市共和国(前者是自由人、奴隶主实行统治,后者是剥削外来人和农民的特权公民实行统治),那么组成国家的

---

① 在大约10至15世纪期间,处于中世纪的意大利半岛的中部和北部地区,曾经出现过许多小型独立的城市国家,如佛罗伦萨、热那亚、比萨、锡耶纳、米兰、威尼斯、曼托瓦等。这些主权独立的城市国家,多为重要的商贸枢纽,是以商人、行会和平民为基础的政权。而同时期的意大利南部,则主要是君主体制下的城市。到中世纪晚期,意大利地区出现了从共和政体向君主体制的转变。——译者注

社会总是由屈从于少数人统治的多数人所构成。可见,在整个历史过程中,多数人总是被统治、被领导和被剥削的,或者说,这个多数人在任何情况下都体现各种利益的交汇,而这些利益则应掌握在那些通过暴力或调解来平衡矛盾的少数人手里。

由此就产生了政府管理艺术的必要性,而由于这种必要性首先被那些研究社会生活的人看得十分清楚,所以,政治表现为社会制度的剧作者和历史形式不断更替的标志,也就是十分自然的事了。谁谈论政治,就是谈论这样一种活动,它沿着所希望的方向发展,直到一定的时刻,即所实行的政治碰到剧烈的意外的反抗为止。从不完全的经验所提示的关于国家是社会的创造者,而政治是社会制度的创立者的论点出发,历史学家在叙述或解释事件时自然倾向于把政治形式、制度和思想的更替看成是历史的本质。

老生常谈地论证国家是如何产生以及国家得以永世长存的基础是什么,在过去和现在都不重要。大家都知道,起源性质的问题很晚才出现。国家存在着,而它的存在权利则用它在一定条件下的必要性来解释,但是,人的想法很难接受这样的思想:有个时期根本不存在国家。就产生这样一种假设:国家大概不是从有人类时起就出现的。至少在神话中,神或半神(即英雄)被视为国家的缔造者,就像在中世纪的神学中,教皇是一切政权的首要,因而也是神圣的和永恒的来源。就是在今天,还有一些无知的旅行家和糊涂的传教士在一切地方,甚至在那些根本不存在国家的地方，在那些只存在氏族或由氏族组成的部落，或部落联盟的野人或野蛮人那里发现国家。

为了克服这些错误的观念，需要解决两个问题，第一，必须承认国家的职能的产生、发展、减弱、改变和更替取决于一定的社会条件的更替。第二，必须意识到国家的存在和保留仅仅是由于它要保护一定的利益——社会的一部分人反对剩余所有人的利益；而整个社会应该以这样的方式构建，从而让受压迫、被剥削和被虐待的个体反抗要么成为分散的无数的小冲突，要么由于被分到被压迫者头上的局部的、哪怕是微不足道的一点利益而有所缓和。因此，有奇效的令人赞赏的政治艺术可以归结为一个极其简单的公式：用暴力或暴力系统对抗整个反抗。

第一步和最困难的一步，就是能够从产生国家的社会条件出发，来说明国家的存在。然而这些社会条件本身，后来被阶级理论所明确了。阶级的产生源于不同方式的工作，源自分工，换言之，在某种确定的生产形式之内，把人与人协调和连接起来的各种关系。

从那时起，人们已经不再把国家，即所谓的社会创造者这个概念当作历史发展的直接原因，因为人们已经懂得，国家不论采取什么形式以及形式有什么变化，都无非是一种机构，这种机构以一定阶级通过暴力而实际建立的统治为基础，或者以各个阶级的一定相互适应为基础。后来继续从这些前提出发，最后不得不承认，政治作为为了必需的目的而施加影响的艺术，在整个历史发展中起着微乎其微的作用，并且在国家本身的形成和发展中也起着相当小的作用，因为在国家里许多事物即许多关系是由于适应的必要性，由于默契，由于经受暴力或忍受暴力，由于直观地寻找出路而产生和发展的。无意识的王国——这是指那些不是按照自己的本意、有意地或自由选择地去追求的一切，而是预先规定好的，是由于习惯、习俗、各种适应性等的不断更替而发生的一切——在构成历史学对象的知识领域内是非常普遍的。至于曾经应当解释一切的政治，现在它本身已经成为需要解释的对象。

如此一来，我们现在已经清楚，历史为什么一开始就具有非常浓厚的政治色彩。

但是，绝不能由此得出结论说，国家像许多乌托邦主义者和许多无政府主义色彩的超级自由主义者所想象的那样，不过是社会机体上或自由联合组织的一块息肉或附属品。如果说迄今为止社会产生了国家，那么这是因为社会本身需要这种力量和权力的补充，是因为社会是由因经济差异而不平等的个人所组成的。国家是一种非常现实的东西，它是保持均势或者用暴力和镇压制造均势的暴力体系。为了维持这种暴力体系的存在，还必须具有经济实力，不论是通过掠夺或征战，即战争赔款，还是依靠直接占有国有资产，抑或现代公共财政中所谓符合宪法的虚假自动课税形式所允许的那样逐渐积累资金的办法。现代国家迅速成长的这种经济实力，是它们能够行动的基础。由此可以看出，由于新的分工，国家的职能决定着特殊的等级和阶层,也不排除寄生阶层的极特殊阶级的产生。

作为必然具有经济权力的国家——因为它为了保护统治阶级,必须掌握资金来实行镇压,实现统治,进行管理,进行战争——直接或间接地产生必然会对社会产生影响的总的新的私人利益。因此,国家为了维护由经济差别所造成的社会矛盾而产生并存在,从而产生了与它的存在有直接利害关系的集团。

由此造成了两个后果。一是由于社会不是某种同质的整体,而是由各个器官构成的机体,另外,由于国家反映着敌对利益的复合综合体,所以有时出现这样的情况:国家的统治者力图把自己孤立起来,而这种孤立使得它自己同整个社会相对立。二是,也常有这样的情况:最初是为了所有人的福利而创造的机构和职能后来却蜕变了,只被用来为某些集体、集团或奸党的利益而服务,出现了种种滥用权力的现象。从政治权力之中,便诞生了贵族和等级,也就产生了王朝。所有这些组织形式的出现,从单纯的逻辑来看,是完全不合理的。

自从有文字记载的历史以来,国家时而加强,时而削弱自己的权力,但它始终存在,因为在因经济差别而彼此不平等的人所组成的社会里,始终存在着这样的原因:需要通过暴力或掠夺来维持和保持奴隶制或垄断制,或者借助人对人的统治来维持和保持一种生产方式对另一种生产方式的优势。因此,国家似乎成为不间断的内战的战场,这种内战一直不断地进行,虽然并不具有像马利乌斯和苏拉的战争、六月①革命或美国北方反对南方奴隶制的战争那样明显的形式。营私舞弊总是盛行于国家内部，因为如果不存在不会遭到反抗的国家形式，也就不存在由于迫切的生活需要而最终沦为的无奈的妥协和顺从。

由于这种种原因，如果从寻常的千篇一律的叙述出发来观察历史事件，似乎它们是对几乎不变的同一个类型的重复，仿佛一种形象在万花筒中变来变去。难怪概念论者赫尔巴特（Herbart）和无可救药的悲观主义者叔本华（Schopenhauer）曾经得出结论说，历史并不是真正的进程。翻译成俗语，这句话的意思就是：历史是一首无聊的诗歌。

如果把政治的历史化约为其自身的精华，那么国家的平庸本质也就暴露无遗。在这里再也没有任何神学的超人化的痕迹，没有任何形而上的超实体的痕迹。这种理想化曾经在某些德国哲学家那里十分流行，他们认为，国家是在历史中得以显露其自身的一种观念，国家是对个性的充分展示。除此之外，他们还对其他的一些胡言乱语深信不疑。实际上，国家是保证和保护一定的社会制度所必需的实际保卫体系，不论这种社会制度的基础是某一种经济生产方式还是不同的经济生产方式的结合和联合。简单地说，国家的前提或者是一种所有制体系的存在，或者是不同所

---

① 1848年6月23日至26日之间的4天，它悲剧性地标志着于1848年2月巴黎革命中诞生的共和政府在第一阶段的结果，这一结果导致了工党的失败和民粹主义的反扑，保守派在资产阶级内部占据了统治地位，在四月的选举中获胜。

有制体系的结合。这就是一切要求国家经济上强大并掌握资产和手段来保证财产从一些人手里转到另一些人手里的统治术的基础。当由于生产方式的剧烈和强制的改变而不得不在所有制方面进行不寻常和特殊的改变（例如废除土地死手保有和封地制，废除贸易垄断）时，旧的政治机构就站不住脚了，就有必要进行革命来建立能够实现经济变革的新机关。

整个历史，除了非常古老的和我们所不知道的时期的历史以外，是在不同部落和共同体之间，然后是在不同民族和不同国家之间的接触和冲突的基础上发展的。换言之，那些对某个社会内部矛盾起决定作用的原因，由于同外部世界的冲突而总是愈来愈复杂。上面谈到的引起冲突的两个原因是相互制约的，但表现的方式总不相同。例如内部困难常常促使某个社会或国家参加外部冲突；有时则相反，外部冲突影响着内部关系的改变。

不同社会之间的一切关系的主要动力，从其产生时一直是，而且现在仍然是广泛意义上的贸易，即交换，不管情况是像贫困的部落那样，只用多余的东西去交换其他的东西，还是如同今天这般，大量产品只是用于出卖，以便从一定数量的货币中获得更多的货币。这些在普通编年史中一个个积累和堆积起来的大量内部的和外部的事件，使得解释和简述它们的历史编纂家不知所措，甚至明显是无所适从地无休止地试图建立人为的编年史范围和时期，并勾画出历史发展的总前景。其实，谁能够用心观察不同社会形态的内部发展过程,分析它们的经济结构,谁把政治事件看成是在社会中起作用的力量的结果,他就最终能够克服由经验主义的复杂多样和模糊不清的认识所造成的混乱。他不是简单地撰写编年史和断代史或一般地勾画前景,而是具体说明历史发展的真实进程。

在这样的现实主义的想法面前,一切以国家的道德使命的原则或任何其他类似原则为基础的意识形态都站不住脚了。如果可以这样来表达的话,国家具有自己固定的地方,而且这样一种形式似乎处于社会发展的范围之内,这种形式是由其他条件造成的,而且由于它本身存在的事实自然又对其余的一切产生影响。

在这里产生了另一个问题。

这种形式是否可以被超越?也就是说,会不会有无国家的社会存在?或者说,社会能否成为无阶级的社会?或者说得更明确一点,将来是否会出现这样一种共产主义生产形式和这样一种劳动和义务的分配,使得造成人压迫人的一切不平等都不可能发展?

科学社会主义的本质对这些问题做了肯定的回答,因为它并不把共产主义生产阶段的来临看成是可以自由选择的目标,而认为它是历史发展内在过程的结果。

这种预见的前提基于当下资本主义生产条件的本身,这一点人们已经非常清楚了。资本主义生产逐渐使生产方式社会化,使手工的和有细则规定的劳动愈来愈服从于技术的客观条件,使生产资料的所有权越来越集中在少数人的手里，这些人由于成为股东或从事股票倒卖活动而逐步地脱离直接的劳动过程，而劳动的领导权则转入知识分子的手中。随着由于自己所处的劳动条件和生存条件而联合起来的无产阶级逐渐地意识到这种状况，随着资本家越来越难以领导生产劳动，必然会出现这样的时刻。那时，由于废除了一切形式的地租、利息和私人利润，生产无论如何将会转入集体组织的手中，也就是说，变成了共产主义性质的生产。到那时，一切不平等都将消失，除了由于性别、年龄、气质和能力的不同而造成的人与人之间的自然的不平等。换言之，与经济阶级的存在有联系的，甚至由这些阶级所造成的一切形式的不平等都将消失。随着阶级的消失，国家不应当再是人压迫人的工具。技术的管理和教育的智能，在那时将成为社会的唯一秩序。

这样一来，科学社会主义——至少目前在理论上——战胜了国家，从而使这个学说的维护者有可能非常清楚地了解到国家产生的起源和它自然消亡的原因。他们之所以能够了解到这一点，正是因为他们不像古代犬儒学派、斯多葛学派和各种伊壁鸠鲁学派、后来的宗教宗派或各种秘传组织的乌托邦，以及近代形形色色的无政府主义者那样，不止一次地片面地和主观地反对国家。相反，科学社会主义不仅不反对国家，而是力图证明国家在不断地反对它自己，因为它创造了自身必需的手段，例如巨额的财政、军国主义、普选权、普及文化等，也就创造了毁灭自己的条件。社会产生了国家，又把它吞噬掉，换言之，作为一定生产方式的表现的社会既然消灭了资本和劳动之间的矛盾，那么随着无产者和决定他们生存的种种条件的消失，人对人所依附的任何等级形式也将彻底消失。

这样一来，国家产生和发展的背景和条件——从它在经济差别，开始出现的公社中产生，直到出现它消亡的苗头的时候——使我们理解了国家的本质。

国家只不过是一定经济关系的必要补充这一观点，永远排除了它是独立的历史要素的假说。

现在就比较容易明白了，法律曾经怎样上升为决定性的社会因素，从而直接或间接地上升为历史的直接和间接要素。

首先应当记住这种关于普遍的法的哲学观点是怎样形成的。这种观点是把历史看作完全依赖于立法本身发展的主要理论依据。

随着封建社会在意大利中部和北部一些地区过早地瓦解，同时，随着作为参加公会和行会的手工业者和商人的城市共和国的产生，罗马法就已经被袭用了。罗马法在中世纪的大学里重获新生，而且，由于它是在同野蛮人的法典和在很大程度上是同教会法的对抗中产生的，它无疑反映了当时一种比较适应于业已形成的资产阶级需求的思维形式。

的确，罗马法与封建割据不同，与反映野蛮民族的习俗或者等级特权或者教皇和皇帝所恩赐的优惠权利的法不同，它似乎具有普世性的书面理性。既然任何人都可以承担义务和责任,可以出卖、购买、出让、赏赐等,难道罗马法不是从最抽象和最一般的关系上来考察人的个性吗?因此,虽然最后定稿的罗马法曾经是卑躬屈节的法学家按照皇帝的命令制定的,但它毕竟在中世纪制度瓦解的条件下,曾经表现出了革命力量,并作为革命力量而意味着一个巨大的进步。这部法典是包罗万象的,它掌握了推翻野蛮人法典的手段,所以它无疑在很大程度上是符合人的天性的,而且它由于反对私人权利和特权而具有自然法的性质。

自然法的意识形态是怎样产生的,这一点大家都知道。这种意识形态在 17 和 18 世纪达到了它的极盛时期,不过远在这之前,它就已经准备了一种以罗马法为基础——修改它,按照自己的观点解释它——的法学。

在自然法的意识形态的形成当中还有另一个因素也起了自己的作用,这就是后来各个时代的希腊哲学。大家知道,善于发现如科学这种思维的具体形式的古希腊人,从自己的许多地方律法出发,不曾创立出符合于我们称之为法学的学科。然而,由于民主共和国的发展所带来的抽象思维的迅速进步,他们能够在其他民族之前,很早就开始从逻辑学、修辞术和教学法的角度,对法、国家、法律、刑罚的本质进行了非常大胆的探索。这就是我们可以在他们的哲学中发现后来一切讨论的萌芽形式的原因。但是只是到了很晚的时期,即希腊化时代,当希腊人的生活圈子已经扩大到能够同文明世界的生活圈子相融合的时候,即在这种要在每个人的身上去发现人们需求的世界主义环境的条件下，诞生了关于法的理性主义，即斯多葛哲学所赋予的那种形式的自然法。古希腊人的这种唯理论的个别形式上的因素在合理地编纂罗马法时已经使用过，而这种唯理论到17世纪又重新出现在关于自然法的学说中。

可见，意识形态作为一种批判的工具和一种赋予现代社会经济结构以法的形式的工具，有着不同的来源。

实际上，这种法的意识形态在争取和反对法的斗争中反映着资产阶级思维的革命时期。虽然最初它的立足点，从理论观点看来，是要返回古代哲学的传统和概括罗马的法学，但是从其余方面和它自然发展的性质来看，它是真正新的和现代的东西。就罗马法而言，虽然现代哲学流派已经对它进行了概括，并做了某些修改，但其终究仍是一些个别情况的汇集，这些情况并没有依据一定的早已制定的体系，通过演绎方法加以推论，也未曾被善于系统整理的立法者事先加以分类。除此之外，斯多葛学派及其同时代者和后来者的理性主义所具有直观的性质，并没有在自己的周围产生革命运动。相反，最终获得了法哲学称号的自然法的意识形态，却建构在一定体系的基础之上。它总是从一般理论原理出发，此外还具有好斗的和论战的特性，甚至同正统、偏执、特权、等级做斗争。换言之，它为争取今天构成现代社会基础的自由而斗争。

在这种成为斗争工具的意识形态存在的条件下，认为存在与理智构成一个整体的法的观点第一次以非常明确的具体方式出现了。人们进行斗争加以反对的那些法被看作是偏执、退步和迷误。

对理性主义的法的信仰，产生了对立法者的力量的盲目信仰。这股力量在法国大革命的危急时刻具有极其狂热的性质。

由此人们产生了一种信念，认为整个社会应当服从一种法，就是对一切人都是平等的，并在一定体系、逻辑和融贯性的基础上建立起来的法。由此人们又产生了一种信念，认为法可以保证人人在法律上平等，能够订立任何性质的契约，享受自由。由此又产生了其他等。有人说，如果真正的法胜利了，理智也将必然获胜，那时可以用统一的法律来管理社会上所有的人，这将是完美的社会！

用不着去谈论这些倾向是以一些什么样的糊涂观点为依据。我们已经知道，人的这种全面的解放曾经导致了什么结果。但是，在这种情况下更为重要的是，所有这些信念都是在关于法的这种观念上建立起来的，按照这个观念，法被视为是同产生它的原因完全脱节的存在。例如上述思想家所要求的理智只是归结为使劳动、联合、贸易、政治形式和意识从一切限制和妨碍自由竞争的障碍中解脱出来。我已经谈到，我们在这方面可以从18世纪的大革命中吸取多么有教育意义的经验。如果在我们的时代还有人顽固地证明唯理论的法在历史上占主导地位，换言之，说这种法是什么历史发展过程中的要素，而不是简单的事实，那么这就证明，他们不是生活在我们的时代，不了解自由主义的和平均财产的法典编纂实际上标志了自然法这整个学派的终结。

在我们的世纪,终于成功地用各种方法把法从唯理论的东西变成事实的东西,从而变成同一定的社会条件相适应的东西。

首先应当考虑到,对历史的兴趣已经更加广泛和深刻,它促使科学的思想承认,只把理性看成法的来源,以及局限于仅仅分析罗马法,对理解法的起源都是不够的。这样,野蛮人的法典、唯理论者非常轻视的那些民族和社会的道德和习俗,又受到尊重(我是指在理论方面)。这曾是唯一正确的道路,因为只有研究了最古老的形式,才能找到理解最新的形式如何形成的钥匙。

编纂成法典的罗马法是非常现代的形式。罗马法当作万能的主体加以规定的个性是军事官僚机构压倒社会关系的世界主义的最近时期的产物。在那个书面理性被确认的世界里,没有留下人民生活无拘无束的一点痕迹,再也没有民主了。其实,这种法在被这样固定化之前,已经问世并得到了发展。如果从它的起源和发展的角度来研究,特别是,如果在这方面进行比较,那么它在许多方面同那些被人看成是低下的社会和民族里存在的制度有相似之处。因此十分清楚地,关于法的真正科学只可能是法本身的起源史。

但是,存在这样一个问题:当民法的编纂标志着资产阶级实践理性的典型和模板已经在欧洲大陆建立起来的时候，英国不是已经存在着另一种独特的法的形式吗？这种形式从产生它的社会的种种条件本身中产生并得到非常实际的发展，没有一定的体系，没有受有系统的唯理论的任何影响。

可见，实际存在的和具有一定价值的法，不像书面理性、统治者的理性的热心推崇者所想的那样，是非常普通的和朴素的东西。不过，可以原谅他们的糊涂，因为他们是大革命的思想先驱。应当用法律制度的历史来代替意识形态，法哲学同黑格尔一同终止了。如果有人打算拿出黑格尔以后出版的书来反驳我，那么我就回答他们：已经出版的哲学家的著作绝不总是思想进步的标志。例如，法哲学正在变成对法的历史的哲学解释。至于历史哲学如何导致了经济唯物主义，批判的共产主义在什么意义上成为黑格尔学说的直接对立面，在这里用不着重复了。

这种仅仅在思想领域中进行的革命实际上只是那些在实际生活中已经发生的革命的精神反映。

在我们的世纪，立法活动已经成为真正的灾难，占统治地位的法的意识形态的理性，最终被议会所推翻。阶级利益的矛盾在议会中以政党的形式表现出来，各个政党支持或反对这些或那些法。这就是整个律法或者被看作是普通的事实，或者被看作是有用或无用的东西的缘故。

无产阶级奋起进行了斗争，所以凡是在工人阶级的斗争日益凸显的地方，资产阶级的法典显然就完全站不住脚了。例如书面理性无力使工资摆脱市场的不稳定性，使妇女和儿童免除工厂里的繁重劳动条件或找出什么办法来解决失业问题。光是部分缩减工作日这一个问题就成为大规模斗争的导火线和原因。大小资产阶级、大土地占有者、工业家、穷人的律师和积累起来的财富的辩护人、保皇派和民主派、社会主义者和反动分子——他们都力争把社会机构的活动纳入这种或那种方向，并利用有利的政治形势和议会阴谋，以便通过解释现存的法，或通过设立新的法来保护某些利益。这种新的法律不止一次地被修改，并可以发现非常怪诞的摇摆：从通过保护穷人甚至保护动物的人道法律，到实行关于战时军事法庭的法律①。法的面具被扯下了；它已经成为最普通的东西。

我们逐渐获得了经验，从这个经验的基础上阐明了一个非常准确的，同时也是相当质朴的理论：每一种法律，无论是通过寻常的办法还是采取暴力手段，抑或借助于司法机关，它在过去和现在都是保护一定利益的工具，而从这里到从经济中引出法律，只差一步之遥了。

如果说唯物主义观点在近代能够把所有这些倾向归纳为一种明确的和严格的体系，那是因为无产阶级世界观规定了它的方向。无产阶级世界观既是一切人形式上平等而社会各个成员的发展和自由的物质条件不平等的这样一个

---

① 当国家被军事入侵，并处于军事包围封锁的状态之下时，将自动启用国家战时法律。拉布里奥拉很可能在这里影射巴黎公社的历史事件，巴黎曾在1871年的4月至5月，处于敌国的军事封锁包围状态。——译者注

社会存在的必然产物,同时也是它存在的必要条件。无产者是使积累的生产资料再生产并变为新的财富的力量;但他们本身却无法享受这种生活,只能依附于资本,他们随时都可能变成失业者、穷光蛋和流亡者。他们组成社会劳动大军,但是他们的司令官却是他们的主人。他们体现着对法的王国中的公正的否定,换言之,他们是所谓理性王国中的不合理的因素。

可见,历史不是什么必然导致理性对法的统治的过程,它曾经是并且迄今仍然是压迫和奴役形式的交替和更迭。因此,全部历史就是利益的斗争,而法是那些占了上风的利益的权威性的表现。当然,这些原理不允许通过直接考察法所表现的利益来说明历史上出现过的每一个特定的法。历史现象十分复杂,但是,根据这些一般原理可以勾画出现在已经代替了法的思想体系的科学研究的性质和方法。

(九)

写在这里,正是我们提出一些概括性公式的恰当契机。

在发展劳动和与之相适应的生产工具的诸多条件的基础上,首要而直接的,就是社会的经济结构,即生活必需品的生产方式,在这种人为环境中直接规定着社会成员的全部其余的实践活动,以及这种活动在我们称之为历史进程中的不同形式的发展。历史就是阶级的形成、冲突、斗争和消失;也是与之相适应的约束性关系,例如法和道德领域；还是一些人通过权力和权威的施行，用以控制另一些人的种种原因和形式，也就是最终构成国家的基础和本质的东西。这种东西将在次要的和非直接的领域，决定着想象和思想的方向和对象，塑造着艺术、宗教和科学领域的产物。

作为第一和第二层级的产物，由于它们创造了一定的利益，生成了一定的习俗，把人们联合在一起并规定人们的思想和偏好，因而具有作为独立的现象巩固下来和孤立起来的倾向，由此，开始出现了一种经验论的观点。它认为，具有自己有效力量和自己运动节奏的各种独立因素，似乎可以促进历史过程的发展，以及不断地从这个过程中产生的社会结构的种种形式的发展。历史的真正的和肯定的要素——如果只应当使用"要素"这个词的话——从原始共产主义的消亡直到我们当下的时代，始终是各种社会阶级，因为它们建立在不同利益的基础之上，而这些利益则在对抗（由此产生冲突、运动、发展过程和进步）的一定现象和形式中表现出来。

社会底层结构（即经济结构）的变动，初看起来明显地表现在群情激昂中，有意识地在争取或反对某种法的斗争中得到实现，并导致一定的政治制度的毁灭和崩溃，实际上它只是非常恰当地表现在各个社会阶级之间关系的改变中。而这种关系，是随着早已在劳动生产率和人的劳动过程的条件（法律—政治的条件）之间存在的各种关系的变化而改变的。

最后，劳动生产率和劳动参加者的平等地位之间的这些关系，随着生产所必要的工具（从广义上讲）的改变而改变。技术的发展和进步的进程，同时也是任何另一种发展和进步之进程的显著标志和条件。

社会对我们来说是某种相当大的东西，我们只有通过把复杂的形式化为最简单的形式，把现代形式化为最古老的形式的分析方法，才能把它分解为若干组成部分。不过，我们这样做，不能超出现存社会的范围。历史不外是社会的历史，换言之，是从原始群体开始，直到现代国家，从使用少量的和最简单的工具直接同自然斗争，直到以积累的劳动（资本）和活劳动（无产者们）之间的两极对抗为特征的现代经济结构的人们共同活动变化的历史。把社会现象的整个综合体归结为简单的个人，然后在自由的和任意的思维活动的基础上重新建立它，换言之，把社会建立在推理论证的基础上，这是不理解历史进程的客观本质和内在规律的表现。

革命，从广义上以及从具体意义来说，都意味着推翻某种政治体制，这是历史时代的真正标识。如果从远处来看，从构成因素、酝酿过程和长期表现的后果来看革命，那么可以清楚地看到，它表现为持续演进的、变化细微的瞬间的组合。但是，如果从本质上来看革命，那么它是一种表现非常明显的灾难，而它只有作为一种灾难才具有历史事件的性质。

（十）

这么说来，道德也好，艺术也好，宗教也好，科学也好，因此都成了经济条件的产物吗？甚至成了划分经济条件的不同范畴的标志吗？换言之，成了物质利益的点缀品、辐射和反映吗？

这种用非常粗糙的和朴素的方式表达的说法，早已在大众之间流传开来，并给那些把这些说法当作应景的稻草人的唯物主义的敌人帮了忙。在知识分子的所谓代表中也有一些为数不少的懒汉，他们像那些把自己的头脑变成全新的无知的避难所的人一样，情愿满足于接受这些说辞。它们对所有懒汉和不善于思考的人来说，该是多么方便和开心的事，似乎有一天可以用几句话，总结出整个认识的科学，然后通过唯一的一把钥匙就能打开生活的所有奥秘！把伦理学、美学、语文学、历史批判和哲学的所有问题都还原为唯一的问题，以逃避一切需要绞尽脑汁的东西！对科学一窍不通的人，沿着这条道路走下去，就可能把整个历史还原为商品交换的算术，而对但丁（Dante）所做出的某种全新的、独出心裁的诠释，会给我们提供一部以精明的佛罗伦萨商人牟取暴利、出卖呢绒的账单做插图的《神曲》！

换言之，问题在于，总结某些问题的理论论断，非常容易在那些不习惯通过系统地利用相应手段，来克服思维困难的人的头脑中变成庸俗的似是而非的观点。至于这些问题的本质和具体方面,我只能通过近乎格言警句的方式进行概述,因为我的确不打算在这篇短文中描述宇宙的整个来龙去脉,不期望它成为一部百科全书。

首先,谈一谈道德问题。

我不谈宗教的或哲学的诸种体系或教理书。这些东西过去和现在多半存在于世俗的人类事物的通常范畴之外,正像乌托邦在现实事物之上一样。我也不谈从智者派到赫尔巴特(Herbart)如此精细地从形式上对伦理关系进行的分析。这些都是科学,而不是生活;同时也是形式的科学,如逻辑学、几何学和语言学一样。距今最近一位给这些伦理关系下过深刻定义的发现者和定义者,即赫尔巴特,他非常明白,观念,即道德判断的形式观点是软弱无能的。因此,他认为,伦理学的本质在于生活环境对生活的制约和教育对性格的陶冶。如果他不是一个思想反动的人,就可以把他同欧文[①]同等相看。

我要谈的是那种平常在一般人的爱好、习惯、风俗、忠告、判断和评价中以经验的和日常的形式存在着的道德。我要谈的是那种起着激发或抑制作用,具有不同发展阶段并表现得比较明显的而在一切人和每个单个人那里却是零散地表现出来的道德。这是因为每个人都生活在人类的交往中并在其中占有一定的地位,他自然必须思考自己的活动和别人的活动,并做出某些判断和评价以形成一般原则

---

① 关于罗伯特·欧文,参见前文第41页脚注①。——译者注

的最初原理。

现实就是这样，而且更为重要的是，它在不同的生活条件下具有不同的多样的形式，在整个历史过程中不断发生变化。这个现实是科学研究的基础。正如亚里士多德（Aristotele）已经理解的那样，事实既不是真实的，也不是虚假的。至于各种体系，不论是神学的还是理性主义的，它们跟事实不同，可以是真实的或虚假的，因为它们的目的是要了解、说明并补充现象，揭示现象同另一个事实的因果联系或把它同事实统一起来。

这样，有关解释上述现实的预设理论的某些原则，现在可以认为是已经确立了。

那种仅仅证明还没有成熟的心理分析是软弱无力的自由意志，它的发明者们认为，意志本身并不存在，而且不是任意地表现出来的。意志的表现即作为有意识的行动，是心理机构的特殊表现，首先是需要的结果，然后才是在它之前存在的一切东西，直到最基本的和本性上的运动所需的结果。

道德不是自行产生和自己制造的。因此，被称为道德意识的那种精神本质，不是各种不断改变的伦理关系的无所不包的基础，它在所有人的面前并不是同一的和单一的。这种抽象的本质，正如同所有其他的类似本质一样，换言之，正像一切所谓的精神能力一样，已经被批判所推翻。而事实上，如果把概括事实本身看作是解释事实的方法，难道能够认为这种说明事实的方法是正确的？人们什么时候这样断定过：感觉、知觉、直觉在某种程度上是想象的影响，换言之，它们在不断变化，因而是想象在改变它们？那种被抬高为相应伦理评价的假设的所谓道德意识，就属于这类杜撰。实际存在的道德意识，是经验主义的事实。这是一个标志，即某个个人的伦理观点的表现。如果这也应当构成科学的对象，那么这种科学不可能根据意识来说明伦理关系，而应当弄清楚这种意识是怎样形成的。

如果意志和道德的产生取决于生活条件，那么伦理学总的来说只是一定的意识形态形式，因此它的任务同教育学所面临的任务是差不多的。

有这样一种教育学，我称它为个人主义的和主体的教育学，它从一切人都有能力成为完人的前提出发，创造了抽象的规范，处于形成阶段的人借助于这些规范似乎就可以成为强大的、英勇的、诚实的、正直的、善良的人，等等，也就是可以获得任何德行，无论是头等的或二等的。但是我们要问，这种主观的教育学本身是否能建立一种社会基础使所有这些美好的东西都能够实现呢？如果说它在建立这种社会基础，那么这只是一种乌托邦。

实际上，整个人类在它的整个复杂的发展过程中从来没有时间和可能进柏拉图或欧文、裴斯泰洛齐（Pestalozzi）[①]

[①] 作为卢梭和其他启蒙时期思想家的忠实追随者，瑞士人约翰·海因里希·裴斯泰洛齐（1746—1827）一生致力于教育办学事业，他的教学和社会实践充分体现了他的哲学理念。他的教学理论提倡社会个体的全面成长（从自然阶段到社会性和伦理阶段），增强基础教育中感知性和物质性内容的比重，强调儿童成长过程中家庭和母亲所扮演的关键角色。——译者注

或赫尔巴特的学校。人类所作所为，是其不得不做的事情。如果从抽象的观点来看人，一切人都是可以教育好的，并能够完善自己的品德。而他们确实总是尽其所能这样做，并且注意到发展自己活动所处的生活条件。正是在这种情况下，"环境"一词并不是隐喻，"适应"这一术语不是作为转喻而使用的，事实上，道德在我们面前始终是受制约和受限制的东西，是某种试图通过制定空想计划，或者创造超自然的教育家或神迹般的救赎来超越想象的存在。

　　为什么奴隶应当跟他望而生畏的主人有同样的观点、爱好和感情呢？农民怎么能够摆脱那种不可克服的迷信呢？这种迷信是他对自然的直接从属和对他所不熟悉的社会机体的从属，以及他对代替了法术师或魔法师般的教士的盲目信赖所造成的？经常受穷困和奴役两层压迫的大工业城市的现代无产阶级，怎么能够具有手工业行会成员（他们似乎是存在于某种天意安排的画面里）所固有的那种正常的按部就班的生活方式呢？一个向欧洲提供如此多的廉价产品的芝加哥猪肉商人，在什么样的直观经验因素的基础上，能够获得那种曾经使雅典人具有美好和善良的人的品质，使罗马公民具有英雄主义的阳光而崇高的思想呢？基督徒的训诫和关于驯服的号召，怎么能有力量从现代无产者的心灵中，清除掉由自然原因造成的对他们的未确定的或已确定的压迫者的仇恨呢？要知道，如果他们希望正义得胜，他们只能采取暴力行动，为了使仁爱在他们的心中成为普遍的规律，他们就应当给自己提供同目前存在的生活条件完全不同的生活条件,因为目前存在的生活条件产生仇恨,并把这种仇恨变成一种必然性——就像应还的债务一样。在以不平等为基础的现代社会里,厌恶、高傲、谎言、伪善、无耻、不公正和一大堆主要和次要的教义歪理,是对那种在一切人面前都平等的道德进行的不幸补充,同时又是对这种道德的讽刺。

可见,伦理学在一定程度上,可以归结为对那些促使道德发展或阻碍其发展的主观和客观条件的历史研究。只有在这个方面,即只有在这个范围内,关于道德水平同一定的社会状况相适应,即归根到底,同这种或那种经济条件相适应的说法才是有价值的。只有白痴才会认为,某个人的道德是同他的物质地位丝毫不差地相称的。这种说法不仅在经验论上是错误的,而且实质上也是荒唐的,由于人类的心理具有弹性,所以决不能认为,单个人的发展只决定于他的一定的阶级归属和他的社会地位。这里所说的是大量的现象,即那些构成或本来应当构成道德统计的对象的现象,这门学科迄今还不为人所重视,因为它把它自己在统计案件(例如通奸、盗窃和凶杀)时制造的那些东西作为自己研究的对象,而不是那些类似于阶级、条件和状况等社会中的现实存在。

向人们提倡道德,而只是抽象地想象或者根本不知道他们生存的条件,这是迄今为止,一切劝人向善的传教士所论证的目的和方法。承认这些条件取决于周围的社会环境,这是共产主义者同鼓吹道德者的空想和伪善的不同之处。由于他们认为，道德绝不是上帝选民的特权、大自然的赏赐，而是经验和教育的产物，所以他们有理由和论据承认人能够完善自己，而这些理由和论据，我认为比那些不加思考就提出的唯心主义者通常要更为道德和更接近理想。

换言之，人不是作为生来就具有一定特性（他们按照某种唯理论的节奏重复和发展这些特性）的生物而发展自身和生产自己的。他是作为一定的条件（这些条件又产生了一定倾向的思想、见解、信仰、观念意向和原则）的原因和后果、创造者和结果而形成和发展的。由此而产生各种意识形态，以及对道德概念的概括，并使之上升为教理、教规和体系。因此，在各种意识形态形式出现之后，其中的每一种形式后来经过抽象化而得到发展，这是不奇怪的。最后，人们会得出一种印象：这些意识形态形式似乎脱离了其生长的土壤，它们好像居于人们之上，成为无上的命令和典范。形形色色的神职人员和教条主义者自古以来一直吹捧这种思维的抽象化工作，并极力在人的头脑中保存在这种情况下产生的幻想。现在，当人们发现这些意识形态的真正的源泉在于生活本身的时候，任务就在于真实地说明它们是怎么产生的。既然这涉及一切意识形态，那么具体地说来，也就涉及其中的这样一些意识形态：它们为了使道德评价成为神意的预示或良心普遍要求的前提，把道德评价扩展到这些评价的自然的和直接的界线之外。

所有这一切构成专门的历史研究的对象。某些道德概念和一定的具体条件之间的联系并不总是能够找到的。某个过去时代的社会心理学对我们来说常常还是个谜。一些最普通的事物对我们来说常常是不能理解的，例如：为什么认为某些动物是不洁之物，或者为什么憎恶血缘远的人配婚。深入分析会使我们得出结论，一些个别现象产生的原因常常是我们无法说明的。无知、迷信、奇怪观念象征——同其他许多现象一样，是在（某个民族的）习俗中常常碰到的以及现在我们尚不理解和无法理解的那种无意识的原因。

所有困难的基本原因在于我们称为理性的东西是后来出现的，因此，造成各种作为观念之近因的痕迹消失了，或者潜藏在这些概念内部。

我们可以十分简单地谈一下对科学问题的理解。

长期以来，科学史写得相当幼稚。鉴于教科书和百科全书照例是对每一门学科作单独的叙述，看来把系统材料的总和分解为逐渐形成它的各个因素，然后按编年史的方式重现已经出现的定义是非常简单的。总的设想是如此之简单：这种编年史的基础是正在发展和进步的理性。

但是，这种方法——如果可以称为方法的话——有一个小缺点，就是它充其量只能通过推论的办法，使人了解一种已存在的科学如何产生出另一种科学，但是它不能使人认清最初是什么具体条件促使人们发现科学，即以一定的新的形式叙述已被理解的经验。换言之，任务在于弄清楚，真正的科学的历史是怎么产生的，对科学的需要的根据是什么，以及是什么东西正好从根源上把社会发展总进程中的这种需要同其他的需要联系起来了。

现代技术的巨大成就实际上是资产阶级时代的精神本质，它们除了其他奇迹还创造了如下的一个奇迹：第一次向我们揭示了科学探索的起源（啊！在令人难以忘怀的佛罗伦萨奇芒托学院也从"实验"① 这个词中获得自己名称的时候，昔日强大的意大利已经开始走向了没落，而它在今天的发展已经进入了社会的新时代，即工业时代萌芽的阶段）。这样，我们就有了可能抓住一条主要的线索来猜中那个抽象地命名为科学精神的东西。现在谁也不再对下述情况感到奇怪了：所有的科学发现得到实现都像在古时候发生的那样，例如，埃及人的最初级的几何学，是从丈量每年被泛滥的尼罗河水淹没的土地的需要中产生的，而在埃及和巴比伦的时代，河水泛滥的周期性使人们得以发现天体运行的最简单的规律。

大家知道，自从科学在希腊化时期获得发展并达到一定的成熟程度之后，后来学者们建立在抽象法、演绎法和其他认识形式的基础之上的科学探索已经具有这样的性质，从外表上看，它使得科学本身赖以产生的社会原因仍然未

---

① 奇芒托学院（奇门托学院）是一个近代早期的科学团体，由托里切利（Evangelista Torricelli，1608—1647）和维维亚尼（Vincenzo Viviani，1622—1703）在佛罗伦萨创立。学院前后共存在十余年，是历史上最早的科学团体之一。奇芒托学院十分强调"实验"在科学研究中的地位，其座右铭即为"尝试和再尝试"，取自但丁《神曲·天堂篇》第三章的诗句）。——译者注

能发现。但是，如果我们总的考察一下标志着科学发展的各个时代，并对比一下可能被唯心主义者称为科学思维的进步时期和退步时期，那么我们就会明显地看到促进和阻碍科学发展的种种社会原因。试问，比如西欧的封建社会为什么需要拜占庭人仅以物质应用的形式保留下来的那些古代科学，而阿拉伯人，无论是身份自由的农民，或熟练的工匠，或生财有道的商人都愿意促进科学在各自不同的领域里发展呢？什么是文艺复兴？难道不是要把资产阶级发展的开始阶段，同重新被承认为有用的必需的从而也是很能说明问题的传统古代知识结合在一起的尝试吗？什么是从17世纪开始和在以后的世纪中具有如此猛烈性质的科学认识的整个发展过程呢？难道不是理智为了保证人在劳动中，借助于日益完善的技术使自然条件和自然力服从于自己，并根据已获得的经验来实现的许多发明吗？

因此也产生了反对蒙昧主义、迷信、教会、宗教的斗争；因此也就出现了自然主义、无神论和唯物主义；因此也就确立了理性的统治。资产阶级发展的时代，是心智展开的时代①。应当记住，正是督政府（它是自由主义的整个腐朽性的原型和体现者）第一个非常坚决地和庄重地把自

---

① 在1725年和1744年两个版本的《新科学》(Scienza Nuova)中，维科均提及了作者在文中所引述的"展开的心智"这一概念，用以说明已经走过了文明进程的人的理性。（请参照维柯《著作集》第一卷 G. VICO, *Opere*, 2 voll., Mondadori, Milano 1990, vol. I, pp. 584 e 952; vol. II, p. 1050。）——译者注

由的科学研究方法引进大学和科学院，开辟了拉马克①的道路！上述方法，由于资产阶级形成时期所固有的条件本身的刺激作用而获得了最广泛的发展，成为共产主义从以往的世纪接收下来，并无保留地加以利用的唯一遗产。

现在没有必要来考察科学同哲学的所谓对立问题。如果把同神秘主义和神学相类似的那些哲学思维形式除外，哲学绝不可能是脱离真正的和具体现实所固有的事物的科学或学说，哲学对构成经验领域的事物来说不折不扣是思维的程度、形式和阶段。因此，哲学是对科学还应当具体加以研究的那些问题的一般预见，或者是以观念的形式对各种科学已经达到的成果的总结和叙述。至于那些怕被人看作是食古不化而大谈特谈科学哲学的学者，只要不从幽默的角度理解这个否认任何形式的神学和传统主义的存在的术语，那么应当说，他们简直是愚昧的，他们以为自己似乎是某个学派或某种哲学流派。

我在上面表述一系列定义时已经说过：经济结构，次要地规定着艺术、宗教和科学所创造的东西中的想象和思想的方向，也在颇大的程度上和间接地规定着它们的对象。如果以另外的方式来表述这一点或者超出了上述范围，那就意味着有意识地走上导致荒谬的道路。

---

① 1793年6月，在约瑟夫·拉卡纳尔（Joseph Lakanal, 1762—1845）的提议下，议会批准了将旧时代的皇家植物园改造成国家自然历史博物馆的法案。著名博物学家让-巴蒂斯特·德·拉马克（Jean-Baptiste de Lamarck, 1744—1829）曾在皇家花园任教，他曾被任命为无脊椎动物学的教授。——译者注

首先,这个论述驳斥的对象是空想的唯心主义的论断。这种观点认为,艺术、宗教和科学是艺术精神、宗教精神或科学精神的主观的和历史的派生物,而这些精神似乎始终按照它本身的由物质因素所制约(在一些条件下起促进作用,在另一些情况下起阻碍作用)的进化节奏来表现自己。

其次,这个定义强调了不可避免的相互联系的存在。由于有了这种相互联系,与艺术和宗教领域有关的一切都是一定社会条件的精神的感情的或另外的派生的表现。如果我说"次要",那么我这样说是为了强调上述现象同直接反映经济关系的法律政治制度的现象之间的不同。如果我在谈到这种创造的对象时说"在颇大的程度上和间接地",那么我这样说是为了说明两个情况,也就是在涉及宗教或艺术领域的创造中经济条件和创造成果之间的相互联系是很复杂的——这是第一个情况。第二个情况是,即使人们生活在社会中,但同时还继续生活在自然界中间,并从中吸取自身好奇心和想象的材料。

最后,这一切都可以化约为一个更为一般的阐述:人类不能同时创造几种历史,所有这些臆想的各种历史(艺术、宗教等)只是一种历史。只有在创造新的东西、发生重大转折的时刻,即在我们可以称之为革命的时期,才能明显地看出并理解这一点。后来,由于对已经创造事物的习惯和对特定类型的传统重复,关于它们起源的意识逐渐被模糊了。

不妨让谁来试一试：把作为荷马史诗基础的寓言的意识形态，同雅利安人文明的曙光已经出现在地中海盆地①那个历史发展时刻，即同在古希腊和其他国家产生了真正史诗的那个高度发展阶段的野蛮时代分割开。让另一些人去满足这样一种幻想，似乎基督教是在罗马世界主义之外产生和发展的，它不是那些感到需要救赎，启示录和天国应许的无产者、奴隶、备受压迫和绝望的人们的创造。不妨让谁来试一试，以证明文艺复兴的极盛时期产生了浪漫主义，它的最初的标志勉强能够从托尔夸托·塔索（Torquato-Tasso）的作品中看出来。或者谁愿意，就不妨把巴尔扎克的小说当成理查德森（Richardson）或狄德罗（Diderot）的著作吧。巴尔扎克作为第一代社会主义者和社会学家的同时代人，在自己的作品中指出了阶级心理学。我们如果更远地追溯到神话观念起源的时代，就会清楚地看出，宙斯只有在父权制已经确立和那种后来导致国家建立的发展过程刚开始的时代，才获得人和神的父亲的特点。这样，宙斯已经不再是他开始时的那个形象了，也就是说，不再是单纯的神圣的（或光辉的）存在，或是掌管雷电的神祇了。于是，18世纪的许多思想家，最后站在违反历史进化的观点上，决定把在神话、基督教或口头创作中所反映的各种各样未被认识的和先验的东西，整个归结为一个抽象的神——完全是世界的主宰。人由于已经获得的经验而感到

---

① 地中海盆地，也被称为地中海地区或地中海，是指地中海周围的陆地区域。——译者注

关于唯物史观的文集

在自然界中自由得多了，感到能够了解人类社会（人只掌握了关于它的部分知识）的复杂机体，他逐渐揭穿了意识中神迹的因素，这才使得唯物主义和批判主义后来在不参加反对神的斗争的情况下，就能消灭了先验论的最后残余。

当然，思想的历史是存在的，但是这一历史决不囿于那些自我说明的思想的恶性循环。问题在于把事物上升为思想，这是整个问题之所在。此外，这里还有许多问题，人们关于自己本身和自己生存的社会经济条件，从而关于反映在艺术和宗教中的期待、担心、希望和失望的种种观念，是五花八门、相当复杂、性质各异和十分混乱的。方法的路线找到了，但是要把它运用于每个具体场合却并不容易。特别应当提防经院哲学引诱人们用演绎方法得出艺术和宗教所反映的历史活动的成果。应当希望，像克鲁格（Krug）（他以辩证的方法得出关于他用自己的手中笔所做的推演）一类的哲学家，将永远被黑格尔对《逻辑学》的注解所埋葬，因为那里指出了这种怪诞的行为①。

在这里需要理清一些难题。

第一，在力图从社会条件中引出作为它们的思想表现

---

① 克罗齐曾质疑过拉布里奥拉的引文错误，此处证实了拉氏关于黑格尔文本的记忆确实有误。此处关于"克鲁格的笔"的引述，实际上出自黑格尔的《哲学科学百科全书》（第250条的注释），而不是文中所说的《逻辑学》。在第250段的脚注中，黑格尔提到了康德哲学的代表克鲁格（Wilhelm Traugott Krug，1770—1842）在《关于最新观念论的书信》中，以颇具挑衅性的态度邀请自然哲学家们用自己的手中笔来进行推演。（请参照引文 G. W. F. HEGEL, *Enciclopedia delle scienze filosofiche* cit., pp. 426 - 427。）——译者注

的第二性成果（例如艺术和宗教）之前，必须在研究某种经历了一定变化的社会心理学方面具有丰富的经验和种种本领。这一点正是下述关系的本质，即总和。这些关系——如果使用其他术语的话——比如可以称为埃及世界，古希腊意识，文艺复兴的精神，统治的观念，民族、社会或阶级的心理学。在上述关系已经形成和人们习惯于一定的概念和一定形式的信仰或想象之后，由于传统而沿袭下来的意识形态就趋于固定化了。于是，这些关系也成为一种反对新事物的力量。而由于这种反对是通过语言、文字、不宽容、辩论和迫害来表现的，因而，新旧社会条件之间的斗争具有观念斗争的性质。

第二，在历史本身众多时代的发展过程中，由于史前野蛮时代所传下来的遗产，比如基于大多数人过去和现在的隶属条件而产生的从属地位，因而造就了历史自身对于其传统的默许和顺从。这样一来，旧的经久不衰，而且作为顽固倾向的残余继续存活下去。

第三，正如我已经说过的，人是以社会的方式生存着，同时也生存在自然界。当然，他们同自然界的联系与动物同自然界的联系不同，因为他们生活在人为的环境中。其实，每个人都懂得，住房不是洞穴，耕地不是自然牧场，制药不是驱邪术。但是，自然界始终是人为环境的直接基础，它包围着我们所有的人。由于有了技术，在我们这些社会动物和自然界之间出现了一系列中介物，这些中介物改变、消除或抵消自然的影响，但是技术绝不能够消灭它们的有效力量，我们经常会亲身感到这种力量。所以，正像我们每个人很自然地生下来就是男人或女人一样，正如我们几乎总是不以我们的意志为转移地死去和在我们身上有着强烈的延续种族的本能一样，在我们的性格中也有一些特性。教育（广义上的），即社会适应性，的确可以在一定程度上修正这些特性，但永远不能完全毁灭它们。这些特性，数世纪以来一代一代地在许多个人身上再现，因而构成了被称为种族特征的东西。由于所有这些原因，我们对自然的依赖，虽然从史前开始便逐渐在减弱，但是仍然继续存在着，直到今天还存在于我们的社会生活中，就像对自然界本身的直观继续产生好奇心并为我们的想象提供养料一样。因此，自然界的这种影响和它直接或间接造成的感觉，虽然有史以来就决定于某种社会条件，但总是在艺术作品中和在宗教的创造物中得到反映，而这一点增加了对一种事物（即艺术）和另一种事物（即宗教）进行现实主义之恰当解释的难度。

（十一）

这里产生了一个问题：用我们的学说当作新的研究方法、准确的理解工具和一定的观点，是否最终能够从完全新的立场上具体地叙述历史呢？

不能对这个一般性的问题作一般性的肯定回答。实际上，如果假定，一个批判共产主义的拥护者，即信仰经济唯物主义的社会学家，或像人们现在通常所说的，一个马克思主义者，他具有必要的批判修养，历史研究的习惯，以及进行合情合理的生动描写所必需的能力，那么就没有理由断言他不能写历史，而迄今为止所有其他政治学派的拥护者都写过历史。

我们用马克思作为例子，因为这个事实的证明不会有人反对。正是他作为这个学说的基本原理的第一个和主要的创造者，很快地把这个学说变成政治理解的工具，成为1848—1850年革命时期的首屈一指的政论家。稍后，他在他的著作《路易·波拿巴的雾月十八日》中最彻底地运用了这个学说，就是在许多年和多次再版后的今天，我们可以说，这本著作——除了一些小的细节和个别的错误预言——不需要做任何修正和补充。我在这里不打算像清点书目的专家那样，开出马克思和恩格斯本人（从《德国农民战争》，一直到他的遗著《新德意志帝国建立时期的暴力和经济》）[①]或者他们的直接继承者和科学社会主义推广者的著作（运用这种学说来解释历史）书单。甚至在社会主义报刊上经常可以发现一些说明现代政治事件的有价值的习作。这些作品之所以写得明确而又透彻，正是因为掌握

[①] 作者在这里所指的是《德国农民战争和《新德意志帝国建立时期的暴力和经济》，完成于1887年，后来作为遗著，由伯恩斯坦于1896年在德国社会民主党的理论刊物《新时代》。（*Die Neue Zeit*, XIV, 1895—1896）上正式发表。（请参照 F. ENGELS, *La guerra dei contadini in Germania*, Editori Riuniti, Roma 1976 e ID., *Violenza ed economia nella formazione del nuovo imperotedesco*, Rinascita, Roma 1951。）——译者注

了历史唯物主义，而这样的作品我们在那些还没有撕下历史虚构的外衣和唯心主义的外壳的作家和政论家那里是找不到的。

在这里没有必要像诉讼代理人那样，为抽象的论题作辩护。但是下面这一点是非常清楚的：迄今为止所写的一切著作的基础都是某种倾向、原则、普遍的人生观，如果它们没有得到确切的表达，那么无疑这些著作的作者在无意识地贯彻它们，同样，这个使我们完全有可能客观地研究社会制度的学说，最后必定会赋予历史研究以非常明确的方针，并引导人们充分地、透彻地、全面地描述历史的进程。

当然，这种首创并不缺少辅助手段。

正如现在大家所知道的，经济学是作为关于资本主义生产的科学产生和发展起来的。它最初曾经傲慢地幻想，似乎它本身包含了一切生产形式的绝对规律。但是，正如我们所知道的，在特定的时刻，它在现实的严酷教训的影响下，进入了自我批判的时期。这种自我批判，一方面开创了批判的共产主义，另一方面由于有了学院主义传统的最公正、最理智和最谨慎的代表们的著作而使得经济现象历史学派诞生了。由于这个学派的活动和采取描述和比较的方法，我们现在才掌握了关于经济的各种历史形式（从最复杂的现象到某个修道院的管理特点或某个中世纪手工业行会的特点）的非常广泛的知识。统计学的情况也同样如此，由于采用许多方法对资料进行对比，统计学现在才充分地确定了过去若干世纪里人口增长的近似值。

这些研究当然不是为我们的学说所感兴趣的,它们多半甚至还充满着对社会主义的敌意。不过,那些常常把经济的历史、历史的经济和历史唯物主义混淆起来的愚笨读者,在印刷纸张中发现不了这一点。但是,这些研究除了它们所收集的和考察的实际材料之外,还有一个优点,那就是它们证明内部历史方面的研究每天都在进步,而这种内部历史正在逐渐替代许多世纪来一直是知识分子和艺术家们的唯一关注对象的外部历史。

用这种方法收集的材料大部分不断得到新的修正。而且,在所有以经验为基础的,总是动摇于根据研究者的设想是可靠的东西、被研究者评价为可能的东西和后来应当加以补充或完全排除的东西之间的科学那里,都可以看到这种情况。那些写经济学史的人,或者把研究经济现象作为出发点来考察整个历史的人,他们的结论和对比并不总是那么近乎情理和令人信服,于是还有人要说,这一切都应当直接从头开始。但是,下面的事实仍然是无可置疑的:目前,整个历史编纂学力图成为科学,或者更准确地说,成为一种社会的学科。当这个尚不明朗和具有各种形式的运动快要完成的时候,学者们和研究者们不可避免地要以承认经济唯物主义来结束自己的探索。由于出发点各不相同的科学研究和努力,对整个历史的唯物主义观点将成为决定性的思想并最终深入人心。这一点最后将使经济唯物主义的拥护者和反对者避免陷入党派论题讨论般的赞成和反对的争论之中。

除了上述直接的辅助手段之外,我们的学说还拥有许多间接的方法。另外,它还从同其他许多学科的富有成果的比较中得到了好处。在这些学科里,由于所研究的关系非常单纯,很容易采用追溯起源的方法。语言学,特别是研究印欧语系的那一部分语言学是典型的例子。

这类学科特别是语言学,在分析和重构方面所具有的明确性和说服力,无疑是到目前为止把唯物主义原则运用于历史方面所缺少的。因此,在我们的时代,鉴于具体情况千差万别,任何想要写一部简要通史来考察所有不同生产形式的发展,以便从中引出人类活动的其余形式,都是徒劳的。鉴于这种研究的现状,如果有人想要提供这类新文化史①的简述,那么他只能用经济学的语言来翻译一般的指导原则,而这些原则在其他著作中,例如在赫瓦尔德②那里,是用达尔文主义的语言来表达的。

从承认原则,到把原则完全和具体运用于整个广阔的

---

① 此处所谓的"新"文化史,起源可以追溯到18世纪,以伏尔泰为代表的启蒙运动者相信人类文化的发展和不断的进步,而19世纪布克哈特也是代表人物之一。文化史不同于在古代始终处于历史学研究中心的政治或国家的历史,而是在特定时期和地区的文化史中,把语言、文学、艺术、宗教、制度和科技等视为主要研究对象的研究科学。——译者注

② 弗里德里希·安东·海勒·冯·赫瓦尔德(Friedrich Anton Heller von Hellwald,1842—1892)是一位奥地利籍的地理学家和文明史作家。文中提及的著作是《古今文化史及其地理学的发展》,这本书前后共计修订出版4次,而在拉布里奥拉写作此文的时候,该书的第四版尚未发行。——译者注

事实领域或一长串相互依存的现象,还有不小的距离。

这就是为什么我们目前在运用我们的学说时,应当局限于论述和解释一定历史阶段的原因。最清楚的是现代史时期。资产阶级的经济发展,它在各个国家不得不克服的各种障碍(我们很熟悉),由于它同各种障碍的冲突而发生各种广义上的革命,所有这些得到同样清楚观察的因素,可以帮助我们弄清现今时代的实质。同样,我们可以很清楚地想象中世纪衰落时期的资产阶级的早期历史。例如,通过观察佛罗伦萨城市的具体发展案例,我们不难发现一系列有迹可循的发展过程,其中经济和统计学的动向不仅完全同政治关系相适应,而且在当时思想发展的过程中得到了非常清楚的说明,此时的思想已经转向了实用,并在一定程度上摆脱了意识形态的虚幻。现在,从严格规定的唯物主义观点来考察和说明整个古罗马历史,也不是不可能的。但是要对古罗马史特别是它的早期进行这样的研究,直接的资料还不充分。不过,阐明古希腊史的资料却很丰富,从民间的传说到史诗,从权威的法律碑文到论述历史和社会关系的实用性著作。然而,与古希腊不同,在古罗马争取政治权的斗争几乎总是直接反映着那些构成它的基础的经济原因。因此,某些阶级的衰败和新阶级的形成、征服的过程、法律和政治管理机关形式的改变,对我们来说是很清楚的。这个古罗马史是严厉且毫无诗意的,它从来不具有构成古希腊生活特征的那种观念外衣。按周密计划进行的征服和移民、为消除某些摩擦和矛盾而确立和制定的法律设施和规范，都是平淡无奇的，所有这一切，使罗马史形成了一条明晰而连贯的历史事件的链条。

可见，真正的关键不在于用社会学来代替历史，似乎历史只是掩盖真正现实的外观，相反地，要通过历史的一切具体表现来充分地理解历史，并借助经济社会学来这样做。不在于把偶然的东西同本质的东西、外观同实际、现象同本质等分割开，而不论烦琐哲学的追随者怎样称呼这些范畴，相反，应当正是按照现象和事实的本来面目来说明它们的交错和综合。问题不在于只是发现和确定社会基础，然后把人变成已经不是由天意，而是由经济范畴操纵的傀儡。这些范畴像其他一切东西一样，过去和现在始终处于形成过程，因为人战胜、征服、改造自然条件并从中得益的能力和本领在不断变化，因为人的习惯和能力在劳动工具对人本身的反作用的影响下在不断地变化。由于人在社会中的相互关系是不断变化的，从而，一些人对另一些人的依赖的性质和关系也在不断地变化。简单说来，要写的是历史，而不是历史的骨架子。要讲述历史事件的过程，而不要抽象化。要记叙和解释整个历史，而不是仅仅把它分解为一些单个因素并分析这些因素。一言以蔽之，不管是现在、过去还是将来，都是一门技艺。

遵循经济唯物主义原则的社会学者可以给自己提出一个任务，例如，只分析法国革命爆发时的阶级是什么样子，以便然后转向那些由于革命而形成的和经历过革命的阶级。在这种情况下，应当分析的材料的名称、特征和分类大体上已经很清楚了，例如：城市和农村、手工业者和工人、贵族和农奴、免除了一切封建负担和勒索的土地和正在形成的小所有者阶级、免除了多种限制的贸易、处于积累过程中的货币、正在发展的工业等。绝不能反对选择下述方法：它由于彻底研究胚胎形成的发展道路，因而对于准备遵循新学说来进行历史研究是必需的①。

但是我们知道，仅仅胚胎形成还不足以形成关于动物的生命的概念，因为动物的生命不是死板的东西，而是活着的生物的生命。这些生物在进行斗争，并在这个斗争中利用自己的力量、本能和激情。对人来说同样如此，人也需要以具体的方式做出相应的变动，因为人是生活于历史之中的存在。

这些具体的人被一定的利益卷入运动，受某些情欲所驱使，受一定情势的压迫，遵循一定的打算和计划、一定的愿望、自己的某种幻想或他人的某种糊涂见解。这些人自己是牺牲品或使他人变为牺牲品，加入残酷的冲突并彼此相互消灭，这就是法国革命的真实历史。因为，如果任何历史都只是一定经济条件的发展这种说法是正确的，那么下面的说法同样是正确的，这个历史只能在人类活动的

---

① 我在这里所指的，是卡尔·考茨基（K. Kautsky）值得尊敬的著作《1789年的阶级矛盾》。——原注

1889年发表的《1789年的阶级矛盾：致法国大革命的一百周年》（后改为《法兰西革命时期的阶级矛盾》），尚未被翻译成意大利语。该书的法文版在1901年由法国的社会主义研究图书馆出版社出版。——译者注

一定形式中发展，而不论人类活动是受激情还是受理智所支配，是取得成功还是无所作为，是盲目地服从于本能还是审慎的英雄主义行为。

要从现象和事实的内部联系和外部表现来了解它们的交错和综合。从表面深入内部，再返回表面，在分析激情和意图中发现它们的动力。从最近的动力到最远的动力，然后从激情、意图和它们的动力出发，从离它们最远的一定经济条件中引出它们——这就是唯物史观应当掌握的困难的方法。

因为我们不应当像经院主义那样，在海岸上教人游泳，空谈游泳的理论定义①，所以我请求读者等待我以后在另外的论文中引用具体例子来论证我的思想，提供一个真正的历史的论述，也就是以书面的形式叙述若干时候以来我在自己的讲课中所谈到的那些东西。

通过这样的办法，某些次要的和派生的问题也可以弄清楚。

例如，所谓伟人的生平传记，究竟意味着什么？

最近一个时期，对这个问题曾有许多回答，这些回答

---

① 这个例子极有可能取材于黑格尔的《哲学科学百科全书》，在这本书的第10节中，黑格尔主要论述了"意识在其自身之内进行初步检验"的荒谬性，作为例子，他回顾了公元5世纪，关于亚历山大里亚的新柏拉图主义者希罗克洛斯（Hierocles of Alexandria）的虚构轶事。据记载，这位迂腐的学者由于担心溺水便要学游泳，但在他学习的时候，甚至都没有把脚伸入水中。（请参照 G. W. F. HEGEL, *Enciclopedia delle scienze filosofiche* cit., pp. 110 – 111。）——译者注

从某种意义上来说是走极端。一端是不妥协的社会学家，而另一端是像卡莱尔（Carlyle）那样，把英雄们提升到历史首要地位的个人主义者①。前者坚称，作为个体存在的凯撒并不重要，问题的关键是论证产生凯撒式极权主义的根源。后者说，阶级和一定社会利益产生的客观原因不能说明任何问题，只有伟大精神，才是整个历史发展的动力，历史仿佛有自己的主人和君主。作为经验主义者的历史学家，用最简单的方法摆脱了困境：他们在自己的著作中胡乱罗列一大堆人物和事件、客观存在的需要和主观的影响。

历史唯物主义克服了社会学家和个人主义者的直接对立的观点，同时抛弃了经验主义类型的历史学家的折衷主义。

首先讲几个事实。

曾经成为凯撒的那个人是拿破仑，他生在这样的年月，如此的官运亨通，而且对他来说幸运的是，雾月十八日的到来也恰逢其时。上述的一切条件，同历史事件发生的一般过程相比，完全是偶然的因素。事物的一般过程促使在斗争中成为胜利者的新阶级，去拯救它必须拯救的革命成

---

① 这里指的是托马斯·卡莱尔（Thomas Carlyle, 1795—1881）针对以实证主义、功利主义和乐观进步主义为主导的历史观所做出的回应。卡莱尔认为，历史不能被简化为个别历史事件的机械排列，也应该考虑历史中英雄人物的影响，这些大人物往往可以凭借一己之力，深刻地改变一个国家和一个民族的命运走向。关于这一论述，请参阅卡莱尔的《论历史上的英雄，英雄崇拜和英雄业绩》（*On Heroes, Hero-Worship, and The Heroic in History*, 1841）。——译者注

果。为此，需要建立一个官僚军事政府，而为了建立这个政府，必须找出一个合适的人或集团。但是，如果说这一切事实上是以我们所知道的一定的方式，而不是以另外的方式发生了，那么这是因为这项业绩正是由拿破仑，而不是由那个可怜的蒙克（Monk）或可笑的布朗热（Boulanger）①来实现的。从这时开始，正因为出现了这么一个人，他赋予事件以深刻的影响，并赋予它们某种相貌，规定它们将如何发展，于是偶然性不再是偶然性了。

矛盾、对立、斗争、战争构成整个历史的基础这一事实本身，说明了一定的人在一定的情况下具有决定性的影响。这些人既不是社会机体中的偶然的和无足轻重的因素，也不是社会缺了他们就根本建立不起来的神奇的创造者。正是这些相互对立的条件的交织，才导致了在关键时刻，无论是天才、英雄、幸运者还是恶人，都被召唤出来发表那些具有决定性的言论。当各个社会集团的特殊利益十分尖锐，进而导致所有参加斗争的政党相互制衡的时候，那

---

① 这里，拉布里奥拉把以上两个属于不同时代的人物放在一起，和拿破仑的经历进行比较。和拿破仑一样，蒙克和布朗热也有着属于他们各自时代的辉煌军事生涯，但他们的军事行动只是用以实现他人的政治目的和个人利益的棋子。忠于王室的英国军官乔治·蒙克（1608—1670）在苏格兰和英荷战争中，与奥利弗·克伦威尔（Oliver Cromwell）并肩作战，在英王复辟后，继续效忠于英国王室。

作为与拉布里奥拉同时代的热门人物，法国将军乔治·布朗热（1837—1891）很懂得如何利用法国民众反日耳曼的民族情绪，并逐步成为民粹主义运动的实际领导者，因此这种民粹运动在历史上也被称作"布朗热主义"。——译者注

时，为了使政治装置运行，就需要特定的人的个人意识。

那些使任何人类社会变为不稳定的组织的社会矛盾，赋予历史——特别是当人们从表面上和从最一般的特征来考察历史的时候——以悲剧的性质。这出悲剧在社会对社会、民族对民族、国家对国家的关系上一再重演，因为内部的不平等同各国之间的外部差别相结合，过去和现在始终是产生一切战争、征服、条约、殖民化等的原因。在这出悲剧中，总会有一些所谓英杰或伟人登上社会舞台充当领袖，而他们登上舞台促使经验主义者得出结论：这些人是历史的主要创造者。从一般原因和社会制度的基本条件中引出对他们出现的解释，这是同我们学说的原理完美地相称的概念。同时，像信奉客观社会学的某些不调和的人那样，试图把杰出人物的作用从历史学家的视域中清除出去，是十分愚昧的。

总而言之，正在着手讲述和展示事件的历史唯物主义的拥护者，在这种情况下应当避免简单公式化。

历史总是具有一定的形式、某种外形，它充满无数的偶然性而且非常复杂多样。它以最奇异的方式把各种因素组合在一起，具有特定的视角。

事先抛开因素的假说是不足取的，因为写历史的人不断地接触那些初看起来似乎没有内在联系而彼此不相干的和完全独立的现象。困难在于理解现象和事实的整个总和本身，并从中发现彼此有联系的事件的固定的相互关系。

历史是一个前后相继的、彼此紧密关联的事件总和。

换言之，这是我们关于我们作为社会存在者，而不单纯地作为动物的存在体所能够知晓的一切。

(十二)

这样一来，有些人就会提出疑问，难道不断发展的历史事件的总和，所有这些事件所固有的必然性就没有任何意义和重要性了吗？当然，这个问题值得我们注意，需要做出恰当的回答，不论这种回答来自唯心主义者阵营还是出自更为谨慎的批评家之口。

实际上，如果我们注意到产生进步这个概念，即包含和囊括了整个人类发展过程的思想的直观和理性的前提时，我们就会看到，所有这些前提的基础是我们头脑中所固有的一种需要，即赋予一系列历史事件以一定意义和一定作用的需要。对任何细心研究进步这个概念的特殊本质的人来说，这个概念始终包含着评价的因素。因此，不能把它同单纯发展这个狭隘概念混为一谈，因为单纯的发展这一概念根本不包括价值增长的思想，而这种思想使我们判断某种事物在进步。

我在前面已经说过，而且我以为是非常详细地说过，进步不是站在人类世代的自然的和直接的更替之上的命令或指令。这一点是显而易见的，就像同一时期处于不同发展阶段的不同人民、民族和国家同时共存一样，也像不能否认目前一些民族比其他比较落后的民族相对优越一样，最后，也像在历史过程中多次出现局部的和相对的退步是无可争辩的（意大利数个世纪以来，曾经是退步的例子）一样。此外，如果确实能够说服大家证明为什么不应当把进步理解为直接发生作用的法律，或者采用更强烈的说法，不可违反的、不可避免的法律，那么这样的证明就是：社会发展，由于那些构成整个发展过程的基础的原因本身，常常出现退步。另一方面，显而易见和无可怀疑的是，无论进步的能力或退步的可能性，首先都不能构成直接的特权，也不能构成某个种族的先天的缺点。其次，它们都不是一定的地理条件的直接后果。因为问题不仅在于古代的文明中心各不相同，不仅在于它们随着时光的流逝迁移到了其他的地区，而且在于一定的已经发达的文明的工具、发明、成果和动机可以在一定限度内被一切人无止境地接受。总而言之，进步和退步同整个社会发展的条件和节奏是不可分割的。

现如今，笃信18世纪如此声势浩大的进步具有普适性，首先在于这样一个确定的事实：当人们没有碰到外部情况所造成的障碍，没有遇到他们本身在社会环境中活动所造成的阻碍的时候，他们无例外地都能够进步。

其次，构成人类历史的假想的或想象的统一性（由于这种统一性，不同社会的发展过程似乎是进步的一个环节）的基础的，还有其他的现象，这种现象是创造许多虚幻的意识形态观念的动机和原因。虽然不是所有的民族都以同样的速度前进，甚至某些民族或者在自己的发展中停滞下来，或者开始退步。虽然社会发展的过程并不是在任何地方和任何时候都具有同样的节奏和同样的强度，但是不容怀疑的是：随着历史过程中的领导作用从一个民族转移到另一个民族，开始走下坡路的民族已经取得的有益成果被那些登上历史舞台和正在上升的民族所接受。这主要不是指感情和想象的产品（不过，它们也作为文学传统被保存下来并世代相传），而是指思想成果，特别是技术工具的发明和生产，因为它们一经发明就开始直接传播，并从一个民族传给另一个民族。

难道需要提醒人们，虽然发明文字的民族已经从历史舞台上消失，但是人类绝不会失去文字。难道需要提醒人们，我们总是随身带着巴比伦刻度盘的怀表，我们正在使用经由阿拉伯人所介绍传入的代数，而阿拉伯人的历史活动，后来就像沙漠的沙砾一样，被历史的进程卷走了。用不着再没完没了地罗列偶然的例子，因为只要想一想工艺的发展过程和广义上的发明史，就足以从中清楚地看出劳动资料和生产资料的继承性几乎是不间断的。

最后，那些称为"普遍的历史"的初步概论，虽然在它们的编写者的意图和叙述中总是令人感到有某种勉强和矫揉造作的性质，然而，如果彼此更替的事件不给经验论的讲述者提供某种哪怕是细微的线索，使他们有可能抓住历史过程的不间断性，那么这种概论也永远不可能被设想和撰写出来。

以16世纪的意大利为例：它无疑是在走下坡路，但同时，它把自己的知识的武器传播给处于落后状态的欧洲。但是，不仅这个武器成为后来发展的文明的财富，世界市场也是在意大利商人、旅行家和海员所完成的地理发现和航海领域的发现的基础上形成的。其他国家在意大利不仅学会了作战的方法和巧妙而又灵活的政治权术（虽然这是知识分子唯一关心的东西），而且也学会了具有精心创立的商业贸易的明显形式的那种发财窍门。此外，它们逐渐掌握了作为现代技术基础的科学的萌芽，首先是灌溉田地的方法和水利学的一般规则。这一切是如此正确无误和无可怀疑，以至于每个喜欢提出设想的人都会有以下的疑问：如果威尼斯的参议院（1504年）关于修建苏伊士运河的种种措施的方案付诸实践了，如果意大利海军正是在历史活动重心从地中海地区转移到大洋（这是意大利走向衰落的前因）的时候，能够在印度洋同葡萄牙人展开直接的竞争，那么意大利在这个现代资产阶级时代会变成什么样子呢？但是，快停止此类的幻想吧！

某种历史的连续性，毫无疑问是在经验的意义上和环境的制约中传播的，并在持续不断的增长中成为文明的工具。尽管这个事实排除了先入之见的观念、明确的或隐藏的目的论、预定和谐的思想以及其他一切虚幻的思想（关于这种思想，人们考虑得极具思辨性），但是并不排除我们用以评价人类发展过程的进步观念。不应当怀疑，进步在物质上不包括所有的世代更替，进步这一概念不包含任何无条件的东西，因为有时还可以看到个别社会的退步。但是不能由此得出结论说，这个观念不能成为理清历史过程之意义的引线和准则，那些可怜的不调和的进化论者，丝毫不懂得无论对使用特殊的概念还是对运用这些概念的方法，都应当采取这种批判的、谨慎的态度。他们想成为科学家，而又不运用文法和科学的礼仪，即逻辑学的规则，然而科学没有它们就是不可思议的。

我不止一次地说过，观念不是从天上掉下来的，甚至那些在某些时候，是由信仰产生的似乎与一定的条件没有联系而以形而上学的形式产生的观念，也总是指出了它们同它们意图或力图给予说明的大量事实之间的联系。进步的观念，作为统一者的历史，曾在历史上强有力地表现出来，并在18世纪这个革命的资产阶级的政治生活和精神生活的英雄主义时期具有庞大的规模。正像资产阶级在实践活动的领域内开创了我们知道的一切历史时期中最紧张的时期一样，它同时还创造了自己的以进步的概念为基础的思想体系。这个思想体系当时实际上意味着，资本主义是唯一能够遍及全球并使整个人类具有到处都一致的生存条件的生产形式。如果现代技术能够到处渗透，如果整个人类出现在统一的竞争性斗争舞台上，而全球成为统一的市场，那么，作为这种现实的精神反映的思想体系，断言目前的历史性的统一是先前的一切所准备好的，这有什么可奇怪的呢？如果你们把关于所谓的预备这一概念，转译为关于被清楚地证明的和连续不断发展的条件，在你们面前就会展现一条从进步的观念论通向历史的唯物主义的道路。

这样，你们就会同意马克思关于资本主义生产方式是社会发展过程中最后一个对抗性的生产方式的论断①。

资产阶级时代在社会发展过程的统一方面所创造的奇迹是史无前例的。整个新世界，之后是澳大利亚、南非和新西兰，它们全都同我们一样！作为这个过程的结果，竭力效仿欧洲的远东和被征服的其他非洲地区也像欧洲一样！在这种统一性和这种世界主义面前，凯尔特人和伊比利亚人吸取古罗马文明的经验，日耳曼人和斯拉夫人吸取罗马、拜占庭、基督教文化是一种完全不足道的现象。这种逐渐加强的统一倾向，日益增多地反映到欧洲的政治机制上来。因为这个运行机制是以对其他洲的经济征服为基础的，所以它现在随着地球最边远地区的涨潮和退潮而变化。在这种错综复杂的作用与反作用的影响下，日中战争（它是借助于按照欧洲模式创造的或直接从欧洲技术抄袭的手段进行的）在欧洲外交关系中长久地留下深深的痕迹，并给交易所的活动（反映社会意识变化的镜子）打上了更明显的烙印。正在统治着世界其余地区的欧洲，由于德兰士瓦起义和意大利军队最近几天刚刚在阿比西尼亚②遭到的失败，

---

① 请参照马克思的《〈政治经济学批判〉序言》（1859年）："资产阶级的生产关系是社会生产过程的最后一个对抗形式，这里所说的对抗，不是指个人的对抗，而是指从个人的社会生活条件中生长出来的对抗；但是，在资产阶级社会的胎胞里发展的生产力，同时又创造着解决这种对抗的物质条件。"——译者注

② 埃塞俄比亚的旧称。1890年意大利侵入埃塞俄比亚，宣布彼时的阿比西尼亚地区受其保护。——译者注

不久前各国之间的政治关系出现了动荡①。

在资产阶级生产的经济统治酝酿成熟和逐渐采取现代形式的几个世纪过程中,从总的观点来考察历史,把统一性带进历史的企图也加强了。进步的观念论作为许多历史哲学和文化史的著作的基础,正在这里找到自己的解释和理由。到处占统治地位的社会形式的统一,即许多世纪以来资产阶级一直追求的资本主义生产形式的统一,在历史统一的观念中所得到的反映,要比古罗马帝国的狭隘世界主义或天主教会的片面世界主义在人类思想方面所能够做到的更令人信服和显著。

但是,由于资本主义生产方式的普及而造成的社会生活的统一,最初乃至于现在,都不是按照事先拟定的规则、计划和预定的方案发展的,相反,是通过斗争和冲突(它们的总和构成了大量矛盾)来发展的。外部战争和内部战争,民族之间的不间断的斗争和构成各个民族的人们的集团之间的不间断的斗争。同时,这么多的竞赛者、竞争者和对手,他们的行为和行动的交错是如此之复杂,进而导致往往很难发现事件之间的内在联系,并使人忽视这些事件内部的协调性。目前,在人们之间发生的冲突,各民族之间和每个民族内部用各种方式进行的各种斗争——这一切都可以帮助我们更好地了解人类在过去、在自己的历史发展过程中必须克服一些什么样的困难。如果说力图建立

---

① 我记得此书的第一版上的日期是 1896 年 3 月 10 日。——原注

单一的资本主义精神的资产阶级思想体系宣告了人类的进步，那么不夸夸其谈的历史唯物主义发现了相反的现象：直到目前为止，矛盾是一切历史事件的原因和动力。

所以，整个的历史运动在我们看来是摇摆的运动，或者更正确地说，如果说得更恰当些，我们认为，它是按照这样一条线发展的：它经常改变方向并重新中断，有时似乎向后转，有时又向前伸展，并远远离开了自己的出发点，总之，是一条真正的曲线。

如果注意到每个社会复杂的内部结构和许多社会在竞争领域的冲突（从简单的斗争形式，如逃跑、掠夺，到高级方法，如交易所里表面上彬彬有礼的暗斗），那么十分自然的是，用个人评价的唯一主观尺度来衡量每一个历史结果的时候，它常常表现为一种偶然的东西，然后从理论上加以考察，就会使人感到它比流星的偶然出现更复杂和更不可理解。

因此，戏谑是历史的女王，这句谚语看起来并不是一句幼稚的空话。实际上，如果不存在伊壁鸠鲁所说的从天上嘲笑人间事务的神，那么在地上，人类事务本身会被编写成神圣的喜剧。

这种对人类命运的戏谑何时会消失，将为人类能力的合作化和整体性的发展创造条件，从而使未来的历史进程转变为真正且有效的进化吗？所有像豪言壮语的爱好者那样讲话的人，都能把人变成人文主义化吗？到了共产主义生产消除目前作为经济差别的原因和后果的矛盾的时期，人类劳动是否真的会在合作劳动的过程中获得最高等级的生产率和强度,而同时作为个体的每个人,是否真的会发挥自己的干劲并获得表现个性化的最大自由?

批判的共产主义关于未来所说的一切,即它对未来所做的预言,对这些问题做出了肯定的回答。但是,它这样做,并不是在讨论某种抽象的可能性或者力求在实际上去实现它所希望和热切希望的那种状况。它谈论未来并预言未来,是因为它宣告一个由于历史发展——目前人们正在从本质上,即从它的经济基础来考察和研究它——本身所包含的必然性而必然来临的事情。

"只有在没有阶级和阶级对抗的情况下,社会进化将不再是政治革命"①。

"代替那存在着各种阶级以及阶级对立的资产阶级旧社会的,将是一个以每个人自由发展为所有人自由发展的条件的联合体"②。

"资产阶级的生产关系,是社会生产过程的最后一个对抗形式,这里所说的对抗,不是指个人的对抗,而是指从个人的社会生活条件中生长出来的对抗性,但是,从资产阶级社会的内部发展出来的生产力,同时又创造着解决这种对抗性的物质条件。因此,人类社会的史前时期便以这

---

① 此处的法语引文出自 1847 年巴黎版的《哲学的贫困》。——译者注

② 原文为意大利语,作者由 1848 年伦敦版的《共产党宣言》翻译而来。——译者注

种社会形态终止了"

"一旦社会占有了生产资料,商品生产就将被消除,而产品对生产者的统治也将随之消除。社会生产内部的无政府状态将为有计划的自觉的组织所代替。生存斗争停止了。于是,人类才在一定意义上最终地脱离了动物界,从动物的生存条件进入真正人的生存条件。迄今为止主宰着人们的所有生活条件,将会受到人们的支配和控制;由此,人们将第一次成为自然界的真正的主人,因为他们将成为自己的社会结合的主宰。人们自己的社会行动的规律,这些直到现在都如同异己的统治着人们的自然规律一样而与人们相对立的规律,那时就将被人们熟练地运用起来,因而将服从他们的统治。人们自己的社会结合一直是作为自然界和历史强加于他们的东西而同他们相对立的,现在则变成他们自己的自由行动了。一直统治着历史的外在和客观的力量,现在处于人们自己的控制之下了。只是从这时起,人们才完全自觉地自己创造自己的历史;只是从这时起,由人们使之起作用的社会原因才在主要的方面和日益增长的程度上达到他们所预期的结果。这是人类从必然王国向自由王国的飞跃。完成这一行动的世界解放者,正是现代无产阶级的历史使命"。

如果马克思和恩格斯曾经是爱说漂亮话的人,如果他们的思想没有通过经常地和细心地使用和运用科学方法所训练得异常谨慎,如果经常同许多密谋者和幻想家相接触,没有使他们厌恶一切乌托邦(他们反对它是非常认真的),

那么这些说法可能就会被看作是一些逃避了批判性检验的天才怪论。但是,这些原理就像结论一样,是从历史唯物主义学说中得出的实际结论。它们是经济的批判和历史的辩证法作用下的正确结果。

这些论断包含着对未来的唯一可能的预见——不过它们是会发展的,我将有机会在另外的地方指出这一点——而这种预见不是也不希望是小说和乌托邦。正是这些论断对本章开头提出的关于许多历史事件归根到底是否真的有某种意义和作用的问题作了非常充分的和最终的回答。

我就在此画上句号,因为我认为,以上所述对"初步阐释"来说已经足够了。

安东尼奥·拉布里奥拉

1896 年 3 月 10 日于罗马

三

《关于历史唯物主义》的附录

论马克思主义的危机

(1899 年)

这里我将要谈论的,是最近几天刚刚出版的一本书。这本书不短,读起来也颇为费力,它的作者是任教于布拉格大学的捷克籍教授马萨里克(Th. G. Masaryk)①。在本页

---

① 托马斯·马萨里克(1850—1937),捷克斯洛伐克首任总统(1918—1935),被称为"祖国之父"。在维也纳求学期间,马萨里克师从哲学家布伦塔诺(Franz Brentano),于 1876 年取得博士学位,随后来到莱比锡,继续跟随冯特(Wilhelm Wundt)和胡塞尔(Edmund Husserl)学习,在 1879 年凭借题为"论自杀——一种现代文明中的社会性大众现象的"论文取得了大学教职资格。1882 年任布拉格查理大学哲学教授,创办了专门研究捷克文化和科学的学术性期刊《文艺圈》(Athenaeum)。在政治上,马萨里克深受近代民族主义的开创者赫尔德(Johann Gottfried Herder)的影响,致力于抨击奥匈帝国的专制和民族压迫的政治活动,提倡民主和自由;在哲学上,他批判了德国古典哲学的观念论和马克思主义思想。拉布里奥拉本文的论述主要涉及马萨里克的两本著作,分别是《马克思主义的哲学和社会学基础:关于社会问题的研究》和《当代马克思主义内部的科学和哲学危机》文中,拉布里奥拉提到的马萨里克的其他代表作还有《具体逻辑的基础》《俄国和欧洲》和《世界的革命》。——译者注

的脚注中,你可以看到这本书完整的标题和浩大的篇幅①。我并不打算撰写一篇纯粹而简单的书评,如果是以一定的比例为本书的内容进行评论的话,预计所耗费的篇幅和时间差不多够得上一篇文章了②。

我本人的名字和本页开头的标题,或许会让人产生这样的误会:我意图投入到党派的争论之中。请读者心情放轻松。我不会把《意大利社会学杂志》的内容和日常生活中政治报纸的专栏相混淆③。

既然这个情况已经对巨大的焦虑感颇为好奇了,那么我只能顺便地谈谈了。从新闻报纸到学术期刊,数月以来,意大利的政治类出版业通过使用"马克思主义的危机"的标签,已然在持续不断地散播着社会主义死亡的讯息了。而在我看来,这是对那种有组织的民族主义恶习的又一明证,我们已然可以称之为"无知之徒的权利"。围绕着所谓的危机,这些臭名昭著的社会主义的掘墓人不假思索地便把一大堆毫不相干的不同作家的名字放在一起,但他们并不会在大脑中产生以下简单而忠实的疑问:首先,其他国家所产生的与马克思主义相关的危机,难道和意大利始终

---

① 《马克思主义的哲学和社会学基础:关于社会问题的研究》(1899年),序言15页、正文600页,8开。——原注

② 这一争论出现在第3卷(1899年)。——原注

③ 《意大利社会学杂志》(Rivista italiana di sociologia,1897—1923),由都灵的 Fratelli Boccaera 出版社主办,其间活跃的主要学者包括:经济学家萨尔瓦托雷·科涅蒂·德·马尔蒂斯(1844—1901),法学家奥古斯托·博斯克(1859—1906)和圭多·卡耶里(1871—1917),以及人类学家朱塞佩·赛尔吉(1841—1936)。——译者注

没有直接关系吗？其次，即便从来没有这层关系，那么这个学说在我们国家存在坚实的基础和实际的传播吗？此外，既然意大利的社会主义政党已经具备了极大的力量，而且这种力量正在向大众扩展，并在大众之间蔓延，我们就必须揭示这些社会主义政党和无产阶级组织发展过程所涉及的诸多条件情境和政治关联的复杂性因素中的那些具有稳性的准确而明显的特征，那么我们所谈论的学说难道仅仅是关于"事物"而不涉及"词语"本身的意义吗？如果我们思考得更深入一些，一定会有进一步的追问：我们国家已经完整走过了经济转型的苦难之路，我们已经步履蹒跚地实现了资本主义制度的建立，而马克思主义学说不正是对这一现象的批判性回击吗？

谁能提出以上的或者相似的疑问，谁就肯定能得出一个坦诚的结论，也即现在看来，危机是不存在的。

可以肯定地说，这些社会主义的神经内科专家很可能忽略了这一事实，也就是他们所谈论的"马克思主义的危机"或许来源于马萨里克教授（他仍然对此毫不知情，就像其他外国人常常对意大利所发生的事件报以漠视的态度一样）的笔记，这些思想经过再加工，以全新的形式流传到了我们的国家，还在不经意间成为一个关于"词语之机运"的问题。

"马克思主义的危机"的表述是由马萨里克1898年2月在维也纳的《时间》(*Die Zeit*)杂志的第177至179期的文章中创造提出的，这些文章后来还被汇总编辑成了一本小册子，并在同年的3月10日出版了。我认为他做得很对，但我并不是歌颂他着力于以文字性发掘的方式来证明社会主义死亡的功绩，而仅仅是称赞他的审查（此刻我的脑中掠过了这个新闻界的术语）为进入马克思主义所带来的危机。而他的确是这么总结的："我想警告社会主义的敌人们，不要天真地通过批评马克思主义的危机来支持他们的政党了，当他们的党派领袖意图自由地批判并超越社会主义的基础和缺陷时，反而会给社会主义带来巨大的力量。就像其他所有的社会改革政党一样，社会主义现实中所呈现的现有社会组织的不完美性有其深刻的存在根源，它存在于不正义、不道德以及所有民族的大多数人在物质、道德和精神方面所遭受的贫乏之中①。"

相对于任务的严峻性而言，意图通过一本 24 页的小册子来论证"危机"，确实太过于单薄了。而且它还在行文中提到了德国"社会民主"的问题，并对法国和英国文学进行了小部分引述，那么它在剩下的篇幅中再对"危机"相关信息的概述、列举和刻画就显得有点仓促和急躁了。但是，马萨里克以 1898 年 3 月 10 日发行的这本小册子为基础，于 1899 年 3 月 27 日在新出版的著作中将其变成了 600

---

① 《马克思主义的哲学和社会学基础：关于社会问题的研究》，第 24 页：在本书的结论中，多次重复了同样的说法，特别是在第 591—592 页。这是对文字命运的另一个小注解！在 1898 年巴黎的布吉尔（Bugiel）所翻译的那本法文版的小册子中，无法真正了解马克思主义的危机，反而成了马克思主义自身的危机（摘自《国际社会学杂志》7 月号分册）。——原注

参见，"当代马克思主义的科学和哲学危机"，《国际社会学杂志》(*Revue internationale desociologie*, VI, 1898, pp. 511−528)。这本小册子也在 1898 年，被法国巴黎的贾尔和布里埃出版商节选出版。——译者注

页——没错，我说的是 600 页——在一个那不勒斯人看来，这些内容相较于它所阐释的内容而言已经是太过于冗长了，那么它对于耐性一般的读者来说会如何呢？

马萨里克教授是一位实证主义者。在意大利这里，这个名词被更为宽泛地、富有弹性地使用着，特别是对于像他这样的哲学践行者，该词义也有了少许的修改。以前实证主义者是从孔德到斯宾塞，但现在马萨里克的名字也被纳入这一行列之中了。或许他配得上这一称谓，但我还是无法向他致以全部的崇敬之情。因为他使用冗长捷克语写作的习惯会给我带来不适感。如果《具体逻辑》（*Logica concreta*）没有被翻译成德文，我可能还不认识他。由于这本书是经由卡兰德拉（Kalandra）先生迂腐的德文翻译而来的，我也不想在原作者的具体语言表达上吹毛求疵[①]。这部作品把所有东西都放在一起，就像作者在导言中所说的那样，他并没有对写作的风格予以考量。这是一个超级学术性作品的分娩过程：全书由导言和各部分构成，这些部分共计 5 卷。并且每卷都附有内容概要，而每部分又细分以 A、B、C 等字符为标识的各个章节，最后再划分为 162 个段落。同时，书中既有以分散和集中的形式列出的各种参考文献，也有一个非常令人赞叹的索引摘要（这个摘要唤起了读者的许多期待，但书中并未对这些问题给出回应），

[①] 参见马萨里克德文版的《关于具体逻辑的探索：科学的分类和结构》。这本书的原版为捷克语，比德文版早两年，在布拉格首次出版。——译者注

还有一个必不可少的索引目录。这些笔记来自解释性的和说明性的课堂，它以沉稳的，甚至是纤细的腔调，依照百科全书的大纲重新编辑而成，但并不是所有课程都可被确证为来自同一时期的。实际情况是这样：这本书最开始是用捷克语①写就的，同时他还在头一年发表的小册子中提前告知大家，不想阅读600页巨著的人也可以把它作为替代选项。然而在著作付梓出版的时候，伯恩斯坦著名的著述（转引自注释1a，第590页）已经面世了，因而这个作者意识到必须在另一个场域展开竞赛②。

马萨里克的态度确实是独一无二的，虽然他不是一名社会主义者，但他却泛读了社会主义的专著。虽然他不是一位职业的社会主义的敌对者，但他却借"科学"之名，高高在上地评判社会主义。他曾被任命为内莱塔尼亚帝国议会的议员。尽管他被认为是民族主义者和进步主义者，

---

① Otázka sociální: základy marxismu sociologické a filosoficke, Nákladem Jana Laichtera, V Praze, 1898。——译者注

② 也就是说，在1899年4月29日和5月6日的《维也纳日报》第239和240期上。1898年10月，他在伯恩斯坦为斯图加特大会所做的致辞中也是这样做的。——原注

参见"马克思主义内部的危机"一文，见《时代》杂志（Die Kriseinnerhalb des Marxismus, Die Zeit, pp. 72 – 74, 86 – 87）。参见"马克思主义内部的危机，关于斯图加特党代会"一文，见《时代》杂志，第213期，第65—66页。关于伯恩斯坦在斯图加特社会民主党大会上所做报告，请参考德文版：A. A. V. V., Protokollüber die Verhandlungen des Parteitages der Sozialdemokratischen Partei Deutschlands Abgehaltenzu Stuttgart vom 3. bis 8. Oktober 1898, Expedition der Buchhandlung Vorwärts, Berlin 1898, pp. 122 – 125。——译者注

但据我了解，他从未把这些身份和"青年捷克人"混为一谈。而现在，我认为他会与政治保持距离①。他出版了一本杂志，这本杂志类似于我们的《新选集》(*Nuova Antologia*)②；这是一门关于博学的手艺活，这些伟大的阅读者和严谨的翻阅者非常在意他们的文本，哪怕是最微不足道的细枝末节也不会被轻易放过。而这正是这本书的首要和基本的缺陷所在，它讲述了太多的事情，而事实上，这些东西在现实中是永远无法触及的。作者仿佛把视线从印刷的纸张中裁掉了，所有人就像是丧失了透视能力，认为书写者笔下的阴影也具有同样崇高的地位。

那些着手讨论马克思主义基础的人的主要职责，可能不是为了能够回答这个问题，而是在现实中直面以下的质疑：你相信更为文明的国家的社会转型的可能性吗？在这些国家内，当前阶级斗争的原因和结果将会终止吗？相对

---

① 内莱塔尼亚（Cisleitania）是奥匈帝国北部与西部领土的泛称，由奥地利所拥有。从地缘政治来看，内莱塔尼亚继承了过去奥地利帝国的土地，其辖属领土包括波西米亚王国，正因为此，马萨里克（Tomáš Masaryk）曾在1891至1893年期间担任议员。为了支持青年捷克人的党派（他们关于民族主义的理念与"老年捷克人"的政治立场相冲突），马萨里克在这些年间并不支持捷克以王国的形式脱离于奥地利帝国的独立运动，直到一战爆发后才改变立场，投身到民族国家建立的事业中。在拉布里奥拉这篇文章发表的几个月后，马萨里克改变了远离积极政治的态度，并致力于创办"捷克人民党"，因而在1907至1914年间，再次被选为帝国议会的议员。——译者注

② 这里所指的杂志，很可能是《我们的时间》，由马萨里克在1894年创办。需要注意的是，马萨里克在19世纪的80年代，还是另外一本重要杂志《文艺圈》（*Athenaeum*）的创办人，这本杂志创办于1883年，专注于波西米亚文学和文化的研究。——译者注

于这个一般性的问题，关于未来状态的过渡方式无论是在期望还是在可预见的层面来看，实际上都处于次要的地位。因为那种方式超出了我们意志的把控范畴，并且也不取决于我们所给出的定义。出于对这个普遍性论题的尊重，我不会漠不关心地说（尽管这确实是一种更低层级的价值）：那些关于马克思及其追随者和注释者的某些思想和观点（极多的人分不清思想和意见！）的知识，可能会同当下或未来无产阶级运动的情况相符合，但也可能不会。因为没有必要通过成为历史唯物主义的狂热追随者来理解学说，并说明这些学说是如何有效的，也就是说，它们只是探究事实之秩序的有限理智之光，但作为学说，它们并不是任何事物的原因。然而马萨里克先生无疑是一位教条主义者，他相信观念中蕴含着美德，因而作为一个学院派，对他来说，一切都是为了领悟到具有普遍性的世界观而进行的斗争；难怪他以至高无上的蔑视，拒斥使用符合大众本能的方式来写作。这种批评，完全是以科学之名，把对生活中实践性斗争的判断建立在绝对公正的假想之上，同时也忽视了思想对历史自然进程的顺应。因而从本质上讲，这种批评一定是无法长存的，虽然它始终围绕着马克思主义的四周打转，但却从来没有抓住问题的关键，也就是未能将其视为一种以无产阶级革命的视角来研究历史发展的普遍观念。

我将驻足片刻，以便对马萨里克的态度做一个总体的定义，我仿佛是以意大利的礼节，回应他无视我关于该主题的相关论述的行为。假设他读过这些作品，假如他没有被当前党派新闻中的细枝末节的争执蒙蔽双眼,假如他不把自己标榜为马克思主义危机的发现者或创造者,那么在他对新的历史—社会经验有了应有的理解,同时得体地审视那些曾经或正在被自然思维过程纠正的概念后,他甚至可以成为当下的历史唯物主义的追随者。这些正在展开和发展的学说,不能以学术和语文学的方式进行研究,作为从传统中流传下来的过时思维方式还拥有它的名称,那就是"古旧"。但是他们之间的知识分子的气质却大不相同!有些人(为数不多的人)向公众展示他们的工作成果,并且认为并不需要将他们个人的阅读经历通过自己的笔触忠实地记录下来。还有其他人(大多数的人),他们则渴望将他们阅读的所有成果都交付出版。他们是自身笔记本的细心守护者,因此无论是现在还是未来,他们的劳动都不会被遗忘。这位不经意间把一篇论文扩充到600余页的马萨里克教授是这么做的:事实既然是马克思主义也在党内被讨论,那么人们就可以对它做出判断了。然而,读了这么多书的马萨里克教授却情不自禁地从哲学、宗教、伦理、政治等的神圣准则出发来研究马克思主义本身。而且更为奇怪的是,虽然他本人是一名大学官僚制度和科学神话的忠诚信徒,但却最终把马克思主义解释为一个杂糅的体系!(在他的这本书中随处可见,特别是在第587页)。在我看来,这一学说恰恰相反,它的内部呈现出严密统一的结构:该学说不仅致力于消解科学与哲学之间的理论对立,还在努力克服实践与理论之间更为明显的二元对立。

但是,马萨里克先生生来就是这样,让我们也跟随着他的笔记本一起来看看吧。他心甘情愿地让其他人来处理社会主义，因为这是一种（如 A. Menger 所使用的解释）司法改革的趋势。他澄清了自己并不会直接干预经济学的问题（在我看来，他在这门学科中双腿跛行），并且热衷于强调马克思的哲学突出地位，尽管它的存在并没有以严格规定的组合形式被完全地表现出来。此外，由于这是严格意义上的"科学和哲学"问题（第5页），因而他花了整整600页来研究这个危机。因此，你们不能要求作者亲自对当前世界的经济状况进行具体的考察，也不能奢求他会就社会性政治提出实用而广泛的建议。无论无产阶级化的运动是否继续，价值的理论是否准确，这些和其他相关问题虽然最重要，但作为哲学家的他并不感兴趣（第4页）。而实际结果只能是这样，劝告社会主义者（第591页）坚持恩格斯在1895年所提出的纲领，即坚持议会斗争的策略[①]；

[①] 这里很可能是指恩格斯为马克思的《1848年至1850年的法兰西阶级斗争》的再版所做的导言（1895）。从恩格斯的书信中可以看出，该文本的面世可谓是历经坎坷。1895年3月初，应社会民主党领导人的要求，恩格斯同意删去了某些可能会招致当局对德国社会主义者施加更多限制性法规的敏感段落。然而，在修订版出版之前，在1895年3月30日的《前进报》（Vorwärts）上，在一篇题为"如何在今天进行革命"的背景文章中刊登了经过进一步删减的部分段落。应恩格斯的要求，修改后的文本随后分期发表于1894年至1895年的"新时代"杂志（Neue Zeit, XIII, 2, nn. 27–28, 1894—1895）。而这些被删减的段落，最终被收录到莫斯科马列主义研究所编辑的著作选集（Ausgewählte Schriften, 1934）中。恩格斯本人在评论《前进报》上所刊登的他的"导言"节选时曾指出，这些节选的文字，仅为人们呈现出一个"不惜一切代价抵制暴力的和平策略"的鼓吹者的形象（1895年4月1日恩格斯致考茨基的信，参见 K. MARX — F. ENGELS, Opere, vol. L: Lettere: gennaio 1893-luglio 1895, Editori Riuniti, Roma 1977, p. 489）。——译者注

这确实是他们在世界各地所正在做的事情。而且，根据我微不足道的意见，原因或许很简单，即他们如果不进行自我论证的话，那么他们要么是疯子，要么是傻子。就算马萨里克没有以此种警告的方式来提出这个想法，我们也必须抛弃马克思主义的意识形态！不管怎么，并不是欧洲文明中政治事件的自然发展导致社会主义者改变策略的（作者也无法告诉我们这个新策略将要持续多久，或者可能持续多久），而是观念变化了，并且观念必须要做出改变。一切都可以归结为世界观的斗争（Weltanschauung，请参照第586—592页），这对于一个极度关心科学分类之神圣概念的作家而言是十分自然的想法（第4页），它在哲学中居于至高无上的地位。

在这里，作为卖弄学识的亚种存在的腓力斯人（Philister）[①] 向我们显露出了其全部的天性。虽然他广泛地了解关于社会主义的专著文献，但却忽视它的内在本质、意义和精神！因为正是这种内在的精神决定了整个科学方向的转变，特别是改变了经济中与我们利益相关的科学的地位。但马萨里克从未理解这一点，因为唯有超越定义间的界限，才能领悟这层意思。因此，虽然您书中的内容丰富，并且不同于那些欠缺专业性的社会主义著作，但却在意图和效

[①] 腓力斯人，曾经生活在地中海东岸的古代居民，在马克思和恩格斯的文本中常用以特指具有小布尔乔亚背景的作家和文人。拉布里奥拉在这里暗指具有资产阶级私有性质的哲学家康德，这与作者文本中所坚持的彻底的革命性特征相背离。——译者注

果上沦为了反对马克思主义的实证主义！这里我需要指出两点。对许多意大利人来说，我的意见听起来很奇怪，这里习惯用实证主义这个词来指称一切事物。此外，正如我反复写到的那样，以历史唯物主义的名义总结出来的对生活和世界的直觉，在马克思和恩格斯及其后继者的著作中还没有达到完美，所以我现在更为坚信的是，这一学说的发展仍在缓慢地进行着，也许还会以同样的方式延续一段时间。

然而，像马萨里克这种类型的书籍没有丝毫作用。这里有一堆打着实证主义旗号的反对意见，但这既不是一种对历史科学问题的直接和权威的修正，也不关乎现实中的政治问题。而所谓的危机，既没有成为公法专家考察的对象，也没有变成社会学家研究的内容，它更像是一个能让作者沉浸其中并宣读他的哲学主张的空白或停顿。

致力于马克思的思想成型之前的研究既不是徒劳的，也不是缺乏意义的（第 17—89 页）。但事实终究是非常糟糕的。"在不断变化的社会秩序之中，马克思是最近发现共产主义之历史原因的那个人，这种原因被认为来源于它自身：马克思认为，哲学是一件自然主义者关于世界进程的复制品；共产主义是由历史本身所赋予的；马克思的唯物主义是一种历史的唯物主义"[①]。诸如此类的命题深刻地再现了作者基本思想的主旨。但在我看来，这些命题本应使

---

① T. G. MASARYK, *Die philosophischen undsociologischen Grundlagen des Marxismus—Studienzursozialen Frage*, Konegen, Wien 1899, p. 89. ——译者注

得批评家以上述概念为基础，进而通过一种批判的方式来推翻它们，或是展开一种更深层次的批判。那么，马萨里克先生是怎么做的呢？在之后的几行中，他写道："他的哲学和恩格斯的哲学具有折衷主义的特征。"① 然后，他在第二章的"D"节中，以类似于制作俄罗斯沙拉的方式把互相冲突的观点拼凑在一起，其中包含巴克斯②、康拉德·施密特③、斯特恩④、伯恩斯坦、普列汉诺夫⑤和梅林⑥，只因为他们曾经讨论过这种哲学，就把他们视为与马克思主义相容的哲学，而不是向康德、斯宾诺莎或其他哲学思想的回归。但他却遗忘了那位协助建立了布拉格大学的诗人也曾

---

① T. G. MASARYK, *Seine und Engels' Philosophie trägt den Charakter des Eklekticismus*, Konegen, Wien 1899. ——译者注

② 厄内斯特·贝尔福特·巴克斯（Ernest Belfort Bax, 1854—1926），致力于挖掘那些在马克思的思想中未经展开阐述的哲学理论，同时研究了马克思的哲学与康德、叔本华和哈特曼之间的关联。

③ 康拉德·施密特（Conrad Schmidt, 1863—1932），经济学家、记者、《前进》杂志的通讯员，曾是马克思经济学理论最早的一批批评者，但后来纠正了自己的立场，并与恩格斯成了挚友。

④ 拉比雅各布·斯特恩（Jakob Stern, 1843—1911），著名的斯宾诺莎哲学的研究者、译者和注释者，由于他极度地推崇斯宾诺莎关于自由的思想，故而在政治上更倾向于社会民主党的纲领和主张。

⑤ 格奥尔基·瓦连京诺维奇·普列汉诺夫（Georgij Valentinovič Plekhanov, 1856—1918），俄国第一位马克思主义者和马克思主义思想的传播者，也是俄国社会民主主义运动的开创者之一，被称为"俄国马克思主义之父"，也是列宁的导师，曾出版过马克思、恩格斯共同作序的《共产党宣言》。他曾与拉布里奥拉保持书信往来，但颇具争议的是，信中他多以第三人称来称呼拉布里奥拉，文字中常常带有蔑视的语气。

⑥ 弗朗茨·梅林（Franz Mehring, 1846—1919），最初支持社会民主思想和拉萨尔主义，后来加入了斯巴达克同盟并成了重要领导者，他也是德国共产党的创始人之一。

经同他一样惊呼道:哲学是贫瘠而赤裸的①。

  作者对历史唯物主义的处理有些脱节(第92—168页),首先表现在定义上的不一致,然后体现在这一种完全基于作为古老挽歌的要素学说而进行的批判,这种学说在一定程度上伪装成了不确定的社会学和心理学用语。总之,作者反对客观统一的历史观。他经常把两个问题搞混了,即整体历史的变化首先取决于经济结构和特定的具体的历史事实的发展,取决于其相应的特有的经济条件。因此,马克思被当成了孔德思想的拙劣模仿者,并在不知情的情况下成为了以意志为首要动因的叔本华的追随者(但该学说与"理智、情感和意志"心理学的三位一体相抵牾),就应该不足为奇了。

  可怜的马克思很可能不知道,人除了拥有心智以外,还得靠肝脏活着(原文如此!),然而更令人震惊的是,他本已是一个肝火很旺的人(原文如此!),这很可能是他无法意识到剩余价值主要是一个伦理概念的原因吧(原文如此!)。

  对于把他的学科视为自身职业的大学教授来说,很容易将某个特定作者放置于他作为批评者所习惯研究和操控的全部学说的细致审查之下。然后,由于一种奇怪的学术

---

  ① 这句话改编自彼得拉克《歌集》(*Canzoniere*)第1部分的第7首14行诗中的句子。布拉格查理大学的历史可以追溯到神圣罗马帝国时代,创立于1348年,这也是彼得拉克所歌颂的对象劳拉(Laura)的去世时间。

幻觉，在批评者主观习惯中的处于比较中的这些术语，被偷偷地变成了具有实质意义的派生词。这种情况曾经发生在马萨里克身上。当他在尝试进行比较的过程中产生自相矛盾的时候，他宣称（第166页）："实际上，就像他通常所说的那样，马克思开始阐述空气中存在的东西，因此，我并没有特别重视个人因素对其文化教育方面所产生的影响。"①"我"（Ergo），我会说，您应该从头开始，甚至是倒转过来。在您正在谈论的作者身上，这种倒转已经发生了：从经济学批判和阶级斗争的事实中，他追溯到了一个新的历史观念（他说得很明白，并不是通过所谓的历史研究的学科技术性更改来实现的），并通过对关于知识的普遍问题采取新的研究路径而实现的。而您却意图凭借强力来改变事物的全部，但您所采取的路径和我们的探索对象却是截然不同的。这当然不难理解，您这位专业的哲学家从抽象定义的高处下降到历史唯物主义的具体之中，同时出于对方法论的应有尊重，您会在某个推论中加入关于阶级斗争的理论（第168—234页）。

同时，对物质性阐释的忠实性，也更为显而易见地揭露了他在理解内在的和现实问题上的无能。首先，他通过不甚精确的术语对诸如资产阶级、无产阶级等类似概念，提出了一些有用的观点。此外，他的观点的价值主要体现在关于当下社会中两大阶级对立的不可调和性论述上，他

---

① T. G. MASARYK, *Die philosophischen und sociologischen Grundlagen des Marxismus cit.*, p. 166.

在这里展开了多样的、复杂的论述。在完成上述全部的考察之后,笨拙的作者仅仅领悟了一条如此简单的概念——处于社会生活交织之中的个人,他们个体的想法可能都是错的。这个内容被归纳为 A,也就是说,在马克思主义中,个体意识被消解成了纯粹的幻术戏法(!)。他拒绝相信经济规律对自然发展进程的遵循。好吧,那只能通过意志的行动来改变历史的演替。那就不得不将推动历史前进的力量归结为自发性(但他指的是哪种自发性呢?)和哲学精神的贵族属性了。而他口中的马克思的决定论只能是一种宿命论,他在 A 章中承认:"我以有神论的方式来解释世界和历史"(第 234 页)①。承神之佑!

我们终于来到了本书最有分量的部分,即对资本主义世界的阐述(第 235—313 页),以及对共产主义和文明进程的批判(第 313—386 页)。这是社会主义者的根本立足点,仅凭这一点,就足以与他们进行斗争了。但由于马萨里克是从高处下降而来的,只能是如此作罢。首先从这些结论,我不能去否认它们,因为其中相当一部分是合理的,特别是在他谈到过度夸张的原始主义和简单主义的时候,表达了对恩格斯试图重构关于文明史的基本原则的尊重②。国家的形成,或者说是以阶级为基础的社会秩序化,它是

---

① T. G. MASARYK, *Die philosophischen und sociologischen Grundlagen des Marxismus cit.*, p. 234.
② 这里明显是指恩格斯的《家庭、私有制和国家的起源》(*Der Ursprung der Familie, des Privateigenthums und des Staats*, 1884)。——译者注

以统治和权威作为理性的依据，进而假设了私有财产，假设了一夫一妻制的家庭。它在专业化和具体化的历史中有着多种发展模式，要理解它并不是一件容易的事，因此我们不能试图用过于简单的模式对其进行合理化的阐释。某些派别的社会主义者很可能为了方便阐释自己的观点而过度简化了历史交错中的复杂性，他们最终把历史简化成了一本薄薄的册子，这种过于武断的行为又导致了对当前社会的交错关系认识的简单化。一味地诉诸"否定之否定"也是徒劳的，因为这不是研究工具，而仅仅是一个总结性的公式，它的有效性是由事后发生的行为来验证的。当然，共产主义，即作为当前社会的长远目标的一种新型生产方式，在未来不可能是一种主观辩证法的精神分娩过程。因此我相信——我尊重我的对手们——只有一种方法可以致命地打击社会主义，那就是尝试证明资本主义制度本身——至少在目前看来——所具有的无限适应性的力量。这种力量能将每次的无产阶级运动全部最终消解为瞬间流逝的流星般的骚动，使其永远不能形成一个上升的进程，然而，这会产生以下的结局，即随着工薪阶层的消失，与其相对应的阶级统治也将灭亡。这种批判性的论证，意图重拾布伦塔诺（Ludwig Brentano）学派及其后继者①的工作。但这好像并不是马萨里克先生追寻的对象，在他批判

---

① "青年派"或"新德国历史学派"，其创始人是德国经济学家古斯塔夫·施莫乐（Gustav von Schmoller, 1838—1917）和路德维希·布伦塔诺（Ludwig Brentano, 1844—1931）。——译者注

剩余价值的那一章中（第250页），充分地揭示了他在处理手头的物质之经济关系方面的无能（第250—313页）。

通过对"长期争议的问题"的文献性回顾，我们知道该问题将在《资本论》的第一卷和第三卷之间展开，然而马萨里克开始拒绝承认劳动价值学说的正确性，并认为马克思未能把有用性作为其概念阐述的起点，这种极端客观主义导致了马克思的观点与心理学理论之间的矛盾。既然经济学依托于普遍社会学的某些前提而存在，那么它就应当在诸门科学的体系中占有一席之地，也就是站在科学的立场上发表它的意见。把经济学归类为历史科学的观念被摒弃了，经济学被重新确立为一门独立的科学，人们不应该把它和伦理学混淆，因为它所指向的不仅仅是处于劳动过程中的人，也包括人的方方面面。在诡辩者看来，我们不可能找到用以衡量劳动的尺度，要解决这个问题，必须转向关于价值尺度的研究。此外，诡辩者认为剩余价值是建立在关于两个对立阶级这一构造性假设基础之上的空想。由于他是一位自我雇佣者，即他本人同时作为工人和领导，因而在他为资本家进行辩解的时候，就不得不做出很多的妥协。而且，虽然他厉声呵斥了寄生阶级和欺诈贸易，但却提出了一种伦理学的规范，旨在教诲每个人都应该恪守自身义务。最后，他为马克思能发现微小劳动者在社会中的重要性而高兴。然而，作者很多前言不搭后语的论述让我们陷入了困惑，比如说，他虽然能够将复杂劳动的构成还原为简单劳动，但却在阶级斗争的问题上坚持着奇怪的观点,也就是这种斗争只存在于个体之间。

然而,如果历史唯物主义会如此容易地化为灰烬,如果作为历史动力之本原的阶级斗争只是对那些被误解的事实的错误概括,如果对共产主义的守望完全是空想的,如果《资本论》的理论充斥着毋庸置疑的错误,如果现存的所有基础都已经被破坏殆尽了,那为什么作者还要在另外200页里继续讨论关于法律、伦理、宗教等问题(也即那些他称之为意识形态的体系)呢?对我而言已经够了,例如从第509至519页的部分,在密密麻麻、相互交错的段落网格之中突然出现了一个停顿,作者好似是在为某种结论性的判断作铺垫,然后由于行文风格的缺陷,他无法通过简洁的句式来集中地阐释其思想内容。这个尝试性的总结,更像是对马克思的思想特征的汇编,这反而让作者的论点更为突出了。马克思(他本人是这一特征的精华),指明了主观主义的极端局限性所造成的影响,因为对他来说,自然是在前,而意识只不过是它的结果,故而主张绝对的现实的客观主义。对他而言,历史是前因,而个人是结果,因此是对极端个人主义的否定。知识是一个纯粹实践性的问题。在人性和人类历史之间,存在着完美的方程式。除了历史提供给我们的知识以外,人类的知识再也没有其他来源了。人就是他的全部所作所为。所以,经济基础是其他活动的前提。所以,劳动可以被看作是历史的主线。各种的社会形式,只不过是不同的劳动组织形式罢了。

因此,社会主义的前景不再是一种简单的愿望或期盼。

因此，共产主义的概念不再被看作是一种简单的经济关系体系，而是关乎所有意识的一种创新，它超越了现有一切幻想的界限，并生长在积极的人文主义的环境中。然而，这种极端的客观主义，在当下回归康德的浪潮中，或者说在批判的声音中被击得粉碎了。马克思不曾是完整的。他不懂得如何超越黑格尔，没能找到关于这一发展趋势的恰当表达，他退回到卢梭的浪漫主义，试图撇清与他意图批评的李嘉图和斯密之间的关系，但这是徒劳的，作者最终还是留下了一个不完整的体系。他本人就是一个关于"哲学的悲剧"。他让已经过时的观念服务于新的空想，如果不是在享乐主义的刺激下，他不知道该到哪里寻找革命主义的动力，为此，贵族体制和专制主义得以在他的革命激情中被保留下来。具有谋篇布局能力的作家，可以用他的笔勾勒出这些特征，这些特征能够警示我们，贯穿整个历史的这场宏大的"劳动悲剧"① 是如何前行的，这些特征也让

---

① 请允许我在此处援引我的《论社会主义和哲学》中的第9封书信。——原注

作者在此注释中的记忆有误。拉布里奥拉将历史比作"地狱"和"劳动的悲剧"的说法，实际出处为《论社会主义和哲学》书信集中的第8封信。此外，还可参照他的《关于马克思主义的危机》一文。有意思的是，克罗齐也曾经在论文《乔瓦尼·博维奥与哲学的诗歌》中提到过拉布里奥拉的上述计划："1896年，拉布里奥拉向我阐述了尝试写作一部史诗（Poema）的想法，这是一部关于劳动的悲剧（Tragedia），他将跨越数个世纪，按照历史前后相继的阶段来展开；在我们谈论初稿方案的时候，我所负责撰写的章节是关于修建古埃及金字塔的劳动者；然而，这本书像他的其他诸多计划一样，始终停留在理念的阶段，未能付诸实践。"（请参考B. CROCE, *Giovanni Bovio e la poesia della filosofia*, parte II, in *«La Critica»*, V, 1907, pp. 417-435: 419。）——译者注

我们的作者在他学院派的迂腐中显得镇定自若。在快速地浏览关于人类命运的新解释的时候,他并没有以从概念到概念的方式提出反对,而只是以"寻回我们这个时代中的科学新纲要的使命"(第 513 页)①的名义进行反驳。这里又重新回到了休谟和康德的发问:真理是什么?随后我们所谈论的是一种必须以科学的方式下降到社会批判的新智性②。新哲学必须解决宗教问题,马克思认为他已经克服了宗教问题,并使之消解为一种虚幻的形式。而悲观主义是我们这个时代的基调。叔本华通过把意志当作世界根源的方式,曾经部分地接近过真理。这是由迂腐的马克思的片面劳动学说造成的。马克思主义保持消极的态度是错误的。"《资本论》不过是对浮士德的梅菲斯特的一种经济学意义上的改编"。(原文如此!在第 516 页③——不相信我的人可

---

① 请参考原文 «Den Aufgaben der Zeit ist blos eine neue schöpferische Synthese gewachsen»:T. G. MASARYK, Die philosophischen und sociologischen Grundlagen des Marxismus cit., p. 513。——译者注

② 根据意大利那不勒斯 Bibliopolis 出版社 2012 年最新修订出版的《从一个世纪到另一个世纪:1897—1903》(*Da un secolo all'altro 1897—1903*) 一书,印证了拉布里奥拉在这里使用的是 noetica (智性,或理智),而不是旧版中的 neoetica (新伦理学)一词。此外,作者在 1899 年撰写、1902 年出版的一本小册子中,所使用的也是 noetica,并且拉布里奥拉在大学课程的讲义手迹中使用的也是这个词 (参见 Biblioteca della Società Napoletana di Storia Patria, Fondo Dal Pane, ms. 19.1)。同时,马萨里克的书中也证明了这一点 (参见 «Die Noëtik muss sich auf Kritik des socialen und historischen Bewusstseinsausdehnen», T. G. MASARYK, Die philosophischen und sociologischen Grundlagen des Marxismus cit., 514 – 515. Cfr. A. LABRIOLA, Da un secolo all'altro 1897—1903 cit., p. 291)。——译者注

③ 参见马萨里克的《马克思主义的哲学和社会学基础》,第 516 页。——译者注

以去核验！）最后，我们知道——如果我理解正确的话——"危机"的本质存在于对康德的回归，源于从革命精神转向议会主义的堕落，也就是说，世界历史中马萨里克时代的开始。

康德和议会！但是，所指的是哪个康德？难道是在柯尼斯堡（Königsberg）过着极端孤僻的私人生活的菲利斯特①先生吗？还是海涅（另一个以颠覆性作品著称的人）心目中作为大革命②英雄的那个？又是哪个常规的循规蹈矩的议会被召唤出来改变历史的？我们会说是康德和公约：但是这发生在革命身上，那就是整个社会制度的崩溃，整个政治秩序的毁灭，所有阶级热情的释放……够了！马萨里克先生，您作为学术界社会学的专业人士，有权无视那段生动、激荡、任性和充满激情的历史，这些历史让那些对人类现实怀有同情心的凡夫俗子感到高兴。因此，我们可以心平气和地坚信，现在革命的时期已经永远过去了，我们确实已经进入了一个缓慢进化的时期，确切地说，是处于田园诗般的宁静和听天由命的理性之中。

让我们回到他的文本中。

在之前关于国家和法律的学说的章节中（第387—426

---

① 这里是对康德的讽刺称谓。Philister，德语的原意是腓力斯人，即地中海东岸的古代居民，可引申为市侩或庸俗之人。——译者注

② 参见海涅所著的《德国宗教和哲学的历史》（*Zur Geschichte der Religion und Philosophie in Deutschland*, 1834），以及与之相关的诗集《论德国》（De l'Allemagne, H. HEINE, Sämtliche Werke, vol. V: Über Deutschland. Erster Theil, Hoffmann und Campe, Hamburg 1861）。——译者注

页),其主要意图是反对这种观点,也就是通常来说,相对于社会而言,上述两者(国家和法律)只能算是它的次要的和派生的形式。从进化开始发生的时候,国家就已经存在了,并且将在理智和道德的支持下永远存在着(第405页);而且,"人的本性决定了其自身不仅愿意做出命令,还允许自己被他人所命令,并且心甘情愿地服从"①。自然的不平等使等级制度合法化了(第406页)。这并无大碍!但既然如此,为什么还要大费周章地去证明法律不能从经济条件中推导出来呢?而花费时间来和恩格斯的平等主义学说做斗争有什么意义?为什么要诉诸本可以停留在国家荣耀(出现在《新时代》(Neue Zeit)杂志的一篇文章中)②中的伯恩斯坦的庄严权威(第409页)?为什么社会主义者不再想去消灭,而只是想简单地改革这些东西?然而,正如我们的马萨里克先生所做的那样,他很容易与庸俗的意见达成共识,而这种意见不会拒绝承认不平等的正义和非正义的存在。(原文如此!)但愿他能告诉我们关于正义的尺度吧!

我跳过了标题为"民族性和国际性"的一章(第426—454页),这里作者除了对马克思的斯拉夫恐惧症感到

---

① 参见马萨里克的《马克思主义的哲学和社会学基础》(*Die philosophischen und soziologischen Grundlagen des Marxismus*),第405页。——译者注

② 请参考,伯恩斯坦发表在《新时代》(*Neue Zeit*)杂志的《社会主义的问题》(*Probleme des Socialismus*)一文(xv, 1896—1897, vol. I, pp. 164 – 171, 204 – 213, 303 – 311, 772 – 783; vol. II, pp. 225 – 232, 388 – 395)。——译者注

愤慨之外，还针对国际主义遭遇的那些障碍发表了有益的评论，这些障碍是从民族精神中自发产生的（也提及了些许他宣称的一种关于宗教的悖论）（第455—481页）。这里向我们揭露出了一个真正的堕落者。天主教和新教在今天依然存活着，并且还在决定着世界的命运！事实上，这就是我们的一切，我们要么属于前者，要么属于后者。事实上，现代哲学除了亵渎神灵的非法内容①，（还有您的孔德?）都具有新教的属性，和天主教哲学完全不相干。马克思具有天主教的元素，这不是因为他改造了法国的社会主义（这是与天主教和新教的意识相悖的），而是因为他是独裁者、个人主义的敌人、国际主义者和绝对客观主义的追随者（第476页）。正如在很大程度上，法国大革命可以被看作是一场宗教运动一样，所有当代的社会主义都隐含着某种宗教性的东西。上述所有观念似乎都在暗示着，新教和天主教以某种方式相辅相成地互相配合着。马萨里克很可能在想，现在的社会主义或许正在为未来的宗教观作铺垫吧，因为他指出"信仰是一个正常人的最高层次的客观主义，而这也与社会性的事实本身相符合；但马克思的客观主义太怯懦了"（第480页）②。

---

① Nefas 是拉丁语，由 ne + fas 构成，也就是 fas 的否定形式。在古罗马法典的条文中，特指渎神或不敬神的罪名。在古罗马法中，nefas 不同于 iniustum（非法），其法律效力并不来自属人的积极法律，而是源自诸神的意志。罗马法还有种说法，即 fas 是法律所规定的，而 nefas 是法律所禁止的。——译者注

② 参见马萨里克的《马克思主义的哲学和社会学基础》，第480页。——译者注

如果宗教是永恒的，如果国家是不朽的，如果法律是天赋的，那么请试想一下伦理道德（第 482—500 页）是否不应该是超级永恒的存在呢。马萨里克声称道德意识具有毋庸置疑的和直观的数据的特征。我不会停止澄清我本人既不是历史的唯物主义者也不是简单的唯物主义者，我把这种幼稚的观点归之于童话故事的范畴。因此我要感谢马萨里克在杂志文章中的引文，其中就包括伯恩斯坦、施密特以及其他类似的社会主义者所宣称的以道德之名反对"马克思的非道德主义"（第497页）①。出于对艺术的尊重，我的社会主义将保持沉默（第 500—508 页）。

对马萨里克本书第五部分（第 520—585 页）"社会主义政治实践"的阅读分为两章，标题分别是"革命和改革"和"马克思主义与议会主义"。基于作者在前面所述的全部原因，我们将在这里发现那存在于最华丽的辞藻之中的人工学说。众所周知，社会主义在过去五十年里从秘密团体发展成了政党。他同样清楚地知道，过去那种无条件、无上命令式的共产主义已经成了社会民主主义。社会主义的政党现在已经能够对多样的具体的实践行动做出解释了，这对他们而言既是历史事实，也是他们创造历史的一面。所有这些事情有可能会犯错，同时存在着关于实践的不确

---

① 参见伯恩斯坦发表在《新时代》(*Neue Zeit*) 杂志上的相关文章 «Das realistische und ideologische Moment im Socialismus»（XVI, 1897—1898, vol. II, pp. 225 – 232, 388 – 395; K. SCHMIDT, Socialistische Moral, in «Ethische Cultur», II, 20 – 21, 1894)。——译者注

定性，这是人类不可避免的现实；但对他来说也确实如此，要理解这些事情，人们必须生活在其中，并以历史学家的眼睛和感官来进行观察。而我们的马萨里克先生在做什么呢？他所做的只是把自我进行了归类；从系统化的革命到否认任何革命的可能性，从浪漫主义到经验，从革命性的贵族到民主的伦理学，从直言命令到经验主义，从纯粹的客观主义到自我的批判，从泰坦主义再到我也不知道该如何表述的东西，我只知道"浮士德、马克思成了选民"（第562页）[1]。你们这些完善了歌德剧本的社会主义选民是幸运的！然后，这里有一种极具欺骗性的方法：假设马克思（我不知道作者为什么说要忽略马克思的生平！第517页）这个人是无限期的社会主义新闻，然后让卡尔·马克思先生承担起马克思主义的责任，就好像是他自己在替所有其他人的言行做着悔过和忏悔。然而复仇女神（Nemesi）似乎降临了，因为那位蒙神恩宠的马克思渴望同时成为太多不同的事物，比如德国哲学家、拉丁革命者、新教和天主教的信徒，于是新教的报复就接踵而至了（第566页），因此这是危机的确切箴言，这是对马西米利亚诺·卡洛·罗伯斯庇尔·马克思所领导的又一次热月政变即将来临（法语原文为Coup d'Etat du 9 Thermidor，直译为热月九号）的真切预感。

马萨里克的道路不值得追随，他从全部的社会主义出

---

[1] 参见《马克思主义的哲学和社会学基础》，第562页。——译者注

版物和政党文件汇编中收集了作为马克思主义者们毕生事业的马克思主义正在走向衰败瓦解的证据，而这些马克思主义者们好像是马克思本人生命的延长。他所提出的论题是，社会主义变成了符合宪法精神的存在。仅作为论题而言，这没有毛病，他甚至援引了恩里科·菲利（Enrico Ferri）[①]的理论作为证词：菲利很可能会这么说，我真的不知道在哪里，共和国只从属于资产阶级政党的私人利益。所以不需要共和国！而马萨里克所希望却是"通过丢弃社会主义的无神论、唯物主义和革命性的尖锐特征，来最终实现真正的民主主义，从而得到一种合比例的普世性生活和世界观。以这种方式开展的民主主义政治将成为真正的政治生活和政治世界，一种从属于永恒性的政治亚种"（第585页）[②]。于我而言，我对此完全不能理解。

鉴于职业原因，我无法一口气读完这本书，但我仍以异常的热切和耐心追随了马萨里克先生长达600页之久。在这本书刚刚付梓出版的时候，我对它产生了强烈的好奇心。

[①] 恩里科·菲利（Enrico Ferri, 1856—1929），意大利著名的犯罪学家、刑法学家，刑事实证学派的开创者。在1903—1908年期间，他曾担任《前进报》（«Avanti!»）主编，1919年任意大利刑法修改委员会负责人，1920年提出了《意大利刑法典草案》。菲利提倡将社会主义与达尔文理论相融合，此观点一经提出便遭到拉布里奥拉强烈的反对，他多次在文章和专著中毫不留情地批判了菲利的机会主义和骗人把戏（请参照《论社会主义和哲学》书信集中的第八封致德·贝拉，以及1895年3月10日致考茨基的书信。——译者注

[②] 参见《马克思主义的哲学和社会学基础》，第585页。——译者注

曾经有如此多普通的和最底层的人，以几乎总是不搭调的修养对马克思主义的危机进行了多如牛毛的谈论和八卦。我本以为肯定能从作者"巨著"的社会科学秩序的新词中学到很多东西，但却因为最终也无法找到答案而感到失望。

必须承认，马萨里克先生比其余那些五花八门专家（在短时间内，许多准社会主义批评家在我们这个幸福国度蓬勃地涌现出来，这同时也滋养了不同种类的道德和知识分子的无政府主义）的无知和大胆妄言要强出许多。除了外在的标签，我面前的这个作者和所谓的意大利马克思主义危机之间没有任何共同之处，而这个标签肯定是经由法国媒体之口传播到我们这里来的。

马萨里克之所以表现得诚实而谦虚，其意图仅仅在于以另一种哲学之名宣读马克思主义的悼词。用以批驳的素材已被耐心细致地收集到了评注记录之中，纵观整个上下文，即便看似朴实而客观的语言文风，也无法遮掩他的批判意图和指向，这是显而易见的。社会问题是给定的（同样，社会主义也是如此），现在社会主义和马克思主义可以说是一回事了（作者反复强调了多次，在我看来这是严重的错误），但社会问题必须有着和期盼中的马克思主义的社会主义不同的问题解决方案。所以，我们才会去调整、重建并打翻作为马克思主义基础的世界观，正是这群马克思主义者对马克思主义任性而随意地再争论，使得这个学说陷入了危机。

马萨里克本人想要得到的东西究竟是什么，也许下一次我们能弄明白。但我得承认，就我个人而言，我并不想知道答案。但是这次阅读让我重新思考了整个世纪的观念史。

实证主义，从它诞生之时就紧紧跟随着社会主义的脚步。

从观念的角度来看，二者几乎同时隐隐约约地诞生在圣西门的天才头脑中。它们曾作为革命的原理，以对立的形式互为补充。后来，这两个术语之间的矛盾对立在圣西门形形色色的后继者中展开了。在某种意义上，孔德成了反派势力的代表（马萨里克肯定会说，这是贵族式的），在系统的固定框架内，以分门别类和无所不知的科学的名义，将不同的位置和目标划分给与之相匹配的人们。我们可以从两个角度来衡量实证主义：首先，社会主义成为资本主义生产领域中的阶级斗争的意识；其次，屡次在探索中迷失自我的社会学，这次从不忠实的革命精神的继承者那里学到了历史唯物主义，用以捍卫他们的实证主义。在上述两种情况下，实证主义都被封禁在了作为科学最高等级的荣耀之中，它蔑视作为科学本身的唯物主义的概念，即"劳动"，实证主义将劳动视为能够不断地适应不同实践条件的可变之物。在孔德面前，马萨里克是一个不值一提的人，他无法帮助孔德重新登上科学的教皇宝座。但在卑微的劳动者面前，他是一位相当称职的教授，因为他仍然相信世界观，因为它高居于那些卑微劳动者所谈论的社会问题之上。您可以随心所欲地操纵它，在教授的身上总有神父的影子，这个影子创造了它所崇拜的神，这可能是拜物教的神，也或许是圣餐礼的饼干①。

而现在，我们可以说我们理解了。

在这里，我很想援引我作品中的某些地方，从中可以清楚地看出批评与危机之间的差别在何处。但这就足够了，我的预期已经到达了。

正如政治只有针对特定的历史时刻才能做出实际而有效的解释一样，今天的社会主义也面临着（这里我面向的是一般情况，没有考虑到各国之间的差异性）这个错综复杂的问题。换言之，困难在于它必须避免让自身迷失在传统革命主义的浪漫再现的徒劳尝试中，（或许马萨里克会说，它必须逃离意识形态！）同时它也必须提防自身那些适应和顺从的方式，也即通过和解，使其消失在资产阶级世界的弹性运行机制之中的方式。正是社会主义对上述和解方式的渴望、期待和希望，最近才导致了许多当前社会秩序的代言人极为重视党内那些平常的文字论战的现象，也正因为如此，伯恩斯坦那本不起眼的书，突然被提升到关乎历史症结的高度②。

---

① 神学术语中称之为"圣餐变体论"，天主教将圣餐称为圣体圣事，为七件圣事之一。大多数教徒都相信，在圣体礼仪进行时，饼干和葡萄酒会真实地变为耶稣基督的身体和血液，基督是以某种特殊方式"临在"圣餐中。——译者注

② 关于伯恩斯坦的这本书，请对比参照我发表在《社会主义运动》杂志上的文章（*Mouvement Socialiste*, 1899 年 5 月号专刊）。——原注

这让我们联想到拉布里奥拉曾经写给拉加代尔（Lagardelle）的一封公开信，后来以《关于伯恩斯坦的书》（*À propos du Livre de Bernstein*）为题目，发表在 1899 年 5 月 1 日的《社会主义运动》杂志上。——译者注

就像其他很多类似的情况一样，这一事实既是这本书的特点，也是对它的谴责，然而以上情况和马萨里克先生无关。马萨里克作为大学在职教授，通过印刷纸张创造了语文学。

安东尼奥·拉布里奥拉
1899 年 6 月 18 日于罗马

拉布里奥拉的生平及其著作年表

1843 年，7 月 2 日，安东尼奥·拉布里奥拉（Antonio Labriola）出生于意大利的圣日耳曼诺（San Germano），即今天拉齐奥大区的卡西诺市（Cassino）。父亲是弗朗切斯科·萨维里奥·拉布里奥拉（Francesco Saverio Labriola，1809—1874），中学语文教师、考古学的爱好者。母亲是弗朗切斯卡·波纳里（Francesca Ponari，1808—1890），出身为显赫贵族，她的家族与加埃塔（Geata，拉齐奥大区城镇）当地著名的德·维奥（De Vio）家族是亲缘关系。

1848—1860 年，先是在父亲和叔父加埃塔诺·拉布里奥拉（Gaetano Labriola）的家庭教育下完成了初级阶段的学习，尔后进入闻名于世的蒙特卡西诺本笃会修道院的世俗学校学习。在时任修道院院长帕帕莱特雷（Abate Pappalettere）的悉心教导下，他修完了相当于意大利古典高中阶段的学业。

1861 年，在蒙特卡西诺结束了古典通识教育后，举家搬迁至那不勒斯，拉布里奥拉开始在那不勒斯大学的文哲系学习。在这里，经由父亲好友安东尼奥·塔里（Antonio Tari）的介绍，他结识了贝特兰多·斯帕文塔（Bertrando Spaventa），斯帕文塔也成了拉布里奥拉大学阶段的授业导师。

在进入大学学习之前，他已经对亚里士多德、斯宾诺莎和康德的经典文本熟稔于心，并展现出了超出常人的思辨性和洞察力。凭借在德语方面的语言优势，他开始在斯帕文塔的指导下致力于黑格尔哲学的系统研究。大学期间，他与同窗阿尔度罗·格拉夫（Arturo Graf）、卡洛·菲奥利力（Carlo Fiorilli）、菲利切·托科（Felice Tocco）和帕斯瓜莱·图列洛（Pasquale Turiello）建立了深厚友谊。在那不勒斯的大学岁月里，他经常光顾当地著名的德肯书店。

1863 年，5 月，他撰写了《对策勒序言的回应》（*Una risposta alla prolusione di Zeller*）一文。同年，他结识了妻子罗萨莉亚·冯·斯普伦格（Rosalia von Sprenger，1840—1926），罗萨莉亚有着奥地利—德国血统，当时是任教于那不勒斯"苏格兰学校"（别称是"加里波第"福音派教会学校）的一名青年教师。迫于经济压力，尚未完成大学学业的拉布里奥拉不得不为生计而奔波。他先是觅得了一份图书管理员的工作，后来又在其导师的胞弟西尔维奥·斯帕文塔（Silvio Spaventa）的推荐下，于 12 月被聘为公共安全部的政府职员。

1864 年，转至那不勒斯省长鲁道夫·达夫利托（Rodolfo D'Afflitto）侯爵的秘书处任职，主要负责审查与盗贼相关的案件。但同时，他并没有放弃那不勒斯大学的学业（此时尚未从大学毕业）。大约在年末或第二年的年初，他发表了一篇题为《论教会与国家的关联》的论文，文章在理论层面讨论了国家和教会之间的关系，这篇文章的内容与斯帕文塔开授的大学专业课密切相关，两者都是依托于黑格尔哲学体系的理论性阐释。

1865 年，9 月，在取得了中学文科类的教师资格之后，他辞去了省政府的公务员职务，开始在那不勒斯地区的公立和私立中学从事与教学相关的工作。4 月，他原计划出版一部探讨基督教思想起源的著作，但未能付诸现实。随后，他开始专注于研究费尔巴哈、施特劳斯和其他一些图宾根神学院的学者。

1866 年，继续上一年的研究工作。在那不勒斯大学发布了关于斯宾诺莎研究的项目计划后，他逐渐把主要精力放在后者之上。相关研究材料的准备和草拟工作，一直持续到次年上半年，在此期间，他重点阅读了费舍尔（Fischer）和雅各比（Jacobi）的相关学术专著。

1867 年，4 月 23 日，他与罗萨莉亚成婚，此后共育有三个孩子，分别是米开朗基罗·弗兰切斯科（Michelangelo Francesco）、特蕾莎·卡洛利娜（Teresa Carolina）和阿尔伯特·弗朗茨（Alberto Franz）。在私人通信中指出，导师斯帕文塔（Bertrando Spaventa）没有兑现先前的承诺，未能帮他妥善安置工作，拉布里奥拉对此流露出失望之情。

6月，完成了《斯宾诺莎〈伦理学〉中关于"激情"的起源和本质》的论文定稿，并于次年3月获得了那不勒斯大学项目评审委员会颁发的金奖。

1869年，1月，那不勒斯皇家道德与政治科学院发布了新研究项目的申报通知，拉布里奥拉准备撰写题为《色诺芬、柏拉图和亚里士多德笔下的苏格拉底学说》（*La dottrina di Socrate secondo Senofonte Platone ed Aristotele*）的专著。在对斯图吕贝尔（Strümpell）的民族心理学相关著作的阅读和学习过程中，为了进一步加深理解，他开始逐步转向了对赫尔巴特（Herbart）及其思想流派的哲学研究。

1870年，他以关于苏格拉底的专题著作荣获了一等奖，作品于次年由那不勒斯大学出版社出版。此后，他获得了"翁贝托亲王"中学的正式教职。在一本关于赫尔巴特思想研究的德国杂志《现代哲学实在论意义上的精密哲学》（*Zeitschrift für exacte Philosophie im sinne des neuern philosophischen Realismus*）上，他为林德纳（G. Lindner）《关于幸福的问题》（*Das Problem des Glücks*）一文撰写了评论。

1871年，8月，凭借《历史哲学是否可以建立在观念论的基础之上》（*Se la filosofia della storia possa fondarsi sull'idealismo*）的学术论文，以及"关于维科哲学的一种批判性阐述"的公开课，他获得了那不勒斯大学历史哲学专业的教职。

1871年9月—1872年12月，被瑞士报纸《巴斯勒新闻》(Basler Nachrichten)和《那不勒斯报》(Gazzetta di Napoli)同时聘为通讯员，开始投身于新闻出版的相关活动，结识了"自由联盟"的罗科·德·泽尔比（Rocco De Zerbi）。此时，拉布里奥拉所关心的是与民族国家相关的政治活动，特别是关于意大利南部省份的政府治理工作。

1872 年，患白喉病的儿子米开朗基罗离世。2 月，目睹了"自由联盟"在建立新政治主体中心方面的热情逐步退却，拉布里奥拉转而加入了由鲁杰罗·邦吉（Ruggiero Bonghi，邦吉既反对那不勒斯当地的左派，也反对持不同政见的温和派）主办的亲政府日报《民族统一》(Unità nazionale)的编辑部。"自由联盟"的德·泽尔比对拉布里奥拉的行为表达了强烈的不满，该事件曾在新闻界引发激烈的论战。在此期间，由于未能获得高中哲学执教资格，他决定离开中学教学岗位，全身心地投入到新闻出版业和其他类型的文学创作之中。他成了佛罗伦萨《民族报》(Nazione)的通讯员，在夏季接连发表了十封关于《那不勒斯的通信》(Lettere napoletane)，反映了当年那不勒斯地区的风土文化和政治生活。在《精密哲学杂志》上，发表了对维拉（A. Vera）《历史哲学导论》(Introduzione alla filosofia della storia)一文的评论。在佛罗伦萨的学术月刊《新选集》(Nuova Antologia)上，发表了关于林德纳（G. Lindner）《社会心理学的观念》(Idee zur Psychologie der Gesellschaft)的评论文章。

1873 年，《关于道德自由、以及道德与宗教》(Della

libertà morale e Morale e religione）的文集，由那不勒斯的费兰特出版社出版，随后，这部作品成为他竞聘罗马大学道德哲学和教育学的教职专著。秋季，他开始与进步主义温和派阵营的《博洛尼亚观察报》（Il Monitore di Bologna）合作，同时也密切关注右翼的竞选活动。同年，移居至罗马。

1874 年，1 月，在罗马大学道德哲学和教育学的大学教职竞聘中获胜，成为特聘教授。从秋季开始，在此后的三年中，他接连在期刊《新选集》上发表了多篇以教育教学为主题的学术文章。

1876 年，为罗马当地的工人讲授了数期关于工人权利和义务的课程。雷舍尔出版社出版了他的学术专著《关于教学的历史》（Dell'insegnamento della storia），这是他关于教育和教学法相关研究的首部出版物。10 月，在《新选集》上发表了关于沃尔克曼·里特·冯·沃尔克马（W. Volkmann Ritter von Volkmar）《现实主义视域下的心理学教科书》（Lehrbuch der Psychologie vom Standpunkt des Realismus）的评论文章。

1877 年，被罗马大学聘为正教授。11 月，在前任部长鲁杰罗·邦吉（Ruggiero Bonghi）的举荐下，被任命为国家公共教育部下属的教育博物馆馆长。2 月，在《那不勒斯哲学与文学报》（Giornale napoletano di filosofia e lettere）上，发表了关于弗罗沙默（J. Frohschammer）《论想象作为世界进程的基本原理》（Die Phantasie als Grundprincip des Weltprocesses）的评论文章。

1878 年，6 月，在学术期刊《统计资料的档案》(Archivio di statistica) 上发表了《关于自由的概念：心理学论文》(Del concetto della libertà. Saggio psicologico)。

1879 年，起草了一系列与科匹诺（Coppino）法案相关的陈词。暑假期间，他作为意大利教育部的代表前往德国访问，对德国的教学和学校的制度展开调研工作。这次旅行及其后续的研究成果，集中体现在 1880 年发表的《关于其他国家私立中学的教学笔记》和 1881 年发表的《论不同国家中流行的学校制度》著作中。在后来的通信中，拉布里奥拉认为他在这些年间进步主义的倾向，可能源于他此时所秉持的激进主义和社会主义的立场。

1881 年，时任的教育部长圭多·巴切利（Guido Baccelli）下令将教育博物馆馆长的职务合并至罗马大学教育学专业的教职之下，该指令遭到了拉布里奥拉的强烈反对，后者对执政党和议会反对派的短视行为和改革方案表示了不满。

1883 年，3 月，在《法学和社会科学批判杂志》上，针对巴伦巴赫（Bärenbach）的《论社会科学》(Die Socialwissenschaften) 发表了评论，这里，他第一次公开谈到了"马克思和拉萨尔的追随者"的话题。

1884 年，1 月和 2 月，在西尔维奥·斯帕文塔（Silvio Spaventa）家中，结识了贝奈戴托·克罗齐（Benedetto Croce），后者成了他的学生和通信者。6 月，在《新选集》上发表了对耶林（Jhering）的《法律中的目的》(Der Zweck im Recht) 的重要评论。

1886 年，春季，激进主义者推举他参加佩鲁贾第二选区的政治选举，但拉布里奥拉随即又被退出了选举活动。这一事件公开了拉布里奥拉作为民主激进派的政治立场。4月8日，在写给焦苏埃·卡尔杜齐（Giosuè Carducci）的书信中，他表达了支持在激进主义者和社会主义者之间建立同盟的构想。

1887 年，2月28日，在获得了历史哲学的大学正式讲席后，开始讲授"历史哲学的问题"的课程，并在几个月后，将该课程讲义的导论整理发表。6月，在罗马大学的一次校内演讲中，他公开发表了在国家与教会之间寻求政治和解的态度。9月26日，在米兰举办的全国高校代表大会上，宣读了关于意大利哲学教育改革的会议报告，主张大学教育阶段以科学和技术作为专业的理工科学生，也应当接受与哲学相关的通识性教育（该会议报告相关的文章，曾在同年7月以公开信的形式刊登在《论坛报》报纸上），该倡议得到了《科学哲学杂志》（Rivista di filosofia scientifica）主编、实证主义者恩里克·莫塞利（Enrico Morselli）的积极回应。11月14日，在写给众议员阿尔弗雷德·巴卡里尼（Alfredo Baccarini）的一封公开信中，他宣称自己已经是一名"理论意义上的社会主义者"，主张有必要与首鼠两端的修正主义作斗争，并重申了议会在斗争中所扮演的重要角色以及社会改革对保障社会就业的重要性。

1888 年，1月22日，在罗马大学举行了"关于民众学校"的研讨会议，这是面向罗马教师协会的系列研讨会的首届大会。在由建筑业危机所引发的罗马群众游行示威中，他公开站在失业建筑工人一边，为工人们的不幸遭遇而发声。他被提名为"乔瓦尼·普拉蒂"民族团结协会的主席，公开批评了签订三国同盟的外交政策，支持意大利加入永久和平委员会。受邀参加了在比萨、特尔尼和诺拉三地举行的纪念乔尔达诺·布鲁诺（Giordano Bruno）的活动，但他并没有直接出席（可能只出席了在布鲁诺出生地诺拉举办的纪念活动），而是以寄送信函或发表纪念性文章的形式参加的。

12月，参加了纪念加里波第（Giuseppe Garibaldi）和马志尼（Giuseppe Mazzini）的社会性活动。他向特尔尼钢铁厂的工人发表了公开演说，公开质疑了克里斯皮（Francesco Crispi）政府的政治纲领，提出了保护国家议会和地方自治权利的主张，并发出通过建立统一战线来捍卫人民民主的倡议。

1889年，1月，详细阐述了关于社会主义系列课程的纲要。2月，在法国大革命一百周年之际，由于右派人士所引发的冲突，拉布里奥拉主讲的"历史哲学"的大学课程被迫中断。他被提名为国内激进派政党的副主席和罗马教育社团的主席。6月20日，在位于罗马的社会研究工人社团召开了"关于社会主义"的会议。当年，尽管他得到了政界大佬和各个民主团体的支持，最终还是被排除在首都（罗马）市政选举的候选人名单之外。经历过两次选举的挫败和失望，让他与激进派政党的政治合作关系逐渐疏离。

1890 年，3 月，开始与弗里德里希·恩格斯（Friedrich Engels）和菲利波·屠拉蒂（Filippo Turati）通信，并把三年前历史哲学的课程"导言"和"关于社会主义"的会议论文寄给了恩格斯。10 月，在德国哈雷举办的社会民主大会上，他与屠拉蒂共同起草了意大利社会主义者的大会致辞。5 月，发表公开信《无产阶级和激进分子》——致激进派主席埃托雷·索奇（Ettore Socci）——标志着他与"资产阶级政治"的正式决裂，之后转向了对工人运动的支持。他深化了对马克思、恩格斯著作的系统性研究，同时也开始在大学课程中融入"唯物史观"的相关教学内容。

1892 年，与恩格斯通信的频率明显增加，向恩格斯寄送了多篇已发表的报刊文章、随笔和评论性文章。他潜心钻研马克思、恩格斯的著作，经过短短几年的收藏和积累，他的书斋已然成为一个汇集了各类科学社会主义文献的藏书馆。8 月，在与屠拉蒂关于"折衷主义"的讨论中，他驳斥了屠拉蒂对阿基尔·洛里亚（Achille Loria）和恩里科·费利（Enrico Ferri）的偏信。此后，拉布里奥拉以"反法制主义者"（或被称作"无政府主义者"）过于幼稚、无知为由，拒绝参加在热那亚举办的意大利社会主义者代表大会。后来，意大利的社会主义者与无政府主义者相决裂，意大利工党建立，这让他对本国社会主义者的态度有了一定改观，但仍然拒绝参与党内真正意义上的政治斗争。12 月，他向激进派代表拿破仑·科拉亚尼（Napoleone Colajanni）提供了相关罪证文件，在解决罗马银行所爆发的丑闻中发挥了积极作用。

1893 年，8 月，希望再次与恩格斯晤面，他作为那不勒斯地区社会主义团体的代表，出席了在苏黎世举行的国际社会主义者代表大会。8 月 17 日，法国政府血腥镇压了由法国境内的意大利劳工发起的"反法民族主义示威游行"，对此，他发表了一份言辞激烈的宣言，公开谴责发生在法国艾格莫尔特的大屠杀。

11 月，在一封通信中透露，他正在围绕"西西里工人联盟"（意大利的社会主义者在历史舞台的初次登场）运动，积极筹备并建立一个更为广泛的国际主义统一战线。

1894 年，7 月，克里斯皮政府镇压了意大利境内无政府主义的叛乱，并针对该事件颁布了特殊法令。10 月，社会主义政党的部分成员参与了由政府主导的政治镇压运动，拉布里奥拉对社会主义者的这一举动保持中立态度。次年，社会主义政党与民主派在选举中结成了同盟。从 10 月开始至次年 5 月，他在《莱比锡人民报》上发表了十篇以意大利政治为主题的通信类评论。

1895 年，4 月，在几经犹豫之后，他撰写了《纪念〈共产党宣言〉》一文。恩格斯在去世的前几周（于 8 月 5 日逝世）阅读了这篇文章，并给予了高度评价。

最开始，文章以法语译文的形式公开发表在《社会发展》杂志上。在一周之内，意大利的《社会评论》杂志刊载了意大利语原文的部分摘录内容。几个月后，意大利国内著名的雷舍尔出版社出版了完整版的意大利语全文，随后,《社会评论》杂志对全文进行了重印。拉布里奥拉与贝奈戴托·克罗齐的通信频次变得密集,这个时期,克罗齐为拉布里奥拉的创作提供了大量帮助,这主要体现在《关于唯物史观的文集》的酝酿和写作过程中。

1896 年,1 月,参加了挚友恩格斯逝世的纪念活动。3 月,撰写并发表了作品《关于历史唯物主义的初步阐释》。在《文化》杂志上,发表了对考夫曼(M. Kauffmann)《内在哲学》(收录于《内在哲学》杂志的第一卷)的文章评论。从夏季开始,他在不同的书信中指出,社会主义运动陷入了"停滞"期,同时,世界的经济和交通中心正在从大西洋地区逐步转移至太平洋地区。10 月,巴黎的《社会发展》杂志预先刊载了由阿尔弗雷德·邦内(Alfred Bonnet)正在翻译的拉布里奥拉新作的内容摘录。11 月 14 日,在新学年的开始之际,他在罗马大学发表了"关于大学与科学自由"的主题演讲,在社会上引起了激烈的反响和讨论,克罗齐帮助他把讲稿整理后发表。秋天,他首次被检查出了喉部肿瘤,症状尚处于癌变初期。

1897 年,2 月,在克里特岛爆发了希腊居民反抗奥斯曼帝国统治的起义,拉布里奥拉公开表达了对希腊起义军的支持,并宣布支持意大利政府在的黎波里塔尼亚(位于今利比亚西北部,当时归奥斯曼土耳其人管辖)进行的殖民扩张活动。

4 月至 9 月,在《纪念〈共产党宣言〉》和《关于历史唯物主义的初步阐释》的法文翻译工作完成之后,乔治·

索雷尔（Georges Sorel）为拉布里奥拉的新书撰写了序言。为了回应主编索雷尔和其他审稿人所提出的疑问，他以"答索雷尔"为副标题，用书信体的形式为本书撰写了第三篇文章——《论社会主义与哲学》。

1898 年，1 月，《论社会主义与哲学》意大利语的第一版发表。5 月，他对席卷意大利全境的社会暴力和动荡感到不安。起初，他乐观地将其定义为"革命的预演"（参见 5 月 8 日，与儿子阿尔伯特·弗朗茨的通信中）；后来，才清醒地认识到这些社会暴动事件的背后，是被政府操控利用的，进而作为政治高压托辞的"自发无政府主义"的表现（参见 1899 年 5 月 18 日，在致考茨基的书信中）。他多次提出，希望以 1897—1898 年"历史哲学课程"的专题设置为蓝本，再撰写一部关于历史唯物主义的著作。他向克罗齐透露了初拟的标题——《社会学、历史哲学以及历史研究》。

1899 年，《论社会主义与哲学——致索雷尔的书信》法文版出版。除了对先前意大利文版的修订之外，作者还增补了与索雷尔商榷的"序言"（1898 年 12 月 31 日）以及回应克罗齐的异议（针对克罗齐 1897 年 11 月发表的文章《对马克思主义某些概念的解释和批评》）的"后记"（1898 年 9 月 10 日）。5 月 1 日，他分别以法语和意大利语，在《社会主义运动》和《前进!》杂志上发表了《关于伯恩斯坦的新书》的公开信（通信日期是 4 月 15 日）。信中，他反对将马克思的学说还原为干瘪的理论思辨，并认为这是一种不良的修正主义倾向。6 月，在《意大利社会学杂志》上发表了《关于马克思主义危机》的文章，文中，他围绕马萨里克的新书和意大利新闻界的恶意揣测展开了激烈批判。他认为，这些国际阴谋是对社会主义事业的恶意中伤，同时也重申了他反对修正主义的坚定立场。

1900 年，2 月 15 日，在乔尔达诺·布鲁诺（Giordano Bruno）逝世三百周年的前夕，他在罗马大学校园内举行了一场面向公众的学术会议。他还在"历史哲学"的学年课程中加入了关于"乔尔达诺·布鲁诺的命运"的专题教授。

1901 年，咽喉肿瘤的恶化致使他无法继续在大学课堂上讲授。8 月至 9 月期间，他重新整理了刚刚结束的"历史哲学"学年课程中关于 19 世纪历史特征的讲义，同时补全了在课堂上未能展开的部分。讲义整理成文后，取名为《世纪之交：关于回顾过去和展望未来的一些思考》。拉布里奥拉指出，这是他围绕"唯物史观"进行写作的第四部作品。

1902 年，4 月 13 日，在《意大利日报》刊载的一篇访谈中，再次就意大利的外交政策和殖民扩张问题发表了评论。7 月，被调任为罗马大学理论哲学系的教授，秋季，他在哲学系开设了一门与心理学研究相关的哲学课程。

自春季开始，他重新编辑并整理了《关于唯物史观》系列文集的前三卷内容，但未能完成第四卷中"论战性笔记"部分的写作计划。7 月 21 日，由于咽喉肿瘤的再度恶化，他不得不接受气管切开术，从此以后，他再也无法在课堂上发声，他所负责的大学课程只得以文本阅读的教学方式继续。在下个学年历史哲学课程的筹备过程中,他将重点放在唯物史观、历史哲学和社会学之间概念关系的梳理上。后来,新课程讲义的手稿由克罗齐于1906年整理出版,书名为《论历史、历史哲学、社会学和唯物史观》。

1903年,1月,他参加了国家议会关于离婚法案的讨论,攻击了排斥该提案的反对派议员。5月起,病情的进一步恶化让他被迫暂停了大学的所有教学工作。9月7日,他在致克罗齐的书信中指出,观念论的死灰复燃,其实质是对"历史主义"和"科学精神"的背离,这种现象又是同"颓废的资产阶级精神"和"重生的基督主义"纠缠在一起。

1904年,2月2日,在第二次喉部手术失败后,拉布里奥拉于罗马当地的一所德国医院内去世,死后被安葬在罗马非天主教徒的墓园中。

译后记

意大利马克思主义深刻影响了 20 世纪意大利乃至欧洲社会与文化的历史发展。因此,对"意大利马克思主义"的研究,不能仅限于意大利社会党和共产党的"家族谱系"内部,更应扩展到意大利近现代哲学发展的全景,并对这些纷繁的思想观念进行适当地调整或重构。

安东尼奥·拉布里奥拉是将马克思主义理论引入意大利的重要代表之一。正如克罗齐所说,拉布里奥拉是"意大利马克思主义理论"的开创者,他是首位将马克思的全面理论引入意大利文化的哲学家,并通过译介《共产党宣言》及其关于唯物史观的多篇论著,以独创的方式阐述了深刻的哲学原理。因此,拉布里奥拉更像那个时代意大利与欧洲知识分子之间的"重要中介",毫不夸张地说,他是其中思想最为深刻、最为激进的那一位。近些年,意大利学者的最新研究也证明了他对克罗齐和金蒂莱哲学观念的巨大影响,尽管这两位"唯心主义"大师在后来与拉布里奥拉所秉持的马克思主义"实践哲学"渐行渐远。

虽然拉布里奥拉不是最早接触马克思主义的意大利人，但他极具创造性地把自己之前的学术经验（包括"南方黑格尔主义"和"赫尔巴特主义"的影响）融入其中，从而使马克思主义的哲学理论得到丰富和发展。作为"南方黑格尔主义"的代表，贝特兰多·斯帕文塔（Bertrando Spaventa）对拉布里奥拉的马克思主义观产生了深远影响。透过斯帕文塔的思想滤镜，拉布里奥拉将马克思本人的思想归结为两个基本方面："欧洲思想的流通"和"黑格尔辩证法的革新"。首先，斯帕文塔的"欧洲思想的流通"概念被拉布里奥拉转化为全球互依存理论（参见《世纪之交：关于回顾过去和展望未来的一些思考》），这种理论强调全球性的社会和经济现象，这是马克思主义中关于资本主义全球化的早期理解。其次，斯帕文塔的黑格尔辩证法改革概念被拉布里奥拉用于创造"实践哲学"，这是一种强调社会实践在历史变迁中发挥作用的新哲学形态（参见《论社会主义和哲学》）。在斯帕文塔的影响下，拉布里奥拉还将马克思主义与意大利本土的优秀思想相结合，如布鲁诺和维科的哲学。

长期以来，学界还一直对拉布里奥拉之于葛兰西的影响不置可否。特别是在1973年艾依那乌迪（Einaudi）出版社出版的《意大利史》中，意大利学者切萨雷·卢波里尼（Cesare Luporini）曾以"深度的断裂""不连续"和"中断"来强调二者在思想上的差异。然而，在《狱中札记》中，尽管葛兰西对拉布里奥拉（主要对其殖民主义以及一定程度上的决定论)持批判态度,但他仍将拉布里奥拉视为马克思主义发展史上仅次于列宁的重要人物(因为列宁在革命实践和政治方面的影响力无人能及)。在《狱中札记》第11号笔记本的结尾,即在对布哈林的抨击最为猛烈的部分,葛兰西甚至期望拉布里奥拉的哲学理论能够"再度流通",并"让他(拉布里奥拉)在哲学问题上的成为主导"。

拉布里奥拉的理论创新,深度塑造了葛兰西在《狱中札记》所表现出的独特且略带挑战性的马克思主义思想。1932年,葛兰西开始使用"实践哲学"这个表述,这正是由拉布里奥拉首次提出,并被用来替代"历史唯物主义"这一经典马克思主义术语的新理论。正如费利切·普拉托内(Felice Platone)所认为的,葛兰西用词的改变,既非偶然,也非为了应对当时的新闻审查机制。更确切地说,拉布里奥拉和葛兰西基于各自的历史现实,分别阐述了他们对马克思主义的理解:前者关注的是"第二国际"的正统问题,而后者则是反对斯大林主义的教条。然而,他们却在不同时代共同勾勒出了一条具有意大利特色的马克思主义道路。

19世纪末,无论是在意大利还是欧洲其他国家,历史唯物主义和修正主义都是极为热门的话题。《关于唯物史观的文集》历来都被视为拉布里奥拉哲学反思过程中最具价值的作品。拉布里奥拉对"唯物史观"的研究工作,很可能始于1890年他与恩格斯的书信往来。在通信过程中,拉布里奥拉将他在罗马大学所教授的"历史哲学"课程的导言和"关于社会主义"的会议论文寄给了恩格斯。通过与恩格斯的深度交流，拉布里奥拉系统地研读了马克思和恩格斯的重要著作，并在他的大学课程中开始更广泛地融入"唯物史观"的新观念。在克罗齐的鼓励和推动下，拉布里奥拉于1895年正式开始了《关于唯物史观的文集》的创作。

首先，他发表了一篇题为《纪念〈共产党宣言〉》的长文，恩格斯在他临终前的几周（8月5日去世）阅读了这篇文章，并给予高度评价。随后的一年，拉布里奥拉完成并发表了第二部分，即《关于历史唯物主义的初步阐释》。1899年，他再次发表了题为《关于马克思主义危机》的文章，以此反驳马萨里克和修正主义对社会主义运动的恶意诽谤。在1902年，这篇文章经过拉布里奥拉本人的修订和校对，最终作为附录收录在他的《关于唯物史观的文集》中，并由罗马的雷舍尔（Loescher）出版社出版。事实证明，直到1902年因喉癌入院，拉布里奥拉围绕这部著作的修改和增订工作一直都没有停止。可以说，拉布里奥拉对这部著作倾注了巨大心血。全书虽然篇幅不大，但内容丰富，极富文献价值。通过阅读这些文本，我们可以深入理解意大利马克思主义诞生之初的面貌，为我们理解意大利马克思主义理论的发展和创新提供了宝贵资料，为我们探讨意大利早期社会主义思想史提供了重要参考，同时，也为我们深入解读葛兰西、克罗齐等意大利思想家提供了新资料。

改革开放以后，国内学界开始重视对意大利马克思主义的译介。1984 年，人民出版社出版了第一本关于拉布里奥拉的译著，书名为《关于历史唯物主义》，译者是杨启潾、孙魁和朱中龙。书中收录了《纪念〈共产党宣言〉》和《关于历史唯物主义》两个文本。但这两个文本都不是从意大利语原文翻译而来的：第一个文本是从弗朗茨·梅林的德文版译本翻译而来；第二个文本则译自 1960 年出版的俄文版。本次出版的中译本以 2021 年意大利图书城（Bibliopolis）出版社修订的《拉布里奥拉全集国家版》（A. Labriola: Edizione nazionale delle opere）为底本，同时在"译者注"中参考了 2014 年意大利邦皮亚尼（Bompiani）出版社出版的洛伦佐·斯特阿尔多和卢卡·巴西莱主编的《拉布里奥拉哲学与教育理论全集》（Tutti Gli Scritti Filosofici E Di Teoria Dell'educazione）。本书系北京高校中国特色社会主义理论研究协同创新中心（中国政法大学）阶段性成果。最后，感谢丛书主编周凡教授为我提供的宝贵机会，感谢好友 Andrea Bonfanti 博士在校译中的帮助，感谢责任编辑郑菲菲老师的细心工作，因为他们的支持，这本书才得以出版。

王　政

2024 年 4 月 29 日于北京